KAMPENWAND
VERLAG

ISBN: 978-3-98660-117-1

Raiffeisenstr. 4 · D-83377 Vachendorf
www.kampenwand-verlag.de

Versand & Vertrieb durch Nova MD GmbH
www.novamd.de · bestellung@novamd.de · +49 (0) 861 166 17 27

Text: Hendrik Duryn
Coverbild: Mirjam Knickriem
Fotos: Hendrik Duryn
Lektorat: Karoline Kuhn/ELAYZ
Korrektorat: Inez Ulrich
Druck: FINIDR, s.r.o.
Lípová 1965 . 737 01 Český Těšín . Česká republika

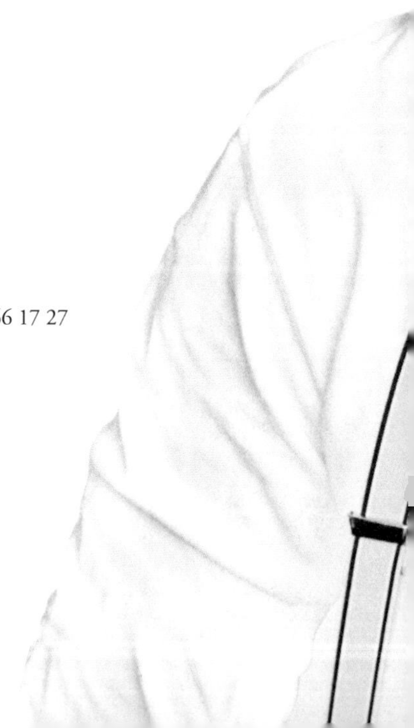

SIE SIND DOCH DER LEHRER ODER?

Autobiografische Shortcuts in die Seele
Eine Dokudramedy 12 Episoden in 3 Akten

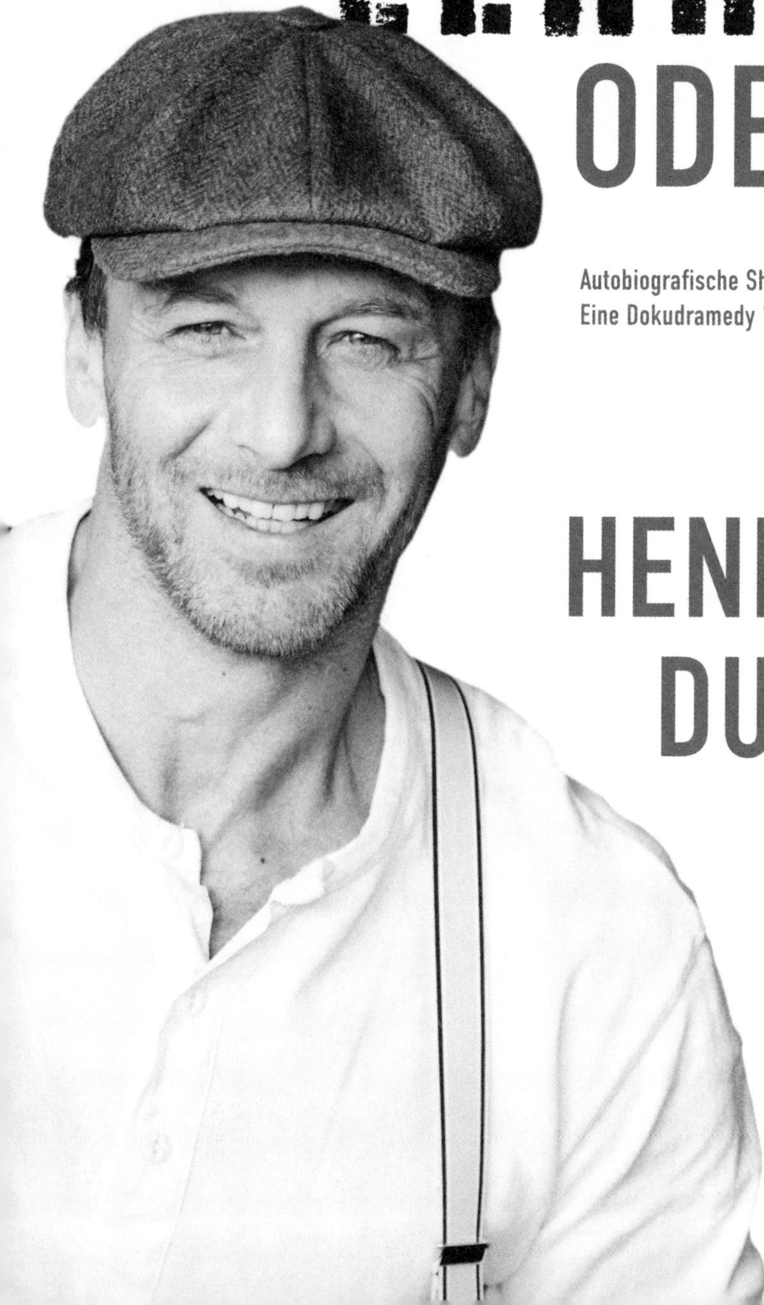

HENDRIK DURYN

Nach einer wahren Begebenheit.

Übereinstimmungen von Charakteren und Figuren
mit real existierenden Personen sind nicht gewollt oder beabsichtigt,
aber unvermeidlich.

Episodenguide

VORHANG AUF

Interview, November 2020

Sie sind „Der Lehrer" …

Äh, nein.

Sie sind der, der den „Lehrer" spielt.

Ja.

Sie sind von Hause aus Schauspieler, waren während Ihrer Zeit bei der Sony Autor und sind nun Schriftsteller.

Nein. Ein Interview mit „Nein" anzufangen ist nicht besonders einladend. Ich finde es nur wichtig, mich nicht als Schriftsteller auszugeben. Ich bin Schauspieler. Vielleicht könnte man sagen: Ich *spiele* den Schriftsteller. Und deren Angewohnheit ist es nun mal, zu schreiben. Also schreibe ich. *Das* spiele ich nicht. Das mache ich wirklich. Nicht mehr, aber auch nicht weniger.

Sie nehmen die Dinge sehr gern sehr genau?

Worte, ja. Da kann es schon vorkommen, dass ich pingelig werde. Ich lasse den Dingen gern ihren Lauf, wenn sie noch naiv und unschuldig sind.

Wann sind die Dinge Ihrer Meinung nach naiv und unschuldig?

Zu selten. Solange man sich noch keine Gedanken darüber gemacht hat.

Was bisher geschah …

Geboren in Sachsen. Jahrgang '67. Osthang. Spätlese. Im Fass gereift. Alle Instanzen eines Ostlers durchlaufen. Alle Sportarten für Jungs probiert. Zehn Jahre am Geräteturnen festgehalten, davon fünf von meinem Bruder trainiert (ehemals Leistungssportler der DDR-Auswahl). Abitur im Rausch der ersten großen Liebe mit Einser-Schnitt durchtanzt. Aus zwei anderen Prüfungen wurde ein Studienplatz an der Schauspielschule. Die dritte große Abschlussprüfung: Armee. Als vorletzter kalter Krieger im Honecker-Staat am Afghanistan-Einsatz vorbeigeschrammt. Und trotzdem mächtig Schaden genommen … und endlich Studium. Endlich Schauspieler werden!

Und plötzlich Wende. Plötzlich völlig orientierungslos. Keine Bühne mehr, die so war, weswegen ich einstmals Schauspieler werden wollte. Alles war möglich, alles konnte sein. Es ging nicht mehr um gesellschaftliche Alternativen. Es ging vielmehr um Kunstverkauf.

Modern, Jazz, Tapdance, Klassik, Gesang und Tanz, die Flucht in die Perfektion. Musical. Dann Sodann. Peter Sodann. Der Prinzipal. Das Familienoberhaupt der weltlichen Kirche des „neues theater halle". Ein Hafen, ein Kapitän, ein Boot. Lehrjahre des denkenden Spielers und des spielerischen Denkens.

Großen Veränderungen der Jahrtausendwende zuvorgekommen. Entscheidung: „Wieder auf die Weide gehen!" Freischaffend.

Wechselvolle Jahre. Die darauf hinauslaufen, dass man sich selber finden muss, um nicht abzusaufen im Strudel der Angebote und Nicht-Angebote. Der Schmeichelei, der vermeintlichen Popularität und so weiter. Diese Jahre auf der Weide hießen: Finde deinen Weg. Jeden Tag. Und lass dir nichts erzählen. Frage, frage, frage! Hinterfrage!!! Mache lustvoll Fehler! Behalte Haltung! Kunst ist die edelste Beschäftigung des Menschen mit sich selbst. Soll der Mensch für dumm verkauft werden, lehne die Rolle ab!

Das Kapitel Kampfsport. Großmeister des Kung. Chu-Tan-Cuong. Eine Freundschaft. Ankommen im eigenen Körper. Vermeintliche Grenzen überwinden. Verwundbarkeit, Schwäche, Erschöpfung erfahren. Immer und immer wieder. Energetisiert, kraftvoll, ausgeheilt das Center und die Stadt Halle verlassen. Nach Leipzig!

Neuer Mut. Aufbruch. Sechs Jahre nach der Jahrtausendwende. Neue Länder entdecken. Familie.

Kniend vor den Autoren der ersten Staffel der Serie „Der Lehrer" versprach ich: „Sollte ich ein Komma falsch betonen, werden wir die Szene noch mal drehen. Was ihr hier geschrieben habt, ist szenische Literatur, ist genial, ist einzig auf dem deutschen Serienmarkt. Das ist die Rolle eines, nein, meines Lebens." Es folgten Jahre der Entbehrung, bis Millionen andere den wenigen Entscheidern die Entscheidung leicht machten. Dann wurde eine um die andere Staffel „Der Lehrer" bestellt, entwickelt, gedreht, gesendet.

Um die 200 TV- und Film-Auftritte gesammelt. Baumkletterer und Waldarbeiter aus Leidenschaft. Den Lehrerjob verloren und doch Quereinsteiger geworden. Immer wieder. Immer noch auf der Weide, ohne Gatter, ohne Zaun mit deutlich mehr Bewusstsein für das, was ich mit Kunst bewirken will, mit deutlich mehr Gelassenheit.

… to be continued

DAS LEBEN IST KEIN IKEA-REGAL

Interview, November 2020

Was ist eine Doku-Dramedy?

Eine biofiktionale Lese-Serie, humorvoll-witzig-ernst.

Eine humorvoll-witzig-ernste biofiktionale Lese-Serie?

Sehen Sie? Deshalb Doku-Dramedy. Der Begriff ist mir eingefallen. Ab da wusste ich etwas besser, was ich hier eigentlich mache.

Sie schreiben autobiografische Geschichten, was ist daran kompliziert?

Es sind teilweise szenische Dialoge. Die sind natürlich fiktiv. Auch wenn diese Szenen alle so passiert sind. Aber selbstredend nicht in diesem Wortlaut oder genau in dieser Abfolge. Erinnerungen. Tagebuchaufzeichnungen. Protokolle. Briefe. Mails und so weiter sind die dokumentarische Basis. Der Rest ist Fiktion. Und hoffentlich unterhaltsames Beiwerk. Eine Mischung aus biografischer Dokumentation und fiktiven Szenen. So.

Warum schreiben Sie nicht einfach eine Biografie wie viele Ihrer Kollegen?

Weil ich weder Thomas Mann noch Einstein oder Helmut Schmidt bin. Abgesehen davon, dass die alle schon tot sind, waren das Menschen mit einer großen, gesellschaftlich relevanten Wucht.

Sie sind „der Lehrer". Die Wirkung Ihrer gesellschaftlichen Wucht hat sich bei einer Vielzahl der 10 Millionen Zuschauer bis heute nicht gelegt.

Sie meinen, es ist eine Ausrede?

Ich würde sagen: Koketterie. Die Serie hat auf eine ganze Generation innerhalb der letzten, es sind fast 10 Jahre, einen starken Einfluss ausgeübt. Die Figur des Stefan Vollmer ist das eine. Sie selbst haben mit Ihren Statements, Auftritten, Aktionen neben der Serie einen starken Einfluss ausgeübt. Es ist kokett zu behaupten, das hätten Sie nicht bemerkt.

Im Gegenteil. Das habe ich gewollt. Diese Figur und die Serie ist zu einer eigenen Plattform geworden. Ich hab das vollumfänglich als meine Verantwortung als Hendrik Duryn wahrgenommen. Diesen Teil meiner Biografie kann man in Dutzenden Live-Chats, Posts, Stories, Reels, einigen Interviews, ein paar wenigen Talkshows und so weiter nachsehen, nachlesen, nachhören.

Sie weichen aus.

Ja.

Warum?

Ich weiß es nicht. Vielleicht … ich habe das Produkt, unser gemeinsames Produkt, den Lehrer, die Serie in den Vordergrund gestellt und mich als Botschafter benutzt. Die Sache war und ist größer als ich. Viele Zuschauer sind aus dem passiven Zuschauen aktiv geworden. Freundeskreise sind entstanden. „Lehrer"-Treffen. Über Ländergrenzen. Immer wieder gab es junge Menschen, die ans Set zu den Dreharbeiten gekommen sind, teilweise aus der Schweiz, Österreich,

Hamburg, München …, um sich zu bedanken, vor allem aber, um aus dem Schatten des Zuschauens herauszutreten. Eben um auf sich als Teil des „Lehrers“ aufmerksam zu machen. In der Hälfte aller (kurzen) Pausen beim Dreh stand ich am Schultor und erlebte, wie sich Menschen öffnen, mir ihre Biografien preisgaben, ihre Katastrophen, Verletzungen und am Ende ihren neuen Mut. Es ist an der Zeit, etwas von diesem Mut an diese Menschen zurückzugeben. Eben auch nur episodisch.

Derzeit schreiben eine Vielzahl von Influencern Biografien. Oder lassen diese schreiben. Einige sind nicht halb so alt wie Sie.

Biografien sind nicht zwingend eine Frage des Alters. Club 27? Jimi Hendrix, Janis Joplin, Jim Morrison. Die sind mit 27 Jahren aus dem Leben gegangen. Ihre Biografien sind gewaltig. „Wanting to be someone else is a waste of the person you are.“ – Kurt Cobain. Wahrhaftigkeit auf den Punkt gebracht. Der Satz allein ist es wert, in die Biografie dieses Menschen schauen zu wollen.

12 Episoden. Das ist soweit klar.

Ja, oder? Staffeln von Serien unterteilen sich in Episoden. Meine Lese-Serie hat zwölf Episoden. Verbunden durch eine grundlegende Horizontalgeschichte.

Die da wäre?

Äh, die Hauptfigur wird immer älter?

In drei Akten. Was hat es damit auf sich?

Klassische Komödien haben meistens eine Drei-Akt-Struktur.

Ihr Leben ist eine klassische Komödie?

Oder Tragödie light. Komödien sind Tragödien ohne gesellschaftlich unlösbaren Konflikt und ohne die Katastrophe, also den Tod, im Klimax.

?

Tragödien lassen gesellschaftliche Konflikte durch Figuren austragen. Die meisten enden tödlich. „Romeo und Julia". „Dantons Tod". „Kabale und Liebe". „Die Ratten". Tragödien light, also Komödien, benutzen ebenfalls harte Konflikte, diese basieren aber auf menschlichen Schwächen, also kein gesellschaftlicher/sozialer/unlösbarer Konflikt. Das ist nicht weniger tragisch, aber unterhaltsam. Und es endet definitiv nicht tödlich. Das zusammengefasst in einen Begriff? Doku-Dramedy.

Doku-Dramedy in 12 Episoden. Viel Information in wenig Worten. Sie mögen die Verknappung?

Ja. Und ich wäre auch gern zur Verknappung fähig.

Aber?

Sie werden es erleben.

Also, das Leben von Hendrik Duryn ist eine Doku-Dramedy mit 12 Episoden in 3 Akten?

Nein.
Ein bisschen.
Möglich.
Vielleicht auch, ja.

Sie schreiben autobiografische Storys …

Shortcuts in die Seele.

Wieder eine Verknappung.

Ich bin froh, wenn ich solche Überschriften finde. Hilft bei der Orientierung.

Shortcuts in die Seele. Ich versuche es zu übersetzen: Sie schneiden, filmisch gesprochen, in kurze Momente Ihres Lebens hinein. Im Kern der Episoden dreht es sich dabei um Ihre Seele?

Kann man so verstehen, ja. Ist aber ein bisschen mehr als das.

Was ist das „mehr als das"?

Das will ich nicht erklären.

Warum nicht?

Merkt man die Absicht, ist man schon verstimmt.

Verknappung Goethe-Zitat. Helfen Sie den Lesern auf die Sprünge?

„ … und wenn sie auch die Absicht hat, den Freunden wohlzutun, so fühlt man Absicht, und man ist verstimmt."

Warum sollte der Leser verstimmt sein, wenn er eine Gebrauchsanweisung in die Hände bekommt? Er kann ja selbst entscheiden, ob er sie liest oder nicht?

Sie meinen, der freie Wille? Eigene Entscheidungen treffen? Wenn wir da weiter reden, dann erleben Sie, dass ich eher ausufernd als verknappend bin … *Du musst nicht immer bei den Römern anfangen.* Standardsatz von Familie, Freunden, Arbeitskollegen, wenn mich ein Thema packt.

Keine Sorge, ich kürze und redigiere das Interview.

Gut, also … **(Kürzung. Anm. der Redaktion)**
… also, was hat der Leser davon, wenn er gesagt bekommt, wie er das oder jenes zu verstehen hat? Was habe ich davon, wenn mir jemand bestätigt, dass er genau das oder jenes verstanden hat? Ein Beipackzettel für Medikamente ist okay. Hierfür ist das eine Belehrung.

Was im Grunde nichts Schlechtes ist.

Belehrung? Ich glaube nicht, dass das die beste aller Varianten für Kommunikation ist. Selber entdecken und lustvoll Fehler machen.

Klingt poetisch, aber schmerzvoll. Könnte man sich ersparen. Wenn es eine Bauanleitung gibt, warum sollte man die nicht nutzen?

Weil das Leben kein IKEA-Regal ist. Weil die Entdeckung des eigenen Weges ganz andere Perspektiven eröffnet. Keiner geht den gleichen Weg wie der andere. Keiner empfindet wie der andere. Dennoch latschen wir die gleichen Wege. Weil es eben weniger schmerzvoll zu sein scheint. Wenn wir endlich wieder dort angekommen sind, das zu begreifen, dann sind wir dem freien Willen ein ganzes Stück nähergekommen. Vielleicht ein Beispiel.

Von den Römern?

Nicht ganz so alt. Gauss. Gauss hat als Kind in einer Minute die Zahlen 1 bis 100 addiert. Er hat einfach aus einer Additions- eine Multiplikationsaufgabe gemacht.

Carl Friedrich Gauss war ein Genie.

Warum sollten die Leser keine sein? Das meine ich mit „eigenem Weg“. Ich unterstelle anderen lieber eine Qualität, von der ich nichts weiß.

EPISODE 1

„Noch nicht mal zwei Jahre und schon so ein Boxer."

1969

Noch nicht mal zwei Jahre und schon so ein Boxer."

Der Mann fuhr vom Platz. Staub wirbelte auf. Die Reifen des fliederfarbenen Wolga GAZ M-21 rotierten auf dem sandigen Untergrund, bis sie Grip hatten. Die schwere russische Maschine schaukelte an einer Traube aufgebrachter Menschen vorbei.

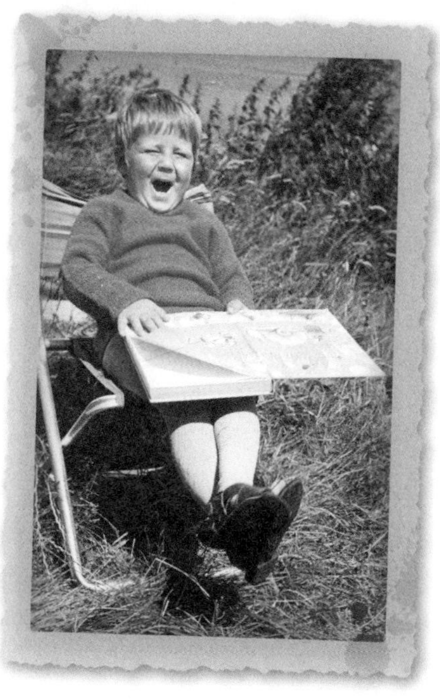

Der kleine Junge setzte sich wieder auf seinen Kinderstuhl und griff nach seinem Buch. „Die großen Abenteuer der kleinen Ameise Ferdinand". Kurz zuvor hatte sich sein Gesicht in der silbernen Stoßstange gespiegelt. Hochrot. Die kleinen Hände stemmten sich gegen das blanke Metall. Sein Körper schob und drückte, die nackten Füße in den sandigen Untergrund verkrallt. Das Auto musste da weg.

Der Mann in dem Auto lachte, lehnte sich aus dem offenen Fenster und zeigt auf den Jungen. „Noch nicht mal zwei Jahre und schon so ein Boxer. Wo gehört der hin?"

Er stieg aus. Hob den Jungen hoch. Raus aus der Gefahrenzone seines Taxis.

Auf Augenhöhe angekommen schrie der kleine Mann den großen Mann an: „Meisenrase! Meisenrase!! Meisenrase!!! Wet da. Wet!!!"

Der Taxifahrer verstand kein Wort. Das unkontrolliert wilde Gestikulieren des Kindes machte es nicht besser. Weit unter dem Jungen wanderten Ameisen in einer langen Reihe über den Sandweg unter dem Auto hindurch. Reifenspuren zerteilten den Pfad. Der Weg zog sich Richtung Kiefernwald, der den Zeltplatz nach Westen hin säumte. Das Auto bedrohte die Tiere. Die endlose Kette der winzigen Körper war durch die breiten schwarzen Räder jäh unterbrochen.

„Zu wem gehört denn dieser Wonneproppen hier?"

Sommer. Sonne. Wiese. Wasser. Ein Campingstuhl. Ein Kinderbuch. Eltern. Schwester. Freunde im Nachbarzelt. Alles war selbstverständlich für den kleinen Boxer. Rotschopf. Die Welt war wieder in Ordnung. Die Welt der „kleinen Ameise Ferdinand." Man rief mich „Hendrik!". Das sollte ich mit 20 Monaten Lebenszeit begriffen haben.

„Hendrik, Essen ist fertig!"

Sekunden später stand ich vor meinem Kinderstuhl und reckte die Arme.

„Hendrik, ab ins Bett!"

„Hendrik, Schlafenszeit! "

„Hendrik?"

„Heeeeeeendrik!!! "

Ich hatte es begriffen, denn dieser Aufforderung kam ich selten nach. „Die großen Abenteuer der kleinen Ameise Ferdinand“ waren Grund genug, mich zu verstecken. Hinter dem Buch. Wenn ich hinter dem Buch war, konnte mich keiner sehen. Ich sah sie ja auch nicht. Das war klar. So klar, wie Wasser nass war. Eingetaucht in die Mikrowelt der kleinen, lustigen, mutigen und unglaublich starken Krabbeltierchen. Ich war Ferdinand, da konnten meine Eltern lange nach dem Hendrik rufen.

Das Prinzip Vogel Strauß. Die Logik, *„Seh' ich dich nicht, kannst du mich auch nicht sehen“*, war ein Gesetz, was noch nicht widerlegt war. Das Gesetz der Gesellschaft der Unschuldigen. Das Grundgesetz der Kindheit. Naivität. (Yoga, Klangschalen, Meditation sind hilflose Versuche beim Älterwerden, diesen Zustand der Verantwortungslosigkeit wieder zu erlangen. Die Schwerelosigkeit dieser Zeit. Und wie ich es versucht habe! Kung Fu und Atemtechnik. Wim Hof und Eisbaden. Hatha Yoga, Kundalini Yoga, Ashtanga Yoga, Hot Yoga. Marathon bis zur Selbstverstümmelung ... Endlose Liste mit der immer gleichen Erkenntnis: Naive unschuldige Verantwortungslosigkeit ist der Kindheit vorbehalten! Alles, was danach kommt, ist das Los Verantwortung in Ewigkeit! Das ist das Gesetz der Erwachsenen, was noch immer nicht widerlegt wurde. Keine Ausreden!)

Meine ältesten Erinnerungen sind Geräusche. Aus dieser Zeit. Kindheit, eine Zeit ohne intellektuelle Reflexion der Gefühle, ohne Interpretation der Absichten. Die Zeit der Sinnlichkeit. Die Herrschaft der Sinne. Die Zeit, in der Mama und Papa den ganzen Tag, die ganze Nacht um mich waren. Sie nannten es Sommerurlaub. Zelten in Mecklenburg. Wanderpaddeln. Das gurgelnde Wasser, wenn ich im Bug des Paddelbootes lag, eingemummelt in Papas Bademantel. Das Eintauchen der hölzernen Paddel war ein „Plop“ und dann ein „Wwwwwwwusch“, wenn mein Vater mit starken Armen das Wasser zum Heck des Bootes schob. Hinten sitzend, sah ich die Strudel, ein leises Blubbern, die bei jedem neuen Eintauchen rechts und links an mir vorbeizogen.

Oft kletterte ich während der Touren über die großen Seen an ihm vorbei, von hinten nach vorn und kurze Zeit später umgekehrt. Dass das die Geduld eines Vaters herausforderte, war mir zu dieser Zeit nicht bewusst. Und wenn, dann egal. Aber Geduld hatte mein Vater und Herausforderungen waren schon immer sein Metier. Auf den größeren Seen, bei starkem Wind und Wellengang schlug das Wasser mit einem satten „Fatsch!!!" an die Bordwand. Wellenberge hoben das Boot an. Der Aufprall im Wellental erzeugte eine Druckwelle im Bug. Das war der Sound des Abenteuers. Ich liebte die raue See.

„Wenn Nimbus Cumulus vertreibt
Nichts auf der Erde trocken bleibt."

Sagte Papa diesen Spruch auf, kam der Regen. Meine Eltern zogen das Spritzverdeck über den Süllrand der Boote. Für mich begann die schönste Zeit unter Deck. In freudiger Erwartung auf das kommende Konzert zog ich den Bademantel enger. Dieses Lächeln, das Lächeln, das dich übermannt, ein Lächeln, das von Innen kommt, ein unbedingter Reflex, etwas, als wäre es angeboren, breitete sich selbstverständlich über mein Gesicht aus. Die Schwimmflügel an meinen Ärmchen behinderten gewaltig. Die Sorge meines Vaters war mir nicht bewusst. Er war Motor, Skipper, Steuermann und Navigator in einem knapp sechs Meter langen, 80 Zentimeter breiten Boot. Mein Babysitter zu sein hätte bereits gereicht, meine Unberechenbarkeit war berechenbar, voraussehbar. Nicht verhinderbar. Die Mecklenburger Seen waren groß und tief. Ich hatte Urvertrauen. Ich kannte keine Angst. Ich hatte doch Eltern! Die Schwimmflügel waren die

Vollkaskoversicherung für einen Eroberer, der noch nicht mal zwei Jahre alt war.

„Der kleine Junge bei dem großen Hund dort, ist das Ihrer?"

„Der dicke Kleine da vor dem Auto, ist das Ihrer?"

„Ist das Ihr Junge da oben?"

Kajak. In meinen Kindertagen hieß es einfach Paddelboot. Ein RZ 85. Der Reisezweier aus Pouch bei Bitterfeld. Ein Faltboot. Zwei davon hatten meine Eltern schon vor meiner Zeit gekauft. Unser einziger automobiler Besitz. Wir hatten kein Auto, unsere Fahrräder waren Marke Eigenbau, wie auch Hosen, Jacken, Röcke, Kleider. Die entstanden in der Schneiderei meiner Eltern. Pullover wurden auf einer Ein-Bett-Veritas-180-Strickmaschine maschinell handgefertigt. Natürlich kratzte die Wolle auf der Haut. Das änderte nichts daran, dass zusätzlich Bündchen an die Ärmel genäht wurden. Das Material schrumpfte beim Waschen sichtbar. Schnittmusterbögen waren teuer, aber im Vergleich zu den Klamotten aus dem VEB Obertrikotagenwerk eine finanzierbare Sache. Vielleicht wuchsen wir auch zu schnell, meine Schwester und ich. Das berüchtigte „Auftragen" der Klamotten der älteren Geschwister hatte eine Grenze. Strumpfhosen waren ein nicht geschlechtsspezifisches, gesellschaftlich legitimiertes Beinkleid für Kleinkinder, aber Röcke, Kleider, Blusen?

Meine Eltern betrieben in unserer Wohnung eine Art Kleidermanufaktur. Lehrergehälter erlaubten keine großen Sprünge. Die Inbetriebnahme ihrer ersten elektrischen Nähmaschine war der Beginn serieller Produktion von „Kinder- und Jugend-Obertrikotagen". Die Zick-Zack-Haushaltsnähmaschine der Firma Veritas in Wittenberg. Für sie war es eine Offenbarung. Für mich die schreckliche Gewissheit, bis zur Jugendweihe in Selbstgenähtem umherlaufen zu müssen.

Die mit einem Wipp-Pedal fußbetriebene schwarze Singer-Nähmaschine verstaute mein Vater auf dem Dachboden neben der H0-Eisenbahnplatte, den Winterdoppelfenstern und den Paddelbooten, die in Bootsrucksäcken und Stabtaschen verpackt waren. Im Gegensatz zur Nähmaschine lösten diese Paddelboote ein Gefühl von Reichtum in mir aus. In ihren Taschen verpackt, waren sie groß und schwer. Entpackt und aufgebaut glitten sie leise, leicht auf dem Wasser dahin. Sie hatten Namen: Fummel und Bummel. Der eine grün, der andere blau. Vordersteven, Hintersteven, Süllrand, Bodenleiter, das war das Skelett aus Holz. Esche. Biegsam und robust. Die Bootshaut bestand aus vielen Schichten, sodass man auch durch flaches Wasser treideln konnte, ohne sie aufzureißen.

Von alledem hatte ich keine Ahnung. Vier Wochen lang jeden Tag Mama und Papa und die Schwester um mich zu haben, jeden Tag auf dem Wasser zu sein, jeden Tag neuen Menschen zu begegnen, das war Reichtum. Mit knapp zwei Jahren hatte ich keine Ahnung, was Reichsein bedeutet. Ich war es einfach.

Geräusche und Gerüche sind meine Brücke in die Kindheit. Alles andere sind Erzählungen. Abgeleitet von alten Fotos, von Orten, verfremdet durch Worte. Da ist keine Wahrheit mehr, nur Wahrnehmung, nur die Wiedergabe einer Erinnerung. Selbst das, was sie heute auslösen, ist nicht das, was wirklich war.

Das Knirschen von Fahrradreifen auf gestampften Kieswegen, gleichzeitig der Geruch des schwarzen Gummis, der Ummantelung auf den stumpfen Alufelgen. Dieser Geruch stieg auf, während sich die Räder drehten und dieses Knistern und Knirschen erzeugten. Der Auwald meiner Geburtsstadt war ein unendlich gewundener Pfad aus gestampftem Kies. Mein Kindersitz auf der Längsstange befestigt. Klappbare Fußrasten und eine eigene Klingel am Lenker meines Vaters gehörten mir. Mehr war nicht nötig, denn ich hatte den Fahrwind im Gesicht und dieses unaufhörliche Knirschen im Ohr.

Meine Schwester fuhr zu dieser Zeit schon selbst. Sie war mehr als zwei Jahre älter als ich. Ob sie auch diese Geräusche geliebt hat, wusste ich nicht. Sie war die Große, nicht so groß wie meine Brüder, aber dafür immer da. Meine Welt war in Ordnung. Sie war groß. Sie war sorgenfrei. Sie war bunt. Mir konnte nichts passieren.

HELDEN IN DER DDR?

Interview, November 2020

Vermissen Sie die DDR?

Wow. Wo kommt das denn her?

Sie wollten bessere Fragen.

Ich bin in Leipzig aufgewachsen. In meiner gesamten Jugend fand um mich herum und in mir drin DDR statt. Meine Jugend ist vorbei. Die DDR ist vorbei. Zeitgleich. Ob ich will oder nicht, wenn ich meine Jugend vermissen würde, dann auch die DDR. Ich vermisse meine Jugend nicht.

Sind Sie sozialistisch geprägt?

Ja.

Wünschen Sie sich den Sozialismus zurück?

Nein, ich wünsche mir den Sozialismus. Ich wünschte, ich hätte ihn erlebt. Ich wüsste, was zu tun wäre.

DDR war für Sie kein Sozialismus?

Das war kein Sozialismus. Dieser Staat war in jedem Jahrzehnt seines Bestehens etwas anderes. Von großem Traum bis größter Albtraum. Alles dabei. Mich hat die Aufbaukraft, die Gemeinsamkeit begeistert, die aus den Geschichten um „Max braucht Wasser“ – das war der Aufruf zum gemeinsamen Bau der Talsperre Sosa – herauszulesen waren.

Die Sportfeste im Leipziger Zentralstadion, Festival der Jugend, Befreiungskampf für Angela Davis … ich wollte gern aufbauende Kraft sein. Die Worte, die Ziele klangen wunderbar. Sie klangen nach französisch-bürgerlicher Revolution. Sie waren de facto aber mehr die darauffolgende Herrschaft der Jakobiner.

Wie können Sie dann sozialistisch geprägt sein?

Einige Menschen waren Sozialisten. Opferbereit. Der Gemeinschaft verpflichtet. Ohne narzisstische Nabelschau und Wachstumsideologie. Mit den Idealen der Aufklärung und Klassik, der Herzens- und Geistesbildung des Menschen gesegnet.

Die Realität der DDR sah anders aus.

Und ob.

Wo konnte man die finden und wie haben die überlebt?
Haben Sie ein paar Namen?

Siegfried, Charlotte, Doris, Jürgen …

Ihre Familie?

Ja. Kennt keiner. Wie auch. Die haben keine Karriere gemacht und sich nicht ins Rampenlicht gestellt. Wird erst Ende dritter Akt thematisiert.

Sie setzen frühe biografische Momente an den Schluss?

Ja.

Warum?

Das wäre wie ein Beipackzettel oder eine Bauanleitung.

EPISODE 2

Helden zeugen

1987, Mai

Den ganzen Tag waren wir schon zusammen, die Nacht zuvor ebenfalls. Jede Nacht und jeden Tag der letzten Woche hatten wir aneinandergeklebt wie Briefmarke und Umschlag. Warum auf die Dunkelheit warten, um miteinander zu schlafen? Wozu ein Bett? Weshalb ins Theater gehen, wenn man selbst Romeo und Julia war? Weshalb an morgen denken, wenn diese Augen nur dich sehen und deine Augen nur sie?

Wir lagen auf unserem Hügel und schauten der Sonne beim Untergehen zu.

„Wie soll er heißen?"

„Constantin."

„Und wenn es ein Mädchen wird?"

„Anastasia."

Sie setzte sich auf mich. Schob ihre Hände unter mein Shirt. Der Duft ihrer Haare fiel auf mein Gesicht. Ich sog ihn ein. Wir hatten Lust. Lust aufeinander. Ich genoss ihren Triumph, obenauf zu sein. Wir hielten einander fest. Auf jede erdenkliche Art. Sie hatte

Grübchen, wenn sie lächelte. Ich legte jede Sommersprosse, jeden Wimpernschlag, die Löwenmähne aus nussbraunem Haar, die vollen Lippen, den dunklen Teint ihrer Haut, die weiß blitzenden Zähne, die mokkafarbene Welt ihrer Augen, in den Altar meiner Sehnsüchte.

Wir hatten uns gefunden. Wieso? Wieso gerade wir? Wer wusste, dass wir füreinander bestimmt waren? Ich befreite meine Arme. Meine Hände wanderten über ihren Körper. Unserer Blicke ertranken ineinander. Welcher Zufall hatte uns auf die gleiche Schule gebracht? Gab es das Schicksal?

Nur sie und ich. Und noch acht Stunden. Wie konnte diese Woche, diese sieben Tage, einhundertachtundsechzig Stunden so schnell zusammenschrumpfen? Nur noch acht Stunden. Vor wenigen Monaten waren acht Stunden eine unerträglich lange Zeit gewesen. Doppelstunde Physik. Doppelstunde Mathe. Englisch. Staatsbürgerkunde. Musik.

Unsere letzten acht Stunden. Wir hatten so überhaupt keine Ahnung, was uns erwartete. Wir hatten nur eine Ahnung, dass uns etwas erwartete. Wir machten uns über unsere Ahnungslosigkeit lustig. Wir lachten. Zu laut. Zu lang. Und hofften uns damit zu überlisten. Uns zu überzeugen, wie lächerlich, wie unbedeutend dieser massive Eingriff in unsere Leben sein würde. Die nächtliche Kälte fraß sich unter die Haut, wie eine eitrige Entzündung. Wir zogen uns in uns zurück, aber die Kälte zog mit. Wir zogen uns wieder an, aber die Kälte blieb unter den Klamotten. Wir zogen los, mein Gestellungsbefehl war auf 4:00 Uhr morgens datiert.

10. Mai 1987. Einberufen, mit der Waffe in der Hand mein Vaterland zu verteidigen, ihm zu dienen.

Ich schwöre …

… der Deutschen Demokratischen Republik, meinem Vaterland, allzeit treu zu dienen und sie auf Befehl der Arbeiter-und-Bauern-Regierung gegen jeden Feind zu schützen.

Einzufinden hatte ich mich in einem Stadion am Rande der Stadt. Im Unterricht für Staatsbürgerkunde, Lernstoff Konterrevolutionen, sind Stadien zu einem Menetekel geworden. Ich verbot mir, darüber nachzudenken. Übernächtigt, frierend, verlor ich die Kontrolle über meine Gedanken. Victor Jara. Sänger. Musiker. Regisseur. Künstler. Pazifist. Seine Stimme seine Waffe. Ein Körper. 44 Einschüsse. Estadio Chile. Jara, ein Mann des Theaters, der Bühne, hingerichtet für seine Lieder. Völlig losgelöst flatterten meine Gedanken.

Gefoltert. Handgelenke gebrochen. Gitarre hingeworfen. Jetzt solle er doch mal Musik machen. Da hat der gesungen. „Venceremos". Dann haben sie ihn blindwütig erschossen. Aus nächster Nähe, mit Maschinengewehren. Vor den Augen von sechstausend anderen. Sechstausend, die namenlos das gleiche Schicksal erleiden würden. Gefoltert. Verstümmelt. Verhöhnt. Getötet. Namenlos.

Ich wollte auf die Bühne. Ich sollte zur Armee. Der Klassenfeind, die Konterrevolution hinter dem eisernen, Glasnost und Perestroika vor dem eisernen Vorhang. Gorbatschow forderte Glasnost, Transparenz, und führte diese ein. Gorbatschow fordert Perestroika, den Umbau, und schaffte Tatsachen. Meine Regierung machte mobil. Gegen den Klassenfeind und gegen Gorbatschow. Kalter Krieg nach Westen. Lauwarme Freundschaft nach Osten. Krieg in Afghanistan zwischen Russen und amerikanisch finanzierten Islamisten, Mudschaheddins. Ich mittendrin.

Einberufen zur Mot.-Schützeneinheit. Kanonenfutter bei der Verteidigung des Vaterlandes. An der Westgrenze? Am Hindukusch? 1987.

Zur Musterung ein Jahr zuvor hatte ich ein Faltblatt mit Informationen zum Wehrdienst in den Reihen der Nationalen Volksarmee, NVA, erhalten. Auf der Rückseite stand der Text des Fahneneides, der Schwur der Söhne des Vaterlandes.

Ich schwöre ...
... jederzeit bereit zu sein, den Sozialismus gegen alle Feinde zu verteidigen und mein Leben zur Erringung des Sieges einzusetzen.

Ich wollte mein Leben einsetzen, um mit Kunst für den Wandel unserer Gesellschaft zu kämpfen. Ich wollte mein Leben nicht irgendeinem Ismus opfern. Vor allem nicht mit einer Waffe in der Hand. Aufopfern wollte ich mich, aber für die künstlerische Version von Freiheit, Gleichheit, Brüderlichkeit. Büchner, Heine, Kästner, Hölderlin, Kleist meine Schilde gegen die Angst vor den kommenden Ereignissen, meine gedruckte und gebundene Lebensversicherung, Bücher gegen die Angst, den Verstand zu verlieren, in meinem Seesack.

„Was heißt und zu welchem Ende studiert man Universalgeschichte", meine Bibel jener Zeit. Schillers erste Vorlesung in Jena. Die Komplexität der Prozesse. Die Interdisziplinarität, die Universalgeschichte ist das Verständnis des philosophischen Kopfes, im Gegensatz zum Denken des Brotgelehrten, der die Zusammenhänge nicht erkennt, nicht erkennen will, Angst vor der Erkenntnis hat, die Sklavenseele im Reich der Freiheit.

Mein Vater hatte mir diese Art, zu denken, auf eine verständliche Art immer wieder nahegebracht. „Die Medaille hat i m m e r zwei Seiten, mein Sohn."

Ich wollte nicht für Geld denken, nicht für Geld auf einer Bühne stehen. Ich wollte Kunst erzeugen, die sich jedweder Bezahlung widersetzt. Denn Kunst ist autark. Kunst, die sich verkaufen will, hat einen Herrn. Den politischen oder den des Geldes. Ab diesem Moment ist sie keine Kunst mehr. Sie ist das Instrument derer, die sie kaufen.

Meine Gedanken wanderten von Schiller zu Van Gogh zu Heine zu Körner zu Jara ... alles Menschen, denen der Ausdruck, die Aussage ihrer Kunst wichtiger war als ihr eigenes Leben.

Bei jedem Schritt auf das Stadion zu packte irgendjemand Gewicht um Gewicht auf meine Brust. Neben uns die Rhododendren, Mahonien, dahinter die Mammutbäume, Schwarzkiefern und Eichen des Südfriedhofes.

Reiß dich zusammen!

Dieser Abschied war mein erster Schritt in eine Erwachsenenwelt, die ich über Jahre hinaus nicht würde verstehen lernen. Erwachsensein war irrationales Verhalten. Es war die Behauptung, dass es eben nicht anders ginge als genau so. Erwachsensein war die Akzeptanz einer allgemeinen Lüge. So ist es nun mal. Erwachsensein war das Gegenteil von Künstlersein. Und Armeedienst war der erste gewaltige Schritt dorthin.

Das Stadion des Oberligisten 1. FC Lokomotive Leipzig lag am Rande der Stadt, dort, wo Einfamilienhäuser mit großem Garten den sozialistischen Eigentumsverhältnissen trotzten. Ich hatte meinen Seesack wieder geschultert. Im anderen Arm hielt ich das Mädchen meiner Träume. Ganz real, aber völlig durchgefroren. Der junge Mai hatte keine lauen Sommernächte im Repertoire, nur die Erinnerung an den vergangenen Winter. Sie hatte meine Gedanken sortiert. Erinnerte mich an unser Versprechen. Jeden Tag einen Brief.

Sie war siebzehn, das Abitur noch vor sich, ich neunzehn und bereit, ein systemkritischer Schauspieler zu werden. In knapp einem Monat würden wir wissen, ob wir Eltern werden würden. „Anastasia" oder „Constantin"? Der Ausblick auf diese gemeinsame Zukunft brachte mich ins Hier und Jetzt. In achtzehn Monaten würden wir für immer, untrennbar zusammen sein.

Kurz darauf trennte uns das eiserne Tor und mehrere uniformierte Wachposten in Soldat und Zivilistin.

Ihr Biss in meine Hand hatte tiefe Spuren hinterlassen. Wenn sie selbst nicht weinen wollte, krallte sie mir ihre Finger in den Oberarm oder verbiss sich in meine Hand, bis ihr Schmerz in mein Fleisch übergegangen war. Sie wollte im letzten Moment nicht schwach werden. Die starke Frau, das wollte sie sein. Ihr Lächeln, durch die Gitterstäbe in drei Teile gespalten, war der letzte Eindruck, den ich mitnahm.

Ich war kein großer Fußballfan. Gesänge, Fahnenschwenken, Bier und das Ritual „Krakeelen und Kotzen" war nie mein Wochenendhobby gewesen. Meine Abneigung gegen diese Art von Massenveranstaltung bekam Nahrung. Ordner in Armeeuniform schoben mich auf die Tribüne. Witzbolde hatten tatsächlich Fahnen und Plakate dabei: „Nationale Volksarmee erträgst du nur mit ei'm im Tee." Das Transparent „Waffen schaffen Krieg, nicht Frieden!" überlebte keine zwei Minuten. Dagegen hielt sich der Spruch: „Keine Schicksen? Musst du wichsen." Die zwei Stunden, die ich mit tausend anderen Jungs meines Alters im morgendlich feuchten Stadion verbrachte, waren immerhin eine neue Erfahrung. Die Nähe zum napoleonischen Schlachtfeld von 1813 aber kein gutes Omen, dachte ich.

Gegen sechs brüllte aus den Lautsprechern eine Stimme. Man habe sich in den gekennzeichneten Arealen entsprechend der zugewiesenen Nummern einzufinden. Die Nummer auf meinem Zettel bestand aus zwei Buchstaben und einer Zahl: TD 2. Ich witzelte mit meinem frierenden Nachbarn über die korrekte Benutzung der deutschen Sprache im Rahmen der Rekrutierung für die „gerechte Sache“. Er schaute mich aus verweinten Augen an. Ich verstand nicht, was ihm Angst machte. Noch nicht.

Das Brüllen der Männer mit den weißen Schärpen, Feldjäger, die den Anschein von Fasching in ihrer Aufmachung trugen, war lauter als das Dröhnen der Motoren, das aus den tarnfarbenen LKW, Marke W50, drang, die auf Befehl zeitgleich rußend angelassen wurden. Planen wurden zurückgeschlagen, Klappen fielen in ihre Ketten, betrunkene Jungs warf man kurzerhand auf die Ladefläche. Bündel, Koffer, Taschen flogen ungeachtet der Besitzer in die Dunkelheit der Mannschaftstransporter. Die gleiche Prozedur erfolgte eine halbe Stunde später auf dem Westplatz des Hauptbahnhofes. Nur dass Bündel, Koffer, Taschen und Betrunkene nunmehr retour auf den Asphalt gekippt wurden. Auch das Brüllen der Faschingsclowns war wieder durchdringend.

Jetzt verstand ich den Grund, warum man einen Sonntag als Tag der Einberufung gewählt hatte: Die Stadt schlief. Niemand sah die traurige Realität. Den Moment, in dem Helden gezeugt wurden. Junge Burschen, mitten in ihrer Adoleszenz, unbändige Kraft, jeder von ausufernden Träumen und Wünschen beseelt, wurden auf Linie gebracht. Ein verkappter Initiationsritus. Auf jeden Fall ein aberwitziger, in Teilen brutaler Vorgang. Woher man all die zackig marschierenden Rekruten nahm, die an jedem ersten Mai dem Belag der maroden Straßen aller Großstädte der DDR, meiner Heimat, mit ihrem Stechschritt den Todesstoß versetzten, war mir beim Anblick dieses Haufens ein Rätsel.

Es ging nach Torgelow-Drögeheide. „Das Tor zum Arsch der Heide“, sollte der erste Satz im ersten Brief an meine erste große Liebe sein. Die Dimension meines Geburtslandes war überschaubar. Aber vierhundert Kilometer, wie wir aus dem Reise- und Verkehrsatlas des VEB Touristik Verlags mühselig herausgelesen hatten, war weit, sehr weit weg für unsere Verhältnisse.

Über die Begriffe „Reise", „Verkehr" und „Atlas" hatten wir uns amüsiert. Der Atlas trägt die Welt auf seinen Schultern und nicht einen nach Westen verrammelten und nach Osten mit Visa begrenzten Taubenschiss. Verkehr kann man haben. Wollte man den aber in einem Auto, musste man zwanzig Jahre in Keuschheit leben, bis der Trabi endlich nach Voranmeldung vor der Türe stand. Und Reisen im Sinne eines Marco Polo, eines Globetrotters? Selten so gelacht. Mit billigem Rotwein, Rosenthaler Kadarka, hatten wir uns die Entfernung kleingetrunken und die 547 Tage des Wehrdienstes in der nordöstlichsten Kaserne in Stunden, Minuten und Sekunden zerlegt. Je größer die Zahl, um so absurder die Sache selbst, hatten wir gedacht. Aber 47 Millionen 260 tausend 8 hundert hob die Wirkung des Alkohols auf. Wir wollten, aber wir konnten nicht mehr lachen.

„Warum haben die dich nicht in der Dübener Heide stationiert? Hätten alle was davon. Kurze Anfahrt, höhere Motivation und Kampfbereitschaft."

Da war Wut dabei und Angst. Ihr Augenaufschlag und die schmollenden Lippen, als sie das Wort „Kampfbereitschaft" aussprach, waren der hilflose Trotz, das Wiesoistdasallessobescheuert?-Gefühl. Wir wollten beide etwas Bleibendes. Oder wollten wir einfach nur miteinander bleiben? Nicht erwachsen werden? Die Situation überforderte uns. Hysterisch übernächtigt glaubten wir dem irrwitzigen Gedanken, immer wieder miteinander zu schlafen, würde den freien Fall stoppen. Wir trudelten weiter. Zumindest aber ineinander verkrallt.

Später erfuhr ich, dass die weit entfernte Stationierung eine sozialistische Erziehungsmaßnahme des Wehrkreiskommandos war. Ich selbst hatte ihnen ungeahnt zwei gute Gründe dafür geliefert. Entsprechend der Moral meiner Eltern, keine unrechtmäßigen Vorteile in Anspruch zu nehmen, hatte ich mein naives Ansinnen, für drei Jahre dem Sozialismus mit der Waffe in der Hand zu dienen, vor der Bewerbung für mein Schauspielstudium zurückgezogen. Ein Affront. Selbstmord in Zeiten der Diktatur des Proletariats. Einer Zeit, in der man dankbar zu sein hatte gegenüber den wohlfeilen Gaben von Vater Staat. Krippe, Kindergarten, Schule, Studium, alles kostenlos. Dafür war es ja wohl billig, bereit zu sein, dem bösen Klassenfeind eine Kugel oder sich selbst eine verpassen zu lassen.

Mein ältester Bruder war seit vierzig Jahren Bundesbürger. Ich konnte mir beim besten Willen nicht vorstellen, ihn zu erschießen. Auch nicht für die Belohnung mit einem Schauspielstudium. Die Gefahr, dadurch meinen Studienplatz zu verlieren und für Jahre im Zerspanungsfachbetrieb „Frohe Zukunft" als Hilfsarbeiter ausharren zu müssen, war mir bewusst, aber jugendlich egal. Ehrlichkeit um jeden Preis.

Der zweite Grund, meine erste Hauptrolle im Defa-Kinofilm „Vorspiel", wurde vom Ministerium für Kultur als pädagogisch wertvoll ein- und ich zurückgestuft. Mein Land musste ein halbes Jahr länger auf meine Dienste gegen den Klassenfeind warten. Ich war der Tom, der in Schönebeck bei Magdeburg unter der Regie von Peter Kahane seiner großen Liebe hinterher- und dem Abschied von seiner Jugend davonlaufen sollte. Das musste unweigerlich mit einer Stationierung in der nördlichsten Region mit der größtmöglichen Suizidgefährdung bei Soldaten der Nationalen Volksarmee geahndet werden.

Von alledem wusste, ahnte ich nichts. Sollte aber bereits in den nächsten zehn Stunden eines Besseren belehrt werden.

Die Masse Mensch, die sich auf Bahnsteig 23 drängte – dieselbe Plattform, die mich als Kind in die Tagesausflüge zum Wintersport nach Oberhof brachte –, konnte unmöglich in den bereitgestellten

Zug passen. Ich sollte mich irren. Zehn Jungs im Sechser-Abteil. Raucher oder nicht, egal, die Sichtweite betrug fünfzig Zentimeter. In den Gängen stapelten sich die Körper und ihre Habseligkeiten. Die Luft ein Gemisch aus Schweiß, Urin, Zigarette. Postpubertäre Ausdünstungen. Ich klemmte, meinen Seesack im Rücken, auf der Treppe. Die Tritte und die Asche von Caro ohne Filter im Haar nahm ich hin, wie alle anderen auch. Mit Glück entging ich dem Erbrochenen.

Stunden später entlud man uns auf einer Rampe im Bahnhof Pasewalk, um ausgedünnt zu werden. Die Szenerie erinnerte mich an „Aschenputtel": Die Guten ins Töpfchen, die Schlechten ins Kröpfchen. Zu welchen gehörte ich? Würde ich gleich gefressen oder kam ich in die Schüssel für den späteren Verzehr? Erneut, diesmal aber in Viehwaggons verladen, setzte sich der Zug in Bewegung. Wer sich nicht getraut hatte, auf dem Bahnsteig ins Gleisbett zu pinkeln, den bestrafte seine volle Blase in den kommenden Stunden. Und alle anderen Insassen auch.

Als sich die Stahltüren wieder öffneten, stand die Sonne auf später Nachmittag und ich nicht mehr ganz so fest auf meinen Beinen. Komplett übernächtigt und dehydriert stolperte ich auf die Laderampe von Stahlberg. Mitten im Nirgendwo. Bäume, Sträucher, Baracke. LKWs. W 50. *Warum sind wir nicht gleich mit denen mitgefahren?* Ein blöder Gedanke.

Die Odyssee hatte nach zwölf Stunden ihr Ende gefunden, als sich das Kasernentor schloss und ich mit all den anderen meine persönliche Habe gegen Beleg abgab. Mit alledem auch mein „Ich bin ein junger Mensch, naiv und voller Hoffnung auf die Zukunft."

Die durchdringende Stimme eines Offiziers machte die Richtung klar. Zukunft? War gestern. Heute gehört ihr uns!

In diesem Moment realisierte ich: Das war nicht das Ende, das war der Anfang meiner Odyssee. Überstehe ich diese irrsinnige Irrfahrt, werde ich jeder Herausforderung gewachsen sein. Mir war nicht bewusst, dass man etwas überstehen kann und dennoch Schaden nimmt.

Ich schwöre …

… ein ehrlicher, tapferer, disziplinierter und wachsamer Soldat zu sein, den militärischen Vorgesetzten unbedingten Gehorsam zu leisten, die Befehle mit aller Entschlossenheit zu erfüllen und die militärischen und staatlichen Geheimnisse immer streng zu wahren.

Ich schwöre …

… die militärischen Kenntnisse gewissenhaft zu erwerben, die militärischen Vorschriften zu erfüllen und immer und überall die Ehre unserer Republik und ihrer Nationalen Volksarmee zu wahren.

Sollte ich jemals diesen meinen feierlichen Fahneneid verletzen, so möge mich die harte Strafe des Gesetzes unserer Republik und die Verachtung des werktätigen Volkes treffen.

WIE KOMMEN DIE BUCHSTABEN IN DAS BUCH?

Interview, November 2020

Ich zitiere Sie: „Will man wirklich etwas über jemanden erfahren, dann muss man fragen und zuhören oder lesen, was der schreibt und wie.“ Und dennoch waren Sie in den letzten Jahren sehr aktiv auf den sozialen Plattformen. Instagram und Facebook. Da ist kaum Platz für Fragen, und gelesen wird da auch eher weniger. War das Zeitverschwendung oder Zeitvertreib?

Wo haben Sie denn das Zitat gefunden?

Auf Facebook.

Sie haben es gelesen und jetzt stellen Sie Fragen.

Wohl wahr. Schreiben Sie selbst?

Ich habe zwei Theaterstücke bearbeitet, respektive geschrieben. Komödien für die Theater Hochschule in Leipzig. Szenen für meine Arbeit als Dozent für „Camera Acting“. Ein Musical, meine erste eigene Inszenierung, „Sweet Charity“, umgearbeitet, Plots, Treatments allein und mit anderen Autoren zusammen. Ein Drehbuch aus einer Romanvorlage, ein umfängliches Treatment für einen Zweiteiler ebenfalls aus einer Romanvorlage mit einem Historiker zusammen … Die Liste langweilt. Haben Sie noch andere Fragen?

Wie sind Sie zum Schreiben gekommen?

Meine Tochter fragte mich, wie die Buchstaben in ein Buch kämen. Ich hatte keine schlüssige, kindgerechte Antwort für eine Dreijährige. Also habe ich mit ihr ein Buch gebastelt und angefangen zu schreiben.

Und was? Ein Märchen?

Tatsächlich war das erste ein Märchen. „Das verschwundene Lachen." Daraus habe ich dann ein Hörspiel gemacht, denn lesen konnte sie noch nicht. Aber zuhören. Und das konnte sie gut.

Und dann?

Hab ich angefangen zu schreiben, warum ich der geworden bin, der ich geworden bin.

EPISODE 3

Das verschwundene Lachen oder „Sind Sie inkontinent, Soldat?“

1971

Blätter lagen auf den Wegen. Bunte Haufen aufgetürmtes Laub. Die Stiefelchen des kleinen, dicklichen Vierjährigen, der ich nun mal war, schoben die herbstliche Pracht vor sich her. Als der Widerstand zu groß, der Berg zu gewaltig wurde, stolperte ich kopfüber in das weiche Bett. Ich tauchte ein in das unendliche Meer. Das Rascheln ganz nah am Ohr. Knisternde, zwischen den bloßen Fingern geriebenen Blätter blendeten alle anderen Geräusche aus. Auf der Suche nach verborgenen Schätzen. Der Duft, frisch und erdig. Ein Cocktail aus Linden, Pappeln, Ahorn, Esche, aus Kastanien, Eicheln, Bucheckern. Die vielen Farben Gelb und Rot mit offenem Mund bestaunend, saß ich in meiner Unbeschwertheit.

Mich in diesem Moment daran zu erinnern, war mal wieder so ein Trick meines Gehirns.

1987

Die bunten Haufen zu Beginn meines zweiten Diensthalbjahres hatte ich mit Harke, Händen und stiefelbeschuhten Füßen zusammengetragen. Von 6:30 bis 12:00. Unterbrochen nur vom Morgenappell. Mein Anrecht auf Frühstück hatte ich durch ein mir nicht bewusstes Fehlverhalten verwirkt. Lustlos kam der Unteroffizier zu jeder vollen Stunde in den anhaltenden Nieselregen gestapft, zeigte wortlos auf einzelne Blätter.

„Denkst du, ich bin blind, du Pfosten?“, wollte ich rufen, ließ es aber, denn die Liste der Strafarbeiten war endlos und ein Wochenende lang. Salutierend nahm ich den stummen Befehl entgegen und freute mich. Er musste, Dienstvorschrift, die Hände aus den Taschen nehmen, ebenfalls die rechte Hand ans Käppi führen. Wie lächerlich. Aber ich wusste, er wollte nicht Gefahr laufen, vom Feldwebel gerügt zu werden, der aus seiner warmen Schreibstube mit kaltem Blick über die ganze Aktion wachte.

Arme Wurst 1, Unteroffizier Spick, konnte seine Hände nicht zurück in die Hosentaschen stopfen, musste mindestens fünf Minuten den dreitausend Quadratmeter großen Platz in der Mitte zwischen den Baracken, dem Regimentsgebäude, der Kantine und dem Offizierscasino inspizieren, bevor er wieder „abmatten“ konnte. Arme Wurst 2, Oberfeldwebel Kloß, verbachte einmal lebenslänglich in dieser Trostlosigkeit. Im Land der drei Meere. Waldmeer, Sandmeer, Gar Nichts Mehr.

Eggesin, Stahlberg, Blutiger Knochen, Schmachtgrund, Torgelow-Drögeheide. Man muss die Orte nicht kennen, um zu ahnen, woher die schaurigen Märchen kamen.

Der finstere Wald, in dessen tiefsten Tiefen der Schmachtgrund verborgen lag, grenzte direkt an das torfige Feld. Ein Fluch lastete seit Jahrhunderten auf dem einst blühenden Land und verwandelte alles in eine graue, unfruchtbare, trockene, in eine dröge Heide. Die Bauern des finsteren Ritters, dessen Burg aus Stahl auf dem nahen Berg thronte, brachen mit den blutigen Knochen der Ungehorsamen, deren Gebeine man zu Eggen mit Stricken zusammengezurrt hatte, ihre Kinder ins Joch gespannt, den harten Boden auf. Auf Befehl ihres Herrn streuten sie in die Furchen den Samen des Todes. Mit der Sense hieb man nicht den goldenen Weizen, man hieb Köpfe, Arme, Beine ab. Hier starb man jung. Hierher wurde man gebracht, um dem Tod zu dienen.

Das war einer meiner ersten Texte, die ich im Keller der Baracke II schrieb. Der Beginn einer Gute-Nacht-Geschichte für die ungeborene „Anastasia". Ich hatte mir vorgenommen, dass sie von Beginn an mit der Wahrheit konfrontiert werden sollte. Sie konnte von Glück sagen, dass sie in der letzten Nacht unseres Beisammenseins doch noch nicht gezeugt wurde.

Der Text war Teil eines der hundert Briefe, die ich an meine Freundin schrieb, der ersten großen Liebe meines Lebens. 180 Tage waren vergangen. Die ersten dreizehn Wochen davon ohne auch nur einen einzigen Menschen aus dem zurückgelassenen Leben, der Freiheit, zu Gesicht bekommen zu haben.

Einen Anruf nach Hause oder mit ihr zu bekommen, war Lotterie und genauso erfolgversprechend. Es gab nur ein einziges Telefon. Im Bataillonsquartier. Telefonzeiten waren limitiert. 17 bis 18 Uhr. Man trug sich in eine Liste ein. Ob man der Auserwählte war oder nicht, entschied sich einen Tag zuvor – oder gar nicht. Hatte man das Glückslos gezogen, musste man hoffen, dass die Freundin, die Mutter oder der Kumpel zufällig neben dem Festnetztelefon saß, wenn man denn überhaupt ein Festnetztelefon besaß. Manche Ferngespräche dauerten genau eine Minute und beinhalteten das Tuten der freien Leitung. Hatte man noch mehr Glück, hörte man das kurzatmige Tuten des Besetztzeichens, weil die Mutter der Freundin mit der Nachbarin Rezepte tauschte oder sich über den Mangel an Hefe beim Bäcker ausließ oder aber darüber, dass Meyers von nebenan noch zwei Jahre länger auf ihren Anschluss würden warten müssen, weil der Meixner von der Stasi jetzt einen zweiten bekommen hätte, ein Anscheißerdiensttelefon. Zur Absicherung eines Erfolges schrieb man also vorher einen Brief, der den möglichen Anruf ankündigte. In meiner gesamten Dienstzeit führte ich drei Telefonate. Zwei davon mit dem Freizeichen.

„Soldat Hendrik Duryn, 9. Mot.-Schützenregiment, Rudolf Renner. Fünftes Bataillon, zweite Kompanie, meldet Vollzug."

Der Feldwebel tat, als würde er konzentriert arbeiten. Ich tropfte seine Schreibstube voll. Was die Uniform nicht mehr imstande war, aufzusaugen, versaute den frisch gewichsten braunen Fußboden. Seine sadistische Kälte stritt sich mit der Kälte, die sich in meinen Knochen festgesetzt hatte, um den ersten Platz. Er mochte mich nicht besonders. Der Grund war mir durchaus bewusst: Am letzten Zahltag hatte ich meinen gesamten Sold, 175 Mark der DDR und 30 Pfennige, aus seinen Händen empfangen und direkt an den Schreiber weitergeben. Jeder Soldat war aufgefordert, freiwillig einen Teil seines Soldes für die Organisation der „Deutsch-Sowjetischen Freundschaft" zu spenden. Unter den wachsamen Augen des Feldwebels, des Kompaniechefs, mit kalligrafischer Handschrift vom Schreiber dokumentiert.

Freiwillig?! Diese Farce war mir von Beginn an zuwider. Mein Vater hatte mich von frühester Jugend an gelehrt, den Gegner mit seinen eigenen Waffen zu schlagen. Das tat ich. Keiner von denen war bereit, mich im Nahkampftraining als Partner zu wählen, gegen mich auf der

Sturmbahn anzutreten. Was blieb mir anderes übrig? Ein verlogener Haufen, der sich hinter Befehlen versteckte. Die Offiziere mussten nachziehen. Die Kompanie bekam eine lobende Erwähnung vor der Fahne für ihren herausragenden finanziellen Beitrag zur Unterstützung der gemeinsamen Sache mit der Sowjetunion. Ich bekam nun am vierten Wochenende in Folge meinen ganz persönlichen Dank.

Ein Pyrrhussieg. Dennoch ein Sieg. Meine großen Vorbilder aus der dramatischen Literatur standen mir zur Seite. Sie waren die Einzigen: Don Carlos, Danton, Die Jungfrau von Orleans, Philoktet. In diesen zehn Minuten, triefend, zitternd vor dem Feldwebel im „Stillgestanden" verharrend, wurde mir bewusst: Die sind alle umgekommen. Alles tote Helden, die um der Sache oder der Ehrlichkeit willen ihr Leben gelassen hatten. Keiner von denen hatte Mitleid zu erwarten.

„Sind Sie inkontinent, Soldat?", brüllte der Feldwebel, als er der Pfütze gewahr wurde, die sich unter mir in seiner Schreibstube gebildet hatte und nun in ihren Umrissen und Tiefe das nahe Ueckermünder Oderhaff darstellte. Dass er keine Antwort hören wollte, war mir schon bewusst, und dennoch, ich konnte sie mir nicht verkneifen.

„Genosse Feldwebel, Inkontinenz, auch bekannt als Blasenschwäche, deren Schweregrad von Husten, Niesen über das Austreten von Urin bei abrupten Bewegungen bis hin zu Wasserlassen im Schlaf unterteilt wird, wird im Allgemeinen auf Harnsteine, eine vergrößerte Prostata, neurologische Störungen oder Tumore zurückgeführt, welche bei mir, unter anderem durch das Einführen eines behandschuhten Fingers in den After, bei gleichzeitig zu imitierendem Husten untersucht, nachzulesen im medizinischen Bericht meiner Musterung, weder diagnostiziert noch nahegelegt wurden, somit gehe ich davon aus, dass es sich um Regenwasser handelt, welches meine Uniform in diesem Umfang zu speichern nicht ausgelegt ist. Ich würde daher eher von einer Materialinkontinenz meines Waffenrockes ausgehen. Zu Befehl!"

„Finger im After" muss wohl das Einzige gewesen sein, was in seinem Hirn hängenblieb. „Können Sie gerne haben, Soldat", war seine wegweisende Antwort.

Die Nadeln der Kiefern waren schwieriger zu bergen als die Blätter vom Vormittag. Auf dem glatten Asphalt tat der Besen gute Dienste, auf den Kieswegen musste ich kniend jede einzelne mit klammen Fingern in den Metalleimer klauben. Der grau-graue Himmel wurde zusehends grauer. Es musste gegen fünf sein. Vielleicht würde mir die zu erwartende Lungenentzündung ein wenig Luft verschaffen. Ein lustiger Widerspruch, mit dem mein Hirn eine Weile spielte. Ich sah die blutroten Bronchien unter dem Ansturm der Armee der Abermillionen Viren widerstandslos den Kampf einstellend, sich kollaborativ gefangen nehmen lassend, die Verteidigung meines Atemzentrums aufgeben. Meine Lungen waren nun ungeschützt dem Feind ausgeliefert. Endlich mal ein treffendes Bild für meine gesamte Situation.

Aber mein Körper war stärker als mein Verstand. Anstatt im Lazarett das Bett zu hüten, behütete ich das nächste Wochenende das Munitionsdepot des Regimentes. Wache. Ruhezeit. Bereitschaft. Vier-Stunden-Rhythmus.

Eine verantwortungsvolle Aufgabe, die mein Feldwebel wohl nicht bis zu Ende durchdacht hatte. Als Wachposten bekam man eine AK 47 und drei volle Magazine, man war vier Stunden lang der Ritter vom Stahlberg, der über Leben und Tod entschied. Der Sensenmann von Torgelow-Drögeheide. Ich wäre nicht der Erste gewesen, der dieses Amt voller Verzweiflung fachgerecht ausgeübt hätte.

Ich entschied mich für Erich Kästners Gedichte. Seine „Warnung vor Selbstschüssen" fand in nur einer Wachstunde aus dem schwarzen Reclam-Heftchen über den Lichtschein meiner Taschenlampe seinen Weg in mein eigenes Netzwerk.

Diesen Rat will ich Dir geben:

Die erste Zeile des Gedichtes.

Es gibt Zeiten im Leben, da ist man empfänglich für pädagogische Zeigefinger. Und für mich war diese Zeit gerade angebrochen. Wenn einer glaubt, dir einen Rat geben zu können, auch noch ungefragt, dann muss der schon eine gute Portion Selbstbewusstsein mitbekommen haben. Dieser Mensch, dieser Kästner, hatte wohl anmaßend viel davon mit der Muttermilch aufgesogen.

Bäm. Gleich mit der ersten Zeile. Mit der Tür ins Haus. Diesen Rat will er mir geben. Ich wollte keinen Rat. Ich wollte eine Strategie. Ich wollte einen Schlüssel. Ich hatte einen Schlüssel. Ein ganzes Schlüsselbund. Bizeps. Sixpack. Schlagkraft. Ich war ein Jünger Jüngers, ich konnte ein „Stahlgewitter" sein. Ich konnte mich verteidigen, während ich angriff. Ich war gewohnt, im Zweikampf zu siegen. Aber mein Fundament, meine Knochen darunter waren mürbe. Sie glaubten nicht an Unbesiegbarkeit. Während ich diese zur Schau stellte, lief Angstschweiß statt Blut durch meine Adern. Stärke war mein Schlüssel. Aber dieser Schlüssel passte nicht. Nicht wirklich irgendwo. Nirgendwo.

Ich war jetzt Soldat. Meine Realität war das Militär. Da musste, da müsste dieser Schlüssel doch passen? Ich hatte schwören müssen, auf *Befehl der Arbeiter- und Bauern-Regierung* meines Landes, dieses *gegen jeden Feind zu schützen.* Ich hatte die Sache ernst genommen. Ich nahm alle Sachen ernst. Ich unterstellte immer allem und jedem eine gute Absicht. Ich wollte darauf vorbereitet sein. Ich war nicht blöd. Ich war nur blöde.

Radiert man die ideologische Komponente aus den Sätzen des Schwurs, bleibt ein Wort übrig: Krieg. Und dennoch, ich versuchte es zu begreifen. Ich wollte es akzeptieren und den Sinn verteidigen.

Den Sinn der Kriegskunst. Den Sinn des militärischen Drills. Den Sinn der Kasernierung. Den Sinn des Urinal-Reinigens mit Hilfe der eigenen Zahnbürste unter dem Gelächter der EKs und Wegschauen der Offiziere. Den Sinn der sadistischen Auswüchse armseliger Feldwebel. Den Sinn der Kriegskunst? Kriegskunst???

Ich las alles, was die asiatische Kriegshistorie, was Preußen, was Ernst Jünger schriftlich hinterlassen hatten. Ich wollte es verstehen. Ich wollte. Da ich einmal da war, wollte ich Teil dessen sein. Ernsthaft!

Ich war blöde. Bis zu diesem Tag hatte ich noch nie, nie den Begriff der Kriegs-Kunst in Frage gestellt. Der Mensch macht aus dem Töten eine Kunst? Ich hatte meinen Opa nie von Kunst reden hören. Er spielte kunstvoll Skat. Gewann und verlor. Im Krieg hatte er feindliche Granatsplitter gewonnen und seinen linken Arm verloren. Von Kunst im Kursker Bogen hatte er nie erzählt. Ich hatte ihn für seine Verletzung bewundert und verehrt. Er hatte seine Verletzung lautlos verflucht. Die Verletzung seiner Seele. Die Auslöschung seines Lebens. Das Leben des 19-jährigen Ernst Appenburg.

Krieg ist keine Kunst! Krieg ist Töten, qualvolles Sterben, unendliches Leid. Krieg ist nichts anderes als die Provokation von Krieg. Ich hatte Remarque gelesen. Nicht nur „Im Westen nichts Neues", „Der Weg zurück" genauso wie „Der schwarze Obelisk". Ich hatte Borchert gelesen „Draußen vor der Tür". Ich hatte nichts begriffen.

Jetzt, mittendrin, mitten im Schlamm, dem Unrat der sozialistischen Kriegskunst in Torgelow-Drögeheide auf dem Wachturm des Munitionsdepots Stahlberg, hatte ich Kästner in der Hand. Erich Kästner, den herzschwachen Dichter. Warum eigentlich? Kästner war Sachse. Kästner war meiner Arbeiter- und Bauern-Regierung nur in Auszügen genehm, also musste an diesem Erich Kästner etwas dran sein. In Dresden geboren, in München gegen Adenauers Politik auf die Straße gegangen. Ein Sachse, wie ich.

Ich stand in sternenklarer Nacht auf einem Wachturm mitten im Nirgendwo des Oderhaff und bewachte Munition für den Ernstfall. Ich ließ meine Waffe von der Schulter rutschen. Stellte sie befehlsmissachtend an die Brüstung. Die Kälte des Metalls biss mir in die Hand. Mit tauben Fingern fummelte ich das Büchlein zwischen den Knöpfen der Dienstjacke hindurch. Der Rotz gefror mir in der Nase. Es musste weit unter null Grad sein.

Die Waffe schlug mit einem lauten Poltern auf den dünnen Holzboden des Wachturms auf. Es gab eben keine Vorschrift für das ordnungsgemäße Abstellen einer AK47 auf schwankenden Holzdielen. Die Waffe ist die Braut des Soldaten, die gibt man nicht aus der Hand.

Der Schall breitete sich verräterisch in die glasklare Dunkelheit aus. Dann kehrte wieder Ruhe ein. Das Schlimmste, was passiert sein konnte, war der Umstand, dass Gefreiter Rudigk auf seinem Turm wach geworden sein könnte. Ich kauerte mich in die westliche Ecke des Turmes, Schutz vor dem schneidenden Wind suchend. Ein Büchlein. Eine Taschenlampe. Erich Kästner.

Die einzige Waffe, die dieser Mann nach der Zwangsrekrutierung im Kaiserreich je wieder angefasst hatte, war ein gespitzter Bleistift. Und diese Waffe richtete er ausschließlich auf Papier. Hieb. Stach. Schlug. Gedanken in Worte, Sätze und Verse. Prosa. Dramatik und Lyrik. Aphorismen. Epigramme. Drehbücher. „Das fliegende Klassenzimmer“. „Emil und die Detektive“. „Die Konferenz der Tiere“. „Das doppelte Lottchen“. Dieser Mann stand am Scheiterhaufen, auf dem seine Bücher verbrannt wurden. Thomas Mann, Heinrich Mann, Berthold Brecht, Remarque waren bereits aus meiner Heimat, aus diesem dunkelbraunen, engstirnigen, aus diesem bornierten, angstvollen, hasserfüllten Deutschland der demokratisch gewählten Kriegsdiktatur des Faschismus geflohen. Dieser Erich Kästner blieb und sah zu, wie er verbrannt wurde. Wie eine Jugend ihren Geist verbrannte, bis sie sich selbst verbrannte, keine sechs Jahre danach auf den Menschen-Schlacht-Feldern in Russland, im Eis von Stalingrad, in Frankreich, Nordafrika, in Skandinavien. Dieser Kästner wurde mit 17 Jahren zum Kriegsdienst eingezogen.

Ich war 19 und weit entfernt von einem Krieg vor Verdun und an der Somme mit Giftgas-Granaten und Gedärmen in Bombentrichtern, die, aufgequollenen Regenwürmern gleich, unter den Blicken ihrer Besitzer mit bluttriefenden Händen zurückgestopft wurden in den zerrissenen Leib. Ich litt? Lächerlich. Lächerlich im Wissen um diese Gleichaltrigen 70 Jahre vor mir. Die waren voller Wünsche, Träume, die hatten ihre Liebe des Lebens gerade eben erst gefunden. Die hatten nach Namen gesucht. Anastasia oder Constantin, wie soll es heißen? Das erste gemeinsame Kind. Ich litt?? Woran? Kästners Herzschwäche war kein Geburtsfehler. Sein Herz kapitulierte und zerbrach am militärischen Drill seines Kriegs-Ausbilder-Feldwebels. Ich litt? Weil mich mein Den-Sozialismus-Verteidigen-Drill-Feldwebel Nadeln picken ließ? Im Regen? Weil ich Wachdienst in Schichten schieben musste? Bei Nacht? Weil ich die Liebe meines Lebens drei Monate lang nicht berühren konnte? Ich litt??? An Larmoyanz!

Larmoyanz ist nichts anderes als Arroganz, Ignoranz, Egozentrik. Mein Hirn schoss Gedanken im Dauerfeuer gegen die Schädeldecke. Das Hämmern hielt mich wach und warm. Der Klappentext, der kurze biografische Abriss eines 1900 geborenen Mannes, hatte gereicht. In Horrorfilmen werden Menschen von Visionen heimgesucht, sobald sie einen Menschen oder einen besonderen Gegenstand berühren. Dieser Gedichtband war besonders und ich war unzweifelhaft Teil eines Horrorfilmes. Es musste an diesem Ort liegen. Ein Niemandsland, das hunderte Jahre als Kaserne und Kriegsschauplatz herhalten musste. Blut, Schweiß, Tränen, Schreie, Sterben in sich aufgenommen hatte. Mein Wachturm stand mitten im Schmachtgrund.

Ich sog Kästners Gedicht Zeile für Zeile auf. Seine „Warnung vor Selbstschüssen" hatte eine ganz andere Wirkung auf mich, als er mit seinen Zeilen *Wenn du zur Pistole greifst / Und den Kopf hinhältst und kneifst / Kannst Du was von mir erleben* erreichen wollte. Oder war es genau die? Hatte dieser Mann – und er hatte trotz Berufsverbot, trotz Verbrennung seiner Literatur, trotz Verlust seiner sozialen Existenz, trotz, trotz trotz trotz, unsere gemeinsame Heimat nicht verlassen. Er hatte sie nicht denen überlassen, die aus dem Traum der Selbstbestimmung einen Albtraum der Selbstvernichtung machten – hatte dieser Mann mir den Kopf zurechtgerückt? Im Besitz aller physischen Kräfte war ich dabei zu kapitulieren. Er hatte eine Herzschwäche und stellte sich direkt dem Hass der sich selbst Hassenden entgegen. Was bin ich für 'ne Wurst? *Ja, die Bösen und Beschränkten / Sind die Meisten und die Stärkern. / Aber spiel nicht den Gekränkten. Bleib am Leben, sie zu ärgern.*

Hier geht es nicht um den Muskelklops auf dem Oberarm. Den Bizeps. Welche Ordnung auch immer. Ost oder West. Sozialismus. Kapitalismus. Alle erzählen: „Sind sie zu stark, bist du zu schwach!" Diese subtile Aufforderung, stärker sein zu müssen, gewaltiger zu werden, um zu bestehen. Das ist ein solches Krebsgeschwür! Sie reden uns ein, den Sozialismus mit der Waffe in der Hand, mit unserem Leben verteidigen zu müssen, als hätte es keinen Gandhi, keinen Jesus, keinen Kästner gegeben. Jenseits der Mauer verdienen sie Geld mit der Superpower der Atombomben. Wie absurd, als hätte es keinen Gandhi, keinen Jesus, keinen Kästner gegeben. Es ist die Dummheit, die Angst vor der Angst. Hier wie da. Hüben und drüben. Kälber sind wir. Ein Kalb bin ich.

„Sind sie zu stark? Bist du zu schwach!"

„Nicht der Drill war zu stark. Der Kästner war zu schwach!"

Ernsthaft? Die heulenden Boxer, wenn der Manager die Siegerkasse verzockt? Wo ist da die Stärke? Ein herzschwacher Mann steht mit 33 Jahren unter angstgetriebenen, hasserfüllten Studenten, erträgt die Vernichtung seines bisherigen Lebens, seiner finanziellen Sicherheit, in Gefahr erkannt und erschlagen zu werden. Wehrlos aufgrund seiner Schwäche! Wer ist stark?

Ich kritzelte die Zeilen auf die letzte, unbeschriebene Innenseite des Gedichtbandes.

Lehre dein Kind die Kraft des Lachens. Die Macht des Witzes. Die Stärke der Angst. Die Stärke des Selbstbewusstseins ist nicht der Muskelklops auf dem Oberarm. Das Geheimnis, das Selbstbewusstsein zu beherrschen, ist die Angst. Nicht die Ängstlichkeit. Es ist die Angst. Die das Adrenalin freisetzt, die deine Augen weitet. Die deine Muskeln, und sind sie noch so dünn, sprungbereit macht. Finde deine Ängste, und du findest den Urgrund deines Selbstbewusstseins. Bekämpfe sie nicht. Lerne deine Angst zu verstehen.

Ein Kind, dass sich hänseln lässt, ohne seine Peiniger auszulachen, wird zum Opfer.

Ich wollte sie meiner Liebsten schicken. Ich wollte sie teilhaben lassen. Ich wollte Anastasia und Constantin meinen Rat geben. Ungeboren. Ungefragt.

Hatte man mir das nicht eigentlich beigebracht? Meine Eltern? „*Es ist nicht der Bumms in den Muskeln, es ist der Wumms deines Wesens, der dir Stärke verleiht.*“ Ich hatte meinem Vater das nie so richtig geglaubt. Ich dachte, er wolle sich damit nur schützen. Herausreden, dass er kein solcher Sportler ist wie mein großer Bruder. Sein Stiefsohn, der keine 10 Jahre jünger war als er. Dabei war mein Vater wohl klüger, als es einem sich emanzipierenden Teenager erlaubt war zu glauben. Ich nahm mir vor, ihm besser zuzuhören.

Ich hatte im System gelernt, meinen Körper zu stählen. In den Stahlgewittern von Ernst Jünger. Ich hatte auf die falschen Helden gesetzt. Auf die Supermen mit der Superpower, die den Bösen den Arsch aufreißen. Die Märchenonkel, die aus den tragischen Mythologien von Herkules, Achill immer wieder die Geschichten von Siegern machten. Bis heute und immer wieder. Diese Blender. Die antiken, die alten Helden sind tragische Opfer ihrer Vorfahren. Herkules trägt den Fluch der Vergewaltigung seiner Mutter durch Zeus in sich. Er hatte alles erreicht, mit seiner Kraft. Den Stier, den Löwen, die Hydra … alle besiegt. Er tötet nach seinen 12 Heldentaten im Wahn seine Frau und ihre gemeinsamen Kinder. Das lassen die modernen Märchenonkel einfach weg. Warum? Weil sich ein Happy End besser verkauft? Weil der sozialistische Bürger nicht zweifeln, weil der freie Bürger der westlichen Welt nicht selber denken soll?

Kästners Waffe war der Gedanke, das Wort, die Ironie, der Witz, die Wahrheit. Meine Waffe war der Panzer eines durchtrainierten Körpers. Mein akuter Zustand jämmerlich. Ich hatte viel zu entdecken. Ich hatte viel, sehr viel Kästner vor mir. Ich wusste, der nächste Brief nach Hause würde eine lange Liste sein.

„Notabene 45". „Als ich ein kleiner Junge war". „Die lyrische Hausapotheke". „Fabian – die Geschichte eines Moralisten". „Drei Männer im Schnee" und, und, und.

Aus den suizidalen Amokfantasien des 48-Stunden-Wachdienstes entstand ein Auftrag. Auftrag an mich selbst:

Studiere deine Peiniger. Finde und verbünde dich mit deiner Angst. Stelle Ernst Jünger zurück ins Regal.

Nicht nur der Feldwebel hasste die Abiturienten. Meine exponierte „Hau drauf, bis Blut kommt"-Stellung war dem Umstand geschuldet, dass unsere Kompanie nur vier junge Männer mit Reifezeugnis aufzuweisen hatte. Die komplette Kompanie, bestehend aus drei Gruppen à 12 Mann, drei Zügen à 36, Unteroffizieren, Fahrern und Kommandanten, plus Führungsgruppe mit Funkern, Schreibern, Offizieren und Kompaniechef. Summa summarum eine 140 Mann starke Kriegseinheit. Ich hatte das große Los gezogen.

Wie groß, wurde mir bewusst, als ich *ihn* traf. Oder besser: als er mich ansprach. „Mein Freund, Volker Braun musst du lesen. Heiner Müller. Peter Weiss, *Die Ästhetik des Widerstands.*" – „Reden ist Silber. Schweigen ist Gold, aber Schreiben, Schreiben ist Platin, mein Freund." – „Wenn du schreibst, hinterlässt du ein Vermächtnis, mein Freund. Ich werde besser schreiben als alle anderen vor mir. Wenn man sich das nicht vornimmt, braucht man gar nicht erst anzufangen."

Wir wurden Freunde. Für eine endliche, aber lange Lebenszeit. Ich war inzwischen bereit gewesen, mein Leiden an diesem Ort im Tode zu offenbaren. Ich war Heinrich von Kleist näher, als mir lieb war. Verfangen in einer romantischen Vorstellung vom Leben, wie es denn sein müsste, ideal wäre, aber niemals sein würde. Dieser Unteroffizier, einen Kopf kleiner als ich, katapultierte das Kästner-Gedicht aus den 30er-Jahren schnörkellos in die Gegenwart.

Ja, die Bösen und Beschränkten
sind die Meisten und die Stärkern.
Aber spiel nicht den Gekränkten.
Bleib am Leben, sie zu ärgern.

Wir verbrachten Nächte im Keller der Baracke II. Er diktierte, ich hörte zu und hieb seine Literatur gewordenen Gedanken in eine Schreibmaschine namens „Erika". Er war Unteroffizier, ein „Dreiender", er konnte mich zu Sonderaufgaben abkommandieren. Die Strafarbeiten meiner kommenden Wochenenden waren angefüllt mit Heiner Müller, Volker Braun, Nietzsche, Hegel, Lessings Beschreibung der Laokoon-Gruppe, Hamburgischer Dramaturgie, Heiner Müller, Berthold Brecht, Frank Wedekind und noch mal Heiner Müller. Ein einziger Rausch. Er wollte Philosophie, dramatisches Schreiben, Literatur, alles, was mit bleibendem Vermächtnis zu tun hatte, studieren. Die Hölle der Unteroffiziersschule Eggesin hatte er über sich ergehen lassen, weil anders kein Rankommen an ein solches Studium war. Seinen Dienst tat er stoisch, unauffällig. Ich revanchierte mich in der Soldatenkantine mit physischer Präsenz und blankgezogenen Fäusten. Die EK-Bewegung, ein intern von Offizieren geduldetes Mittel zur Selbstdisziplinierung der Rekruten, machte auch vor seinem Rangabzeichen nicht halt.

„Was macht der Spast hier?" – „Die Glatten nackt in' Schrank. Die Dreier an die Wand." Der Kreis schloss sich um ihn. Jungs in unserem Alter, denen der Hass aus den Augen quoll, die Trauer, das Geschlagensein unterdrückend, rückten näher.

„Kann ich mal durch?", fragte ich, zwängte mich, ohne eine Antwort abzuwarten, durch das Testosteron der Entlassungs-Kandidaten in die Mitte. Zog meine Uniformjacke aus. Hängte sie über den Stuhl. Und begann meine Linsensuppe zu löffeln. Die Fragezeichen in den verkniffenen Augen tanzten zwischen uns hin und her.

„Was 'n Fraß", sagte ich und sah die ersten Köpfe zustimmend nicken. Die hatten in ihren knapp 18 Monaten so gar nichts begriffen. Jede noch so kleine Militäreinheit ist ein eigenständig operierendes Kommando. Das hatte die preußische Armee so erfolgreich gemacht. Dafür gab es aber eine eiserne Regel: Zehn Mann müssen agieren wie ein einziger Organismus. Niemand darf aus der Reihe tanzen.

„Hat einer von euch mal ’ne Uhrzeit?“ Mit vollem Mund zeigte ich auf mein Handgelenk. „So ein Scheiß-Vierender hat meine Uhr kassiert.“

Es murmelte und der Rädelsführer forderte einen Gefolgsmann auf, mir auszuhelfen. „Keule, sag dem doch mal, was die Uhr ist.“

Für die freundliche Auskunft bedankte ich mich mit dem Hinweis, dass der Fraß nur warm zu ertragen wäre. Der Mob zerbröselte und reihte sich ordentlich in die Schlange vor der Essensausgabe ein.

Wir sahen uns an. „Weicheier“, grinste er und legte die Gabel wieder auf den Tisch.

„’Ne Gabel, dein Ernst? Die ist aus Alu.“

„Für die Würste hätte es gereicht.“

Aus Freunden wurden Brüder. Nicht so, wie es der Korpsgeist einer deutschen Armee vorsah, Waffenbrüder. Wir wurden Brüder. Einfach so Brüder.

Ich wusste, ich musste schreiben, schreiben, schreiben. Lese ich, eine gefühlte Ewigkeit nach all dem, meine Gedichte, Texte, Episoden, Briefe, spüre ich den Schmerz und die Wut dieser Zeit. Den Betrug an einer Jugend, die ein neues Deutschland, ein einig Vaterland erbauen sollte (und in meinem Fall sogar wollte). Aber auch die Hoffnung, ungebrochen aus dieser Zeit aufzuwachen, mit Erfahrungen über die eigene Schwäche. Ich entdecke in diesen Texten den seelischen Druck auf junge Menschen. Ich verspreche meinem früheren Ich, dass ich nicht zulassen werde, dass unsere Kinder durch die gleiche Hölle werden gehen müssen.

Meine Texte waren ziemliche Grütze, aber der Mensch dahinter interessant. Er hatte sich in all seiner Erbärmlichkeit kennengelernt. Hatte all diese, das Leben und den Menschen verachtenden Untiefen des Daseins aufgesogen wie ein trockener Schwamm. Dabei wollte er dienen. Nicht seinem Staat, aber den Menschen darin. Denn:

Wer ist der Staat? Der Vater Staat? Dieser Staat ist ein Arschgesicht. Dieser Vater ein bösartiger, verlogener, hinterhältiger, erpresserischer Bastard. Wenn wir dienen, dann keinem Staat! Einem Land! Und ein Land ist nicht nur der Mensch, der darauf lebt. Es ist der Boden, die Bäume, die Tiere, Pflanzen, Flüsse und Seen. Mutter Erde. Ihr zu dienen, ist Pflicht und Genuss.

Ein Text, geschrieben im Dezember 1987. Im Keller der Baracke II auf einer Erika. Eine Schreibmaschine aus dem VEB-Schreibmaschinenwerk Dresden. Hunderte Blätter knisternden, raschelnden Papiers hatte ich beschrieben. Mein Nachlass. Für mich.

STOCK IM ARSCH. TEIL 1.

Interview, November 2020

Können Sie über sich selber lachen?

Seit 27 Jahren. 4 Monaten. 2 Wochen. (Heute ist der 10. Oktober?) 6 Tagen.

Demnach gab es eine Initialzündung?

Der Zünd-Stoff wurde mir bereits in der ersten Klasse in den Rucksack gestopft. Knapp zwei Jahrzehnte, bis der Funke den Stock aus meinem Arsch sprengte.

Sie wissen schon, dass die Redaktion den Begriff „Arsch" streichen wird?

Soll ich es selber korrigieren?

Das wäre nett.

Allerwertester?

Wer hat Ihnen etwas in Ihren Rucksack gesteckt?

Mitschüler in der ersten Klasse. Einen Begriff. Also mehr einen Eigennamen.

Sie haben meine volle Aufmerksamkeit.

Specki Mampftonne. Sie sind besser als ich. Sie haben gleich gelacht.

Bitte um Verzeihung. Aber das klingt lustig. War es aber sicher nicht? Ich kann mir darunter nichts vorstellen.

Kinder schon. Versuchen Sie es mal.

Irgendetwas mit rundlich und Essen.

Also Obelix?

Der mit „Ich bin nicht dick, ich hab nur schwere Knochen?"

Genau der. Ja.

Nein. Beim besten Willen. Nein.

Den gab es bei uns auch nicht. Das Nonplusultra an Comics in meinem Heimatland waren die Digedags. Die „unbeugsamen Gallier" von Uderzo waren geografisch nah, politisch Alpha Centauri.

Das verstehe ich. Auf der einen Seite eine Diktatur, auf der anderen freiheitsliebende Menschen. „Asterix und Obelix" für Kinder der DDR, das wäre Ihrer Regierung nicht recht gewesen.

Deswegen war ich nicht der starke „Obelix", der in den Zaubertrank gefallen war, sondern „Dig". Klein. Dicklich. Rote Haare. Sommersprossen. Mir wurde beigebracht, nicht nach dem Äußeren zu urteilen. Die anderen hatte eine abweichende Erziehung genossen.

Klein = Ferkel.
Dicklich = dickes Ferkel.
Rote Haare = dickes Ferkel mit Schweineborsten.
Sommersprossen = dickes Ferkel mit Schweineborsten und Warzen.
In der Summe: Specki Mampftonne. Es war witzig. Alle lachten. Ich nicht. Mein Fehler.

Müsste man nicht eher sagen, Sie waren ein Mobbingopfer?

Kinder nehmen ihre Umwelt wahr. Beschreiben, was sie sehen. Der Begriff „Opfer“ gehört nicht unbedingt zum Repertoire von Erstklässlern. Geschweige denn „Mobbing“. Erst nach der tadelnden Ermahnung der Lehrer bekommst du den Beinamen, „Specki, du Opfer!“ Und die Pädagogen haben dabei auch noch ihre Glaubwürdigkeit eingebüßt.

Ist es nicht dennoch die Pflicht der Erwachsenen, das zu unterbinden und den Opfern beizustehen?

Ja. Auf jeden Fall. Aber, wann haben Sie das letzte Mal eine Rede im Bundestag verfolgt? Ein TV-Duell von Präsidentschaftskandidaten? Das Sommerhaus der Stars? Big Brother? Die Bachelorette? Schlagzeilen und Artikel in diversen Zeitungen? Alles von Erwachsenen gemacht. Verkaufsträchtig aufbereitetes Mobbing. Die Sozialen Netzwerke und Plattformen bieten inzwischen auch noch die Chance, dabei anonym zu bleiben. Also die ganze Bandbreite. Bis hin zu Morddrohungen. Ja, Erwachsene haben diese Pflicht. Das wirft die Frage auf, was und wer ist erwachsen.

Das ist jetzt ein wenig pauschal. Es gibt genügend andere Beispiele.

Ja, aber die schreien nicht so laut wie Schlagzeilen. Selbst Kulturmagazine springen auf den Zug auf. Aber das Thema führt zu weit. Ja, die Erwachsenen haben die Pflicht, müssen Verantwortung übernehmen und aufklären. Vor allem sich selbst.

Wenn man Sie heute sieht, kann man sich den kleinen dicken Jungen gar nicht vorstellen. Was haben Sie gemacht?

Ich? Nicht viel. Vielleicht eins: Ich hab das nicht als Beleidigung wahrgenommen, eher als Herausforderung. Oder es war mein Bruder, der es mich gelehrt hat, ohne ein Drama daraus zu machen.

Ihr Bruder. Ihr Held. Vorbild. Geräteturner. Auswahl der Nationalmannschaft der DDR. Mehrere schwere Verletzungen. Die Geschichte habe ich gelesen. Er war der dritte Sohn ihrer Mutter. Der einzige aus zweiter Ehe.

Ich rede Ihnen die ganze Chipkarte ihres Diktaphons voll, wenn es um ihn geht. Ihn sollten Sie interviewen. Das ist eine Biografie! Mein Leben ist ein freiwilliger, luxuriöser Selbsterfahrungstrip. Seins dagegen. Da braucht man Biss. Eier.

Eier wird gestrichen. Muss ich nicht betonen?

Er hat mich trainiert. Mit vier konnte ich schwimmen, das lag noch an meinen Eltern. Jeden Sonntag um acht in die Schwimmhalle. Jeden! Oft zu Fuß, wenn die Straßenbahn ausfiel. Dann kam die Specki-Zeit und mein Bruder. Rolle vorwärts. Rolle rückwärts. Handstand. Überschlag. Salto. In kürzester Zeit war ich der anerkannte Sportler und Raufbold meiner Stufe. Bewunderung erhielt ich in der Schwimmhalle. Keiner interessierte sich für den körpereigenen Schwimmreifen an meinen Hüften. Kopfsprung oder Salto ins Wasser? Was wollt ihr sehen?

Und wie kam es dann zum Stock im Hintern?

Der eigentliche Stock im Hintern war sicherlich eine Auswirkung dieser Zeit. Meine Besessenheit, es allen zeigen zu wollen. Keine Fehler. Keine Schwäche. Stark sein um jeden Preis. Keine Unsicherheiten. Ich hab es wohl ein bisschen übertrieben. Aber bis zur „Initialzündung" hatte ich einige Hürden zu nehmen. Und bin ziemlich oft auf die Nase gefallen. Zumindest hatten andere ihren Spaß. Im Nachhinein ich jetzt auch. Das ist die Geschichte vom Winteranorak.

EPISODE 4

„Oh! Mein! Gott! Ich bin's!"

1994

„Wie die Zeit vergeht." Simone lächelt.

Wie die Zeit vergeht? Ihr Ernst? Wir sind Mitte Zwanzig, noch nichts für die Ewigkeit getan, dafür aber die Sätze der Großeltern wiederkäuen? Es fehlt nur noch: „Wie geht's?", und die Antwort: „Muss ja."

„Wie lange ist das her?" Sie lässt nicht locker.

Wir stehen vor einer grauen Metalltür. Ich überlege, ob das eine Brandschutztür ist. Es muss eine sein. Das ist ein öffentliches Gebäude. Es ist eine Brandschutztür! F 90. Neunzig Minuten, bis das Material nachgibt. Anderthalb Stunden für die Eingeschlossenen, einen Fluchtweg zu finden oder gerettet zu werden. Ich bin schon nach neunzig Sekunden durchgeschmort und gehe auf das Gespräch ein.

„Fünfzehn Jahre."

Ob ich will oder nicht, ich kann bereits auf Erinnerungen zurückgreifen, die fünfzehn Jahre in der Vergangenheit liegen. Und so richtig berauschend sind die alle nicht. Oder liegt es daran, dass ich sie nicht unterhaltsam zum Besten geben kann? Meine Ex-Kommilitonen machten mit ihren Storys langweilige Partys zu Highlights. Medizinstudentinnen klebten an ihren Lippen. Wenige Stunden später auch im Wortsinn. Der Satz „Wie die Zeit vergeht“ motiviert mich zu einem Vortrag über die Relativität der Zeit und ihre Absolutheit gegenüber unserem Empfinden. Wenn es auch noch darum geht, dass die Zeit „schnell“ vergeht, dann weise ich eher daraufhin, dass eine Stunde immer sechzig Minuten und die Minute immer sechzig Sekunden Zeit hat, um zu vergehen. Das ist nicht unterhaltsam. Das ist öde. Belehrend. Lehrersohn eben.

Ich sehe Simone aus dem Augenwinkel an. Schlank, brünett. Die gesteppte Winterjacke, Ninja-Turtle-Grün, verbirgt ihre Figur. Vor Blicken? Vor der Kälte? Ihr Gesicht hat sich kaum verändert. Ihre braunen Augen trotzen dem milchigen Grau der Wände. Leuchtstofflampen, in der Mitte der Decke angebracht, erinnern mich an den fensterlosen Kellergang unserer Schule. Genauso standen wir schon einmal voreinander.

„Willst du mit mir gehen?“

Ein unglaubliches Kribbeln rann damals durch meinen Körper. Soll ich davon erzählen? Den Satz wiederholen? Lachen? Das Eis von fünfzehn Jahren brechen? Ist das so eine Story, die unterhaltsam wäre? Sollte ich von der Magie ihrer Augen schwärmen, die mich als Frühpubertären bis in die Nacht begleitet hatte? Oder würde das wie eine billige Anmache wirken? Sie ist Verkäuferin geworden. Wohnt in einer Zweiraum-Wohnung. Keine Kinder. Single. Sie könnte es missverstehen.

Die Klinke wird nach unten gedrückt und befreit mich von diesen lähmenden Gedanken.

Die Tür öffnet sich. Eine Lichtgestalt erscheint. Und erblickt mich.

„Oh, mein Gott, ist er das?"

„Was denkst du, Jeanette?"

„Oh! Mein! Gott!"

Diese Jeanette schlägt ihre Hände vor den Mund. Ein Heiligenschein umspielt die engelsblonden Haare der jungen Frau. Die Vergangenheit löst sich im Schein der weihnachtlichen Beleuchtung vollständig auf. Andächtige Stille. Knisternde Sprachlosigkeit.

Mit allem gebotenen Charme verwandele ich das *Oh, mein Gott* mit einem stummen Lächeln in ein „Gott-ist-vielleicht-ein-bisschen-hoch-gegriffen". Wenn ich auch vor wenigen Momenten noch, als Jeanette, die Arbeitskollegin von Simone, die schwere Metalltür öffnete und dabei nicht nur den Blick in den Backstagebereich der Karstadt-Angestellten, sondern vor allem auf ihre umwerfende Figur, die von einem eng anliegenden roten Kleid mit weißen aufgesetzten Puscheln am unteren Saum, der, kurz über den Waden endend, die sportlich schlanken Beine freigab, mich anlächelte, ein wenig verblüfft dagestanden haben muss. Aber diese so offen zur Schau gestellte Begeisterung über mich, den jungen Schauspieler, sauge ich auf wie die Wiese den Landregen nach drei Jahren Dürre.

Was soll ich sagen? Ich muss etwas sagen. Ich will Simone nicht brüskieren, der ich vor fünfzehn Jahren, also mit 12, gestand: „Du bist die Frau meines Lebens." Ich will Jeanette aber, die den gleichen Namen des Mädchens trägt, deretwegen ich Simone zwei Wochen später umständlich aus dem Weg gehen musste, kein leichtes Spiel machen.

Der Tanz beginnt. Ich muss den richtigen Moment abpassen, dass aus dieser zugegebenermaßen leicht peinlichen Situation, zwei junge Frauen und ich, ein halbdunkler Flur und der wegweisende Strahl des abendländischen Morgensterns, kein Eiertanz wird. Ich lächele und schaue von Simone zu Jeanette.

Ich weiß, dass sie weiß, wer ich bin.

So viel ist sicher.

Vielleicht ist sie der Grund, warum Simone mich überhaupt zu ihrer Wichtelweihnachtsfeier mit Kollegen eingeladen hatte? Das macht die Sache nicht leichter. Und sie hätte es mir vorher sagen können.

Die Party wird langweilig sein. Sie erwartet ein Highlight. Von mir! Ich wünsche mir, einer meiner unterhaltsamen Ex-Kommilitonen zu sein. Verdammt. Weihnachtsgedichte fallen mir ein. Die Geschichte der unbefleckten Empfängnis. Vielleicht sollte ich aber nicht gleich mit der Tür ins Haus fallen.

Was noch?

Sie weiß, wer ich bin, gut. Was sie aber nicht weiß und was ich im Verlauf des Abends unbedingt aufklären werde, ist der Umstand, dass eine Vorabendserie mit ihrer profanen Herzschmerz-Liebe-und-Intrige-Dramaturgie nicht mein erklärtes Ziel war. „Verbotene Liebe". Wenngleich der Titel gerade jetzt viel realistischer erscheint, da ich glaube, diese Jeanette, sie kann unmöglich Single sein, und dennoch bin ich bereit, jeden herauszufordern, der Anspruch auf sie erhebt.

Ein paar Jahre zuvor hatte die Wende meinem Vorhaben, ein ernst zu nehmender Künstler zu werden, einen schweren Dämpfer verpasst. Ich hatte mich geweigert, dem künstlerischen Nachwende-Dogma „Egal-was-du-machst-es-muss-schrill-sein-und-wenn-du-dafür-auf-der-Bühne-in-einen-Teller-Nudeln-kacken-musst-während-du-die-Nationalhymne-singst" zu folgen. Zwar hatte ich mich für 35 Folgen der Daily Soap „Verbotenen Liebe" verpflichtet, aber mein junges künstlerisches Portfolio barg andere Schätze.

Vielleicht erkannte Jeanette in mir aber auch den Hauptdarsteller einer der letzten Defa-Filme wieder? Den quirligen, liebestollen Tom. Meine erste Kino-Hauptrolle. Vielleicht hatte sie genau in dem Moment an diese unschuldig-erotische, meine erste Sexszene in einem Film gedacht? War das der Grund für ihr „Oh, mein Gott. Ist er das?"

Hatte sie sich dabei nicht sogar mit beiden Händen ihren Mund zugehalten? Wollte sie verhindern, das auszusprechen?

Ja, auch das bin ich. Aber auch wieder nur ein kleiner Teil von mir. Der Abend sollte mir unbedingt die Möglichkeit geben, ihr von meinen Niederlagen zu berichten. Ich bin kein Star. Weder Soap noch Kino. Ich bin bereit, durch alle Mühen der Ebene zu gehen. Ich bin bereit, den Staub der Bühne zu fressen. Selbstlose Aufopferung, Van Gogh'sche Selbstverstümmelung ist der Weg zu Offenbarung künstlerischer Wahrheit.

Was ich ihr erzählen werde, ist klar. Aber was jetzt? Jeder Moment zählt. Entree und Finale sind die wichtigsten Momente einer Inszenierung. Mein Hirn arbeitet gegen mich, wie immer in solchen Situationen. Meine Gedanken rasen. Ich versuche sie zu bündeln.

Ich werde ihr von diesem Mann erzählen, diesem Intendanten, dessen Ruf, ein unbequemer Zeitgenosse zu sein, egal, welches System das Gros der Menschen an der Nase herumführt, ihm und seinem Tun vorauseilt. Ein Mann, der viel bedeutender ist als ich, aber auch viel älter und somit kein Konkurrent um mein wachsendes Bedürfnis, ihr nah zu sein. Ein Mann, um in dessen Theater engagiert zu werden, ich drei Anläufe unternahm und scheiterte.

Die spontane Verbindung zu diesem Wesen, halb Mädchen, halb Frau, die sekündlich wachsende Seelenverwandtschaft, sprengt alle Türen zu meinen eingesperrten Sehnsüchten. Ich werde ihr alles preisgeben. „Ja, ich will Großes bewirken."

Wir werden uns ein Glas Rotwein teilen. Abgeschieden vom Weihnachtswichteltrubel ihrer Kollegen. Sie wird fragen: „Wie meinst du das? Etwa Weltfrieden?"

Sie wird lachen. Aber von meinem Hilfskonvoi ins Kriegsgebiet nach Sarajevo werde ich schweigen. Das war naiv und auf eine Weise selbstmörderisch. Dass diese Aktionen meinem Freund und mich fast das Leben gekostet hätten, war eher der Müdigkeit als den serbischen Heckenschützen geschuldet. Jetzt, ein Jahr später, scheint die Geschichte schon beinahe witzig. Irgendwie unterhaltsam. Ich werde sie nur andeuten. Ein Hauch von Abenteuer und Waghalsigkeit ist immer gut. Eine gute Geschichte braucht Spannungsmomente.

Wir werden uns auf Anhieb verstehen. Wir kommen aus demselben Stall. Zwei Ostbrote. Kindergarten. Schule. Ich habe Armee und Schauspielschule hinter mir. Sie wird auch achtzehn Monate auf einen gewartet haben, der durch die militärische Selbsterfahrungshölle gegangen ist. Sie werden sich getrennt haben, weil man anders zurückkommt, als man da hineinstolpert.

Die Revolution '89, die Wende, die Wiedervereinigung haben wir beide auf dem Leipziger Ring, in der Heldenstadt mitheraufbeschworen. Die Chancen und Verwirrungen, die das neue System für uns bereithielt, hat sie genauso erlebt wie ich. Wir sind uns so nah wie Zeige- und Mittelfinger, wenn man sie kreuzt. Die politisch kritischen Agit-Prop-Programme, das Zitieren der verbotenen Solschenizyn-Texte, den „Archipel Gulag", Schwitters „Käfer" und Müllers „Hamletmaschine", unsere Waffen im Kampf für den dritten Weg der Wiedervereinigung, die Gefahr, dafür inhaftiert zu werden, das verzweifelte Festhalten an der Revolution, lange nachdem ein dicker Mann auf dem Balkon der Oper unserer Stadt von „blühenden Landschaften" log, Stoff für Stunden.

Erst aber sind meine Schwächen an der Reihe. Meine Enttäuschung nach einer weiteren gescheiterten deutschen Revolution. Deutsche können einfach nicht Revolution. Deutschen fehlt Leidenschaft! Die Bereitschaft, im Kampf zu leiden. Der Deutsche leidet lieber, anstatt zu kämpfen. Die deutsche Masse ist lieber Schaf. Die deutsche Masse hat sich zwei Mal einreden lassen, der Feind sei hinter der Grenze. Traurige Erkenntnisse, die mir auf der ersten Westtournee eines ostdeutschen Schauspielstudios bewusst wurden, die meine Euphorie wandelten, die mich nach einem Aufrechten oder einer Jeanne D'Arc in der Theaterwelt suchen ließen. Aber so wuchtig werde ich ihr nicht ankommen können. Gute Geschichten sind persönlich. Gute Geschichten erzählen von den kleinen Dingen und lassen die Welt beim Zuhörer entstehen. Sheherazade hat mit Geschichten ihr Leben retten müssen. Um nichts weniger geht es hier, jetzt, für mich.

„Ich war ein Schiffbrüchiger, bevor ich diesen Mann kennenlernte. Ich hatte mich in meiner Not für ein Aufbaustudium Musical beworben. Ein Beruf, im Gegensatz zur Schauspielerei, bei dem man auf Anhieb sehen konnte, ob jemand etwas kann oder ob er es nicht kann. Entweder kann man singen, tanzen und performen, oder eben nicht. Schauspieler werden inzwischen alle genannt, die ein ansprechendes Gesicht haben und drei Sätze geradeaus sprechen können. Da ist oft keine Leistung dahinter. Und auf Leistung, dachte ich, kommt es in einer Leistungsgesellschaft an. Das trifft irgendwie auf die Kunst nicht zu. Aber bei ihm, bei ihm ist das anders."

„Was hat das mit dem Weltfrieden zu tun?", wird sie fragen und ihr Interesse wird schwinden.

Ja, das war nichts. Unterhaltsam sollst du sein, verdammt noch mal! Es geht um deine Emotionen. Wahrhaftig, ehrlich, berührend. Also vielleicht doch erst die Story über unsere Reisen auf den Balkan? Aber Weltfrieden ist keine Sache der heldenhaften Einzelaktionen, es ist eine Sache des täglichen Tuns. Und dieser Intendant rennt mit seinem Ensemble gegen die Verführbarkeit und gegen die Verführer des Volkes an. Mit Kunst! Auf der Bühne! Nicht mit einer AK 47 oder Hilfsgütern für die Opfer des Balkankrieges. Denn nur die Verführten sind bereit, in den Krieg zu ziehen. Und packt man das Problem an der Wurzel, rottet man es aus. Während man in den Straßen von Sarajevo in einem nicht gepanzerten Lieferwagen einfach nur eine dumme

Sache macht. Hilfsgüter hin oder her. Ein toter Zivilist mehr oder weniger.

„Stell dir einen Mann vor, der in den Sechzigern Stoph, Honecker, Mielke und Konsorten mit dem nackten Hintern ins Gesicht gesprungen und lieber in Knast gegangen ist, als zu schweigen. Also sinnbildlich."

„Zu spät. Ich sehe einen Hintern." Sie lacht. Ja, sie wird lachen. Ich war witzig. Unfreiwillig zwar, aber witzig.

„Dreißig Jahre später tut der das immer noch, nur dass es jetzt Kohl und Konsorten sind, die seinen Hintern zu Gesicht bekommen."

„Es wird nicht besser, mein Freund", wird sie sagen. Sie wird mit spitzem Mund grinsen, das Rotweinglas greifen, und ihre Lippen werden den gleichen Rand berühren wie die meinigen zuvor. Sie wird an meinen Lippen kleben wie die Medizinstudentinnen an denen meiner Kommilitonen.

Ich werde auf ein Ereignis zu sprechen kommen, das uns beide verbindet, das wir beide aber noch nie unter diesem Aspekt gesehen hatten. „Der Mann mit dem nackten Hintern", werde ich, in der Allegorie bleibend, sagen, „hat mir die Augen geöffnet."

Sie wird losprusten. Ich werde ihn zitieren: „Junge, hinschauen reicht nicht, du musst schon genau hin-schauen. Was stand '89 auf den Plakaten und Handzetteln? ‚Wir sind das Volk!' Das war Revolution. Und was stand '90 drauf? Auf Plakaten, Aufklebern, Handzetteln? „Wir sind **ein** Volk!" Was ist der Unterschied zwischen dem Artikel ‚das' und dem unbestimmten Zahlwort ‚ein'? Denk nach, Junge, denk nach! Worte sind die Dächer, unter denen sich Massen versammeln."

Ich stand da, wie ein Schuljunge und zitierte mein Wissen: „DAS Volk ist das Synonym für ‚der Souverän', wie es in der Verfassung steht. Alle Macht geht vom Volke aus. Wir sind ein Volk? Bezieht sich nur noch und ausschließlich auf die Einheit und nicht mehr auf die politische Macht des Volkes."

„Und wer hat diese Umformulierung in die Welt gesetzt? Was stand drunter unter den Plakaten und Aufklebern von '90? Ganz klein."

Verantwortlich: CDU-Bundesgeschäftsstelle Abt. Öffentlichkeitsarbeit – 5300 Bonn!

„Das war das Ende der Revolution. Die Wahrheit steckt immer im Kleingedruckten. Das ist wie bei 'ner Versicherung. Wer das Kleingedruckte nicht liest, geht leer aus. Deswegen inszeniere ich den Büchner, Dantons Tod."

Sie wird das Glas abstellen. Sich vorbeugen und ihre Augen verraten lassen, dass sie mehr wissen will.

Wir sind das Volk und wir wollen,
daß kein Gesetz sei, ergo
ist dieser Wille das Gesetz, ergo
im Namen des Gesetzes
gibts kein Gesetz mehr, ergo
totgeschlagen!

„Das war eine Revolution und die ist in die Hose gegangen. Zweihundert Jahre her. Und was machen wir? Wir haben nichts begriffen! Lassen uns den gleichen Mist gefallen. Warum? Weil wir nicht hinschauen. Verstehste? Aus 'ner Revolution machen die Wahlkampf und alle machen mit."

Wenn ich auch ein schlechter Witzeerzähler bin, zitieren kann ich. Situationen wiedergeben, beschreiben ist meine Stärke, verlangt aber vom Gesprächspartner ein grundsätzliches Interesse. Jeanette hatte dieses Interesse mit ihrem „Oh mein Gott, ist er das?" klar formuliert. Ich muss nur unterhaltsam bleiben und der Abend wird uns gehören.

„Unpathetisch und ungefragt hatte er mir diese Sätze während unserer letzten Begegnung auf den Stehtisch in der Kantine seines Theaters hingeworfen. Hinter ihm an der Wand hing einer dieser Flyer. ‚Wir sind das Volk!' Er aß Kartoffelsalat mit Bockwurst."

„Ich habe Hunger. Du auch?" Sie wird sich zurücklehnen und mich verschmitzt anschauen. Eindeutig zweideutig, diese Aussage. Ich werde das so stehenlassen. Auge in Auge. Sie wird lächelnd aufstehen, im Vorbeigehen nach meiner Hand greifen. Am zuckrigen Buffet werden wir nichts anrühren. Zu diesem Zeitpunkt schon die Feier zu verlassen, wäre zu früh. Wir werden beide ein unstillbares Bedürfnis verspüren. Unsere Vertrautheit wird mich animieren, über unsere eigene Naivität und Verführbarkeit zu philosophieren. Sie wird über den Einzelhandel erzählen und wir werden die Brücke zum Theater schlagen. Wir werden ihre Jobsuche mit meiner Jobsuche abgleichen und die nämlichen Probleme erkennen. Der Weg einer Fachverkäuferin und eines Künstlers sind nicht so weit voneinander entfernt, wie man denkt. Wir werden uns noch weiter zurückziehen und den Kollegen das Büfett und die ganzen Wichtelgeschenke überlassen, denn wir haben ja uns.

„Euripides ist für mich die Quelle des Theaters. Shakespeare die Renaissance der Antike. Mit dieser Standarte ritt ich zu meinem dritten und, wie ich zu verstehen bekam, letzten Versuch, um diesen Mann davon zu überzeugen, mich auf das rettende Festland seiner Insel aufzunehmen. Seiner Kulturinsel."

Sie wird sich in meinen Arm legen. Wir werden die Lichter der Diskokugel tanzen sehen. Die Musik wird Untermalung sein.

„Mein letzter Versuch war eine Szene aus ‚Dantons Tod'. Ich wusste, er wollte das Stück in der nächsten Spielzeit inszenieren. Fünf Jahre nach der gescheiterten Revolution wollte er dieses Stück auf die Bühne bringen. Ich hatte mich präpariert, wie ich es das letzte Mal für die Mathe-Abiturprüfung durchgezogen hatte. Nichts überließ ich dem Zufall. Auf jede mögliche Frage hatte ich Fachliteratur gewälzt und auf jede mögliche Aufforderung, den Danton weinerlich, größenwahnsinnig, gewaltbereit oder vollkommen in sich gekehrt zu spielen, war ich vorbereitet. Selbst die mögliche Herausforderung, mit einer Improvisation meine gestalterische Spontanität zu beweisen, hatte ich trainiert. Es musste klappen.

Während ich die Szene in meiner Version präsentierte, lief er durch den großen Bühnenraum, sammelte Flusen vom zerkratzen Parkettfußboden und nestelte sie in seine abgewetzte Jacketttasche. Auf diese Situation war ich nicht vorbereitet. Unbeachtet ließ er mich spielen, ab und an grunzte er vor sich hin, setzte sich neben eine Schauspielerin, die auf einer der seitlichen Traversen Platz genommen hatte, und redete leicht gedämpft, aber dennoch hörbar über die ‚Hohlköppe' im Rathaus. War das der Moment, indem ich die Hosen runterlassen und auf die Bühne kacken musste, damit ich diesen Job kriege? Ist er auch einer von denen geworden? Instinktiv wurde ich leiser.

Was ist das, was in uns hurt, lügt,
stiehlt und mordet?
Puppen sind wir von unbekannten
Gewalten am Draht gezogen;
nichts, nichts wir selbst!

Ich zischte die Sätze in seine Richtung. Dann schwieg ich und starrte ins Halbdunkel dieses Bühnenraumes, der noch nicht mal eine richtige Bühne hatte.

500 Plätze umfasste der große Saal. Die Zuschauer saßen auf Traversen um die Spieler herum. Es gab kein klassisches Podest, keine Erhöhung, kein Proszenium, keine Gassen, und die Souffleuse saß

mitten im Publikum. Alle gängigen Auftrittstechniken und Spielrichtungen waren außer Kraft gesetzt. Man steckte immer mittendrin. Ungewöhnlich, reizvoll, schwierig, wie der Intendant selber. Er hatte diese ‚Kulturinsel' erschaffen. Er war ein Macher, ein Netzwerker, ein Sturkopf, ein stasiverfolgter Sozialist, ein Patriarch, ein Vater. Für mich war er in diesem Moment einfach nur ein Arschloch, das mich zu ignorieren schien. Meiner Wut folgend schrie ich die letzten Sätze in einem militanten Stakkato noch einmal heraus:

Was ist das, was in uns hurt,
lügt, stiehlt und mordet ?
Puppen sind wir von unbekannten
Gewalten am Draht gezogen;
N I C H T S,
N I C H T S W I R S E L B S T!

Die Schauspielerin erschrak und krallte ihrem Intendanten unvermittelt die Finger in den Unterarm. Schadenfroh ließ ich mich zu Boden fallen. Die restlichen Sätze, die Büchner vorgab, warf ich teilnahmslos, frustriert, ein in sich gekehrter Danton, an die hohe Decke des Saales.

An dem umlaufenden stählernen Metallgerüst entdeckte ich unzählige Scheinwerfer und über ihnen, auf dem Kapitel einer halben, nachgemauerten antik adaptierten Säule, einen Farbtopf mit großem Pinsel. Es sollte wohl die Arbeit der Maler und Handwerker symbolisieren, ehren. Für mich war es eher die Fehlerhaftigkeit menschlichen Handelns. Ich assoziierte die Faulheit des Anstreichers, der, sein Arbeitsmaterial vergessend, nach Rückbau des Gerüstes den Fehler bemerkend, sich mit der Hoffnung ‚Da oben schaut sowieso niemand hin' aus dem Staub gemacht hatte. Direkt über mir an der Decke hing eine Diskokugel.

Hier will ich bestimmt nicht Theater spielen. Eine Diskokugel, wie billig. Effekthascherei. Ich wollte Kunst machen. Ich wollte immer noch der Dissident sein, der den Mächtigen einen Spiegel vorhält und dem Volk die Augen öffnet. Diese theatralische Symbolhaftigkeit war einfach lächerlich. Das war keine Kunst, das war Anbiederei.

Ich sprang vier Seiten zurück im Text;

Ich werde mit Mut zu sterben wissen,
das ist leichter als zu leben.

Weil mir dieser Satz als Abschied von einer großen Hoffnung passend schien.

Die Revolution ist wie Saturn,
sie frisst ihre eigenen …

Das Gesicht des ein Meter sechsundfünfzig kleinen Diktators schob sich über mich. Die Diskokugel und meine Rebellion verschwanden. Ich erwartete das Urteil in einer unvorteilhaften Position. Ein Käfer, auf dem Rücken liegend, bereit, von einem gigantischen Fuß zerquetscht zu werden. Aber ich wollte doch wie Danton auf dem Schafott stehend, aufrecht, meinen Peinigern ins Gesicht lachen. Im Gegensatz zu ihm hoffte ich aber auf Gnade.

‚Reicht. Kannst wieder aufstehen.' Mehr Reaktion gab es nicht. Das war keine Gnade. Das war eine unspektakuläre Hinrichtung. Der blanke Stahl der Guillotine schoss herunter und trennte mich von meinem Traum.

Der Traum, Teil von etwas Größerem, etwas Ganzem zu sein. Diskokugel hin oder her. Ich war aber nicht bereit, nur um einen Job zu kriegen, den Hamlet in Unterhose und mir selbst an den Eiern zu spielen, für Effekte und Zuschauerzahlen mein Ideal des antiken Theaters aufzugeben. Ich war nicht bereit, ein Kantinenschauspieler zu sein, der sich seine Jobs durch Arschkriecherei besorgte. Für mich war der Weg das Ziel. Erfolg mit allen Mitteln war für mich keine Option.

Der Weg bestimmt dein Sein. Und dein Sein bestimmt dein Bewusstsein. Und wenn du als Speichellecker deine Schritte machst, wirst du als Speichellecker da sein. Ein Speichelleckerdasein führen. Die Haltung meiner ehemaligen Kommilitonen, dass der Zweck die Mittel heilige, war mir suspekt. Seit Kindertagen, als ich die Geschichten um Dietrich von Bern las, war mir das suspekt..

Verrätst du das Ideal deines Handelns, verrätst du die Sache. Wenn du zum Zwecke des Sieges zu unehrenhaften Mitteln greifst, wirst du unehrenhaft leben. Gut, Dietrich von Bern hat dafür mit dem Leben bezahlt, weil er die Rittertugend *Mann gegen Mann* zu seinem Ideal erkoren hatte. Er war unbesiegbar, daher heiligten seine Gegner das Mittel, ihn zu zweit anzugreifen, und er starb. Und mit ihm die Sache selbst. Sollte ich also doch, um der Sache willen, wenigstens ein bisschen die Hosen runterlassen?

Während ich meine spärlichen Requisiten in meinen Seesack stopfte, sprach mich die Schauspielerin an. Nein, sie flirtete mich an. Gut, charmant flirten und wenigstens ein bisschen Sex haben hätte mir die Laune für den Tag ein wenig aufbessern können. Ich folgte ihren schwingenden Hüften, dem rossbraunen, wippendem Haar und dieser mädchenhaften Taille. Unter ihrem halblangen Sommerkleidchen zeichnete sich weder ein BH noch ein Slip ab. Wir kamen ins Gespräch, was nach meiner ersten Frage ein nicht endender Monolog wurde. Mir wurde schnell klar, sie war die Diva des Hauses. Nicht eine Gegenfrage, aber jeder zweite Satz begann mit ‚ich'. Dann also „doch kein Sex".

Den Teil würde ich auslassen. Jeanette sollte mich nicht für triebgesteuert halten.

„Niedergeschlagen, aber kämpferisch saß ich etwas später vor meinem schwarzen Kaffee in der Kantine meiner Nicht-Wirkungsstätte, die meine Wirkungsstätte, meine Heimat hatte werden sollen. ‚Mein Ensemble ist eigentlich voll. Ich suche niemanden mehr"', brummelte der Herrscher dieses Hauses plötzlich hinter mir. Am Stehtisch nahe des Tresens stopfte er hungrig, aber appetitlos Kartoffelsalat mit Bockwurst in sich hinein. Er hätte mich noch mal kommen lassen, weil da irgendwas war, sagte er. Er habe einen Instinkt und ein Bauchgefühl, darauf höre er. Dass ich spielen kann, wusste er schon nach dem ersten Mal, aber dass ich ein ‚Schlauspieler' bin, dass ich aufrichtig wäre und eine große Verzweiflung in mir habe, wusste er noch nicht. Aber sein Bauch. Er inszeniere gerade die ‚Räuber' und brauche noch einen Spieler für die Figur ‚Schweizer'. Ein aufrichtiger, ehrlicher Mensch, der aus Verzweiflung über die Ausweglosigkeit der gesellschaftlichen Situation nach einem Vorwand für seinen Selbstmord sucht, ihn findet und sich umbringt. Ich könne also den Vertrag unterschreiben.

Die Botschaft hör ich wohl, allein mir fehlt der Glaube. (Goethe nervt, zu jeder Situation gibt es ein Zitat, einen Aphorismus oder eine universelle Weisheit.) Ein Vertrag?! *Himmelhoch jauchzend, zu Tode betrübt.* (Goethe, wer sonst?) Ich wurde also mit einem Zuckerbrot für meine Mühe belohnt, während die Peitsche bereits auf meinen Rücken knallte und mich als Gast brandmarkte. Ich würde das Ambrosia sehen, riechen, aber weder anfassen noch schmecken dürfen, was all „den anderen hier vergönnt war".

Ich werde meinen ganzen Rucksack vor Jeanette ausgeleert haben. Sie ebenso. Wir werden uns davonstehlen, hinein in unsere unvergessliche Nacht.

Während Simone, nichts ahnend von unserer stillen Offenbarung, den Reißverschluss ihres Anoraks auf und zu zippt, schaue ich Jeanette direkt ins Gesicht. Meine Augen haben sich an das Gegenlicht gewöhnt. Leicht gerötete Wangen unter blauen Augen. Ist mir nicht aufgefallen. Wie auch? Wir stehen seit ein paar Sekunden stumm staunend voreinander. Ihr „Oh mein Gott, ist er das?" hallt noch durch den Flur in Richtung Treppenhaus. Der Abend soll erst seine Form annehmen.

Ich bin auf jeden Fall schon mal super vorbereitet und habe endlich den Mut, auf die Frage von Jeanette zu antworten: „Ja, ich *bin's*."

Die beiden Frauen schauen mich überrascht an und setzen ihr Gespräch fort. „Ist *das* der Winteranorak aus der neuen Kollektion?"

Stolz dreht sich Simone und bejaht. Zippt den Reißverschluss wieder zu und wieder auf und wieder zu. Das Geräusch lässt mein Trommelfell reißen. Weihnachten sei zwar erst in drei Tagen, aber sie habe sich das Teil ja selbst geschenkt, höre ich nur noch aus der Ferne. Sie strahlen beide und kichern. Meine Kehle trocknet ein. Meine Zunge klebt am Gaumen. Meine Ohren vom zipp – zzap – zipp – zzap nun vollkommen taub.

Mir ist kalt. Drei Tage vor Weihnachten stehe ich in der Dunkelheit auf dem Monte Klamotte von Leipzig und starre auf die Lichter der Heldenstadt. Keine zwei Stunden zuvor stand ich bei Karstadt in der dritten Etage. Jetzt geht mir die Szene nicht mehr aus dem Kopf.

Für Jeanette war ein Winteranorak, EIN WINTERANORAK(!) Grund genug, um Gott zu bemühen? „Oh mein Gott, ist er das?" Beiläufig hatte Simone noch erwähnt, dass ich ihre Begleitung wäre, ein alter Schulkamerad. Ich hätte leider nichts zum Wichteln dabei, ergänzte sie noch, da sie mich erst vor kurzem zufällig wiedergetroffen hätte.

Jeanettes Blick tropfte an mir ab. Sie hakte Simone schwungvoll unter, wortlos davon ausgehend, dass ich ihnen nun hinterherdackeln würde. Ich wollte nichts anderes, als im Erdboden versinken. Aber ich stand auf hartem Beton in der dritten Etage von Karstadt. Da war kein Durchkommen. Rot im Gesicht, plötzlicher Schweißausbruch. Die ganze Peinlichkeit der Situation blieb an mir kleben.

Warum habe ich nicht auf dem Absatz kehrtgemacht und bin gegangen? Alles, was danach kam, war freier Fall.

Ich wollte ja gehen. Aber ich trottete den beiden immer noch kichernden Frauen hinterher. Das Objekt der Begierde war ein mich hämisch angrinsender Winteranorak. Provozierend rieb er sich an dem roten Kleid von Jeanette. Das schabende Geräusch, das seine glatte Fläche an dem weichen Stoff verursachte, verhöhnte mich. Warum war ich nicht wirklich taub geworden?

Es folgte ein innerer Spießrutenlauf. Jeder der Anwesenden würde schlagartig wissen, was für einen erbärmlichen Auftritt ich soeben hingelegt hatte. Sie würden flüstern und verstohlen mit dem Finger auf mich zeigen. Ich wusste, ich stehe im Zentrum der Aufmerksamkeit, aber bei Weitem nicht so, wie ich das gewollt hätte, obwohl ich es gar nicht gewollt hatte. Im Gegenteil, ich wollte unscheinbar sein. Bescheiden. Ich wollte einfach dazugehören, weil ich mich schon lange zu niemandem mehr zugehörig fühlte. Ich wollte nicht eitel wirken durch die Zurschaustellung meines Berufes, und genau deswegen hatte ich Simones Ansinnen abgelehnt, ich solle doch bitte, bitte den Weihnachtsmann auf ihrer Feier spielen, ich wäre doch Schauspieler. Hätte ich mal ihrem Drängen nachgegeben. Mein rotes Gesicht, mein schwerer Gang und die säuerliche Miene, die mir nun meine Wangen zerfraß, würden wenigstens zu diesem albernen Mann mit weißem Rauschebart passen.

Ich hatte all ihren Versuchen, mich zum Weißbärtigen zu überreden, charmant widerstanden. Nett und mit aberwitzigen Begründungen. Innerlich war ich erbost über so viel Naivität und Anmaßung. „Ich bin Schauspieler und kein Pausenclown“, hätte ich sagen wollen. „Ich mache mich nicht zum Affen, ich mache Kunst.“ Solche Sätze wanderten durch mein Hirn. Ich fühlte mich verkannt und stand bereit, meinen gesamten Berufstand zu verteidigen.

„Du bist doch Schauspieler. Spiel mal was!“

„Du bist doch Komiker. Sei mal komisch!“

„Du bist doch Schriftsteller. Schreib mal was!“

Treib das mal weiter:

„Du bist doch Müllmann. Räum mal den Müll weg!“

Wer hat die Arroganz, so etwas zu sagen? Schauspieler aber sind Pausenclowns. Mit denen kann man das machen. Und inzwischen auch zu Recht. Jeder kann sich Schauspieler nennen. Das hatte mich bereits bei den Dreharbeiten zu dieser Soap frustriert. Kaum jemand begreift das Handwerk. Ist man ein Bäcker, nur weil man in der Lage ist, ein Brötchen zu essen? Gehst du zum Busfahrer und lässt dir von ihm einen Tisch bauen, weil sein Armaturenbrett mit Furnier beklebt ist? Aber Schauspieler bist du, weil jemand sagt, du bist Schauspieler.

Das Martyrium der Selbsterkenntnis über vier Jahre Studium, die permanente Auseinandersetzung mit dem Ursächlichen menschlicher Schwächen, der Bösartigkeit des Menschen, der Hinterhältigkeit, der zerstörenden Unzulänglichkeit unserer Spezies ist das tägliche Brot eines Menschen, der bereit ist, Schauspieler sein zu wollen. Die Fähigkeit, diese Gräuel unterhaltsam zu verspielen, mit dem einzigen Bedürfnis, heitere Erkenntnis in Menschen zu tragen. Aber es reicht ein Gesicht und die Fähigkeit, drei Sätze geradeaus sprechen zu können, und man ist ein Schauspieler.

Aber sie, Simone, sie war gar nicht arrogant. Es ging ihr nicht um den Missbrauch meines Talentes. *Ich* hatte den Fehler gemacht. Ich war blind, eitel, stolz und zu dumm, zu erkennen, dass mir diese lebenslustige junge Frau einfach mal so eine Wahrheit offerierte – mir, der ich vorgab auf der Suche nach der Wahrheit zu sein. Mein aufkommender Masochismus und die Selbsterkenntnis, dass genau das mein Beruf war, brachte mir jetzt auch nichts mehr.

Genau das ist mein Beruf! „Spiel mal was!"

Jeder Mensch spielt eine Rolle. Und am liebsten umgeben wir uns mit Menschen, bei denen wir die Rolle spielen können, die uns am meisten behagt. Da ich diese Menschen noch nicht gefunden hatte und da ich das auch noch nicht wusste, stand ich in diesem Raum und spielte nicht den Weihnachtsmann, sondern eine Rolle, die mir überhaupt nicht lag: den Depp, den Pausenclown.

Die Rolle, vor der ich am meisten Angst hatte.

Und ich spielte sie verdammt schlecht. Niemand nahm wirklich Notiz von mir. Mit jeder Faser meines Körpers spielte ich den Idioten, und je deutlicher das Desinteresse an mir wurde, umso verbissener spielte ich. So sehr wünschte ich mir, im Mittelpunkt zu stehen.

Ich hatte ein ganz anderes Problem: Mein Selbstbewusstsein hatte schon lange das Schlachtfeld verlassen, auf meiner Selbstachtung trampelte ich mit schweren Schritten herum. Ich stand mittlerweile in meiner eigenen Gunst weit abgeschlagen hinter einem Winteranorak.

Die verkohlten Balken in der Feuerstelle auf dem Plateau des Mont Klamotte spiegeln meine emotionale Verfassung. Ich starre auf die schwarze Struktur des verbrannten Holzes. Es sieht weich aus. Beim genaueren Hinschauen wird die Oberfläche weiß. Feine, weiß-graue Partikel. Zärtlich. Das Wort „zärtlich" wandert durch meinen inneren Monolog. Zärtlich? Sei zärtlich mit dir?

Ich bin auf der Suche, nach dem Boden unter meinen Füßen. In kleinen Schritten auf der Suche nach Wahrhaftigkeit. *Warum eigentlich? Ist das der Künstler in mir? Bin ich das selbst, völlig unabhängig von aller Schauspielerei? Was mache ich mir vor?*

Immer und immer wieder entziehe ich mir diesen Boden unter meinen Füßen. Als würde ich mich unbewusst und absichtsvoll immer wieder fallenlassen wollen, als würde ich diesem Boden, auf dem ich gerade stehe, nicht trauen. Diese Kinderangst: „Was, wenn meine Eltern gar nicht meine Eltern sind? Was, wenn die mich adoptiert haben? Was, wenn das alles eine einzige große Lüge ist?" Will ich eigentlich fallen, weil ich Angst vor dem Stehen auf festem Untergrund habe? Ich habe keine Angst vor dem Sturz. Vor dem Stillstand.

Ich spüre die Fangeisen dieser biblischen Schwäche des Menschseins an meinen Füßen, die erbarmungslos zugeschnappt waren. Der Stillstand, das Sattsein, das Es-erreicht-haben. Der Schmerz durchschoss meinen Körper und ich hinkte und schlurfte durch den weihnachtlich, kitschigen, mit dem blendenden Reichtum der neuen Welt geschmückten Aufenthaltsraum der Angestellten von Karstadt, die einfach nur das Leben, Weihnachten und die Tatsache, dass sie einen Job gefunden hatten in dieser neuen Welt, feiern wollten.

Ich verwehre mir selbst die Freude des kleinen Sieges, des Erfolgs. Erfolg ist wie ein Tuch, das sich über die Erkenntnisse des gegangenen Weges breitet. Sie gehen verloren. Was bleibt, was zählt, ist der Erfolg. Das kann nicht richtig sein.

Auf dem Weg hierher, zu meinen Prometheus'schen Felsen im Leipziger Süden, war ich wütend auf der Suche nach einem Schuldigen. Simone. Sie hatte mir doch erst den Floh ins Ohr gesetzt, dass alle hier Versammelten wüssten, wer ich bin. Ihr alberner Wunsch, ich möge ihr Weihnachtsmann sein, ließ für mich doch gar keinen anderen Gedanken zu, als dass all ihre Kollegen wissen, wer ich bin. Ein

Schauspieler. Einer, der es bereits in jungen Jahren geschafft hat, dass … Ja, was eigentlich?

Ihre Einladung, die Nacht bei ihr in der Bude ausklingen zu lassen, hatte ich mit der Begründung abgelehnt, ich müsse noch Text lernen, Peter Handke, die „Publikumsbeschimpfung“. Eine absurde Ausrede. Drei Tage vor Weihnachten.

Ich wollte nur allein sein. Über meinen Schatten zu springen, auch wenn ich dafür mit wildem, leicht angetrunkenem Sex belohnt worden wäre, war mir nicht möglich.

Und was tue ich jetzt gerade? Ich bestrafe mich für all das, wie ich es schon als kleiner Junge auf der Kindergartentoilette getan hatte. Diesmal ohrfeige ich mich wenigstens nicht selbst, dabei in den Spiegel schauend, einen dicklichen, weinenden, nach Hause wollenden Jungen, der sich selbst anherrschte: *Jetzt reiß dich zusammen!* Fatsch. *Reiß dich zusammen!* Und wieder patschte die fleischige Hand auf die Wange. Fatsch.

Nein, ich bin aus der Innenstadt herausgewandert, auf den Hügel meiner Einsamkeit, einen bewachsenen alten Müllberg. Genau da gehöre ich hin. Ich will der Prometheus sein, der den Menschen das Feuer bringt. Ich weiß, dafür bezahle ich mit tausendjährigen Qualen. Von Zeus, also den Mächtigen, die um ihre Macht fürchten, gekettet an einen kaukasischen Felsen. Meine Leber, täglich vom Adler gefressen, wächst in der Nacht nach. Es ist das, was ich will. Einfach nur die Welt retten. Nicht mehr.

Ich nenne mich Schauspieler und habe noch nicht einmal begriffen, was das eigentlich bedeutet. Seit meinem Engagement am Theater wusste ich, dass ich einer werden wollte. Jetzt weiß ich, dass es ein langer Weg sein wird.

RICHTIG, WEIL ERFOLGREICH?

Interview, November 2020

Ihr Privatleben halten Sie so ziemlich aus der Öffentlichkeit heraus. Absicht? „Leichen im Keller"? Oder sind Sie eher ein Langweiler?

Ja.
Nein.
Vielleicht?

Zuschauer, Fans wollen doch immer mehr wissen.

Wollen sie das?

Ich denke schon.

Stellen Sie sich vor, Sie sind verheiratet.

Ja.

Zwei Kinder?

Vielleicht.

Es läuft nicht mehr so und auf eine Scheidung hinaus. Ihre Kinder, acht und zwölf, gehen durch die Hölle. *Sie* nehmen ihnen die Angst vor dem kompletten Verlust der familiären Sicherheit. Schützen sie mit ihrer Liebe und wollen dennoch Ihr eigenes Leben leben. So langsam verstehen ihre Kinder die Situation. Am Kiosk auf der Titelseite der meistgelesenen Tageszeitung aber prangt das Foto von Ihrer Frau und Ihnen. Nachträglich zerrissen. „ALLES AUS! Nach 20 Jahren! ROSENKRIEG!" Wollen Sie das?

Das ist Teil der Verabredung. Und es ist nur ein kleiner Teil dessen, was den Journalismus ausmacht.

Mag sein, und doch ist es der Teil, der am deutlichsten sichtbar ist. Sehr bunt. Sehr laut.

Klappern gehört aber dennoch zum Handwerk.

Ich weiß nicht. Warum sollte das zum Handwerk eines Schauspielers gehören?

Was ist für Sie der Schauspieler? Auch auf die Gefahr hin, dass es zu lang wird …

Wäre ich jetzt gründlich, müsste ich bei den Schamanen anfangen. Das sind die Urschauspieler unseres Kontinents …

Vielleicht doch ohne die gesamte Theatergeschichte.

Er muss mit seinen eigenen Emotionen klarkommen, sie und sich beherrschen. Sprachlich, stimmlich, gestisch und körperlich muss er in der Lage sein, seine eigene, natürliche Ausdrucksweise so zu verfremden, dass die angenommene Figur ihre eigene Authentizität und Glaubwürdigkeit erhält. Meiner Ansicht nach muss er den Kontext des gesamten Werkes verstehen. Die Handlungsweisen der anderen Figuren, genauso aber die historische, politische und gesellschaftliche Relevanz des Themas. Er sollte seinem eigenen Sein ständig auf der Spur sein: Wer bin ich? Wo komme ich her? Warum verhalte ich mich so, wie ich mich verhalte? Was sind meine Zwänge, die mich anders handeln lassen, als ich es selber für angemessen halte? Was ist mein

Zentrum? Mein unverwechselbares Ich? Ich nenne diese Herangehensweise die Suche nach der Wahrhaftigkeit. Ich glaube, andere Figuren/Menschen zu begreifen und ihre Wahrhaftigkeit in ihrer Fremdheit zu entdecken, ist möglich, wenn man diese Auseinandersetzung mit sich selbst führt. Kompromisslos.

Das klingt nach sehr viel Psychologie und Selbsterfahrung.

Nach zwingender Ehrlichkeit im Umgang mit sich selbst. Das ist schmerzhaft. Das ist heilsam. Ich dachte immer, wenn man die eigene Büchse der Pandora nicht öffnet, findet man keinen wahrhaftigen Zugang zu einem Richard III, aber eben auch keinen zu kleinen Episodenrollen oder Pilcher-Figuren im Fernsehen.

Sie erarbeiten eine klassische Shakespeare-Figur genauso wie den Max Mustermann einer Schmonzette?

Das macht für mich Schauspielerei aus. Ja.

Meinen Sie, der Zuschauer erkennt den Unterschied?

Ja.

Sicher?

Nein.

Meine Frage haben Sie immer noch nicht beantwortet.

Ich klappere wenig, weil ich es nicht kann.

Sie lieben Herausforderungen. Warum sehen Sie das nicht auch als eine Art Herausforderung an?

Wenn ich etwas zu sagen habe, dann stelle ich das Thema ins Zentrum und nutze mich selbst als Material, als Botschafter. Dann klappere ich wie die Mühle am rauschenden Bach. Werbung für mich selbst? Ich stehe doch nicht zum Verkauf. Das wäre ein falsches Versprechen. Man macht sich selbst zu einem Markenprodukt.

In Hollywood ist das Alltag.

Eben. Hollywood ist ein Markenprodukt. Wir glauben ernsthaft, was aus Hollywood kommt, muss doch richtig sein, weil es Erfolg verspricht. Das ist mittlerweile eine Ideologie, die ungefiltert in unseren Alltag übergegangen ist. Für uns ist der Begriff „erfolgreich" mit den Begriffen „richtig" und „gut" gleichgesetzt. Merken Sie die Absurdität? Im Umkehrschluss ist alles, was nicht erfolgreich ist, schlecht und falsch …

Dr. Maaz schreibt: Wir müssen der Wachstumsideologie entkommen. Sie speist sich aus narzisstisch-unbefriedigten Bedürfnissen. Wir müssen uns konzentrieren auf die Qualität und die Entwicklung unserer sozialen Beziehungen. Wir müssen die Leistungsgesellschaft verlassen. Sie dient der Kompensation seelischer Defizite.

Die coole Variante dieser Analyse hab ich aus „Assassin's Creed". Ein Film mit Michael Fassbender und Jeremy Irons. „Konsum ist die (ultimative) Waffe gegen den freien Willen."

EPISODE 5

Mülldreckskackservice oder „Weil Sie es wert sind!"

1997

Bitte haben Sie einen Moment Geduld. Wir sind gleich für Sie da. Der nächste freie Mitarbeiter ist bereits für Sie reserviert.

(Musik)

Wussten Sie schon? Online finden Sie die ganze Welt unserer Premiumprodukte, exklusiv für unsere Premiumkunden. Jetzt schnell anmelden. Premiumkunde werden und die ganze Welt der Premiumprodukte exklusiv genießen.

Wussten Sie schon? Der neue XR 43, die Supernova der neuen Generation ist da. Ultimatives Design. Steuerung über die App. Kinderleicht. Einfach anschalten. Loslegen.

Also schnell anmelden und Premiumkunde werden. Weil Sie es uns wert sind. Nur das Beste für Sie. Weil Sie es wert sind.

(Musik)

Bitte haben sie einen Moment Geduld. Wir sind gleich für Sie da. Der nächste freie Mitarbeiter ist bereits für Sie reserviert …

Wussten Sie schon? …

Für mich, nur für mich, ist der nächste freie Mitarbeiter reserviert. Ich bin es ihnen wert, dass ein freier Mensch, ein freier Mitarbeiter, ungeduldig darauf wartet, mich zu begeistern. Ich bin der Auserwählte!

Das Problem des Kunden vor mir scheint in den vergangenen 41 Minuten und 17 Sekunden nicht gelöst worden zu sein. Aber dafür weiß ich jetzt, dass ich den innovativen Mega-Supernova XR 43 der neuen Generation haben muss.

Ich bleibe in der Leitung. Mein Gehirn wird mit Perwoll gewaschen. *Denn Perwoll wäscht nicht nur sauber, sondern rein.*

„Wollt ihr mich verarschen!", platzt es aus mir heraus.

Ich schreie in den Hörer: „So ein verdammter Mülldreckskackservice! Service? Was, verdammt noch mal, ist daran Service?! EINE STUNDE! Eine verfluchte Stunde hänge ich in eurer kack Warteschleife! Das ist Lebenszeit, ihr Vollidioten! Meine LEBENSZEIT! Ich will doch nur den verfluchten Staubsauger reklamieren. Der saugt nicht!!!!! Verfluchte Schei*!"

Wo kann man Lebenszeit reklamieren? Lebenszeit ist ein Zahlungsmittel. Das wertvollste. Die Gesellschaft der grauen Herren hat ihre Besen und Kehrschaufeln rausgeholt und meine verlorene Zeit aufgesammelt, in graue Säcke gepackt und gestohlen. Momo, wo bist du? Pippi, wo steckst du? Kleiner Prinz, komm zurück!

Helft mir!

Ich schreie noch eine Weile weiter.

Nur das Beste für Sie. Weil Sie es wert sind.

Ich schalte den Fernseher an.

Eine Hausfrau schrubbt weiße Toilettenkeramik. Die Flecken am Spülrand sind hartnäckig. Die Hausfrau wischt sich mit dem Unterarm den Schweiß von ihrer Stirn. Sie schüttelt den Kopf. Das bedeutet wohl: *Was soll ich nur tun?* Sprechen kann sie nicht. Das übernimmt eine unsichtbare männliche Stimme: *„Hartnäckige Flecken, Kalkablagerungen? Nicht verzweifeln. Domestos. Domestos packt sie.“* Plötzlich öffnet die Klobrille ihre Augen. Der Deckel morpht zur Oberlippe eines spitzen Mündchens. Der ovale Sitz kräuselt sich. Die Unterlippe. Die gesamte Toilettenkeramik kommt in Bewegung. Lächelt. Die Geografie des Bildes erinnert an ein Ölgemälde der Alten Meister. Kniende Frau vorm Altar.

Und er erhob sie aber aus ihrer Verzweiflung und sprach: „Domestos packt sie!“

Die Toilettenkeramik macht rhythmische Bewegungen. Die Musik erreicht ihren Höhepunkt.

Domestos erscheint.

Männlich. Selbstbewusst. Attraktiv. Domestos ist eine muskulöse blaue Flasche. Der Flaschenhals hat eine Neigung von vielleicht 35 Grad. Diese Form erinnert mich unwillkürlich an eine Gans. Eine Gans beim Wassersaufen. Die können nicht schlucken. Die schöpfen das Wasser mit dem Schnabel. Dann werfen sie den Kopf nach oben. Die Neigung ermöglicht das langsame, portionierte Einlaufen des Wassers in den Hals. Dabei wippt die Gans ganz sacht mit dem Kopf. Die Natur hat ihr die Peristaltik vorenthalten. Warum eigentlich? Und warum stecken in dieser Werbung subtile Assoziationsflächen? Und warum denke ich überhaupt darüber nach?

Die Klobrille hat sich beruhigt. Sie lächelt die Frau an. Die Frau schaut auf Domestos. Domestos sprüht, spritzt und kreist um die Toilette. Mit mir zusammen beobachtet die Frau mit den pinkfarbenen, halblangen Haushaltshandschuhen das Verschwinden der hartnäckigen Flecken und Kalkablagerungen. Die Augen der sprechenden Toilette wandern der Flasche hinterher. Völlig losgelöst. Mir fällt auf: Die Toilette hat weder Haare noch Ohren. Natürlich hat sie das nicht. Welche Toilette hat schon Haare? Oder Ohren?

Die Handschuhe der Frau wirken trotz ihrer Farbe elegant. Audrey Hepburn trug diese Art bei ihrem berühmtesten Auftritt. „Frühstück bei Tiffany". Hat Audrey Hepburn etwa auch verzweifelt vor verschmutzten Toilettenbecken gekniet?

Die Frau umarmt die weiße Keramik. Das Klo ist bereit für den nächsten Schiss. Die Frau lächelt. Ihr Lächeln spiegelt sich in den glänzenden Flächen. Die Keramik zwinkert ihr zu. Dann verschwindet der Mund, die Augen. Alles ist wieder so, wie ein jeder sein Klo kennt. Ab heute aber sind die Frau und ihr Klo Komplizen.

Gleich darauf kommt Meister Proper und besorgt es einer anderen Frau in der Küche. In Sekunden strahlt der Herd, die Spüle und die Hausfrau. Alles clean. 100 % keimfrei.

Latrinenputzen ist im Grunde eine rituell religiöse Reinigung. Hausfrauen verzweifeln, bis männliche Flaschen erscheinen. Halblange Haushalthandschuhe sind nicht nur praktisch, sondern sexy wie Audrey Hepburn. Toiletten und Frauen sind BFFs.

Nur das Beste für Sie. Weil Sie es wert sind.

Deutschland ist ein Land, in dem Frauen mit Toiletten reden. Nein. Deutschland ist ein Land, in dem die Toiletten mit Frauen reden. Und warum beschäftigt mich das?

Ich will abschalten. Schalte das Telefon auf Lautsprecher. Gehe aufs Klo. Ein fensterloser, kleiner Raum mit permanenter Zwangsentlüftung. Da ich in der Wohnung nicht rauche, ist das meine einzige Möglichkeit, die Gedanken im Rahmen zu halten. Enge Räume reflektieren schneller als Säle. Wenn ich Gedanken nicht mehr loslassen kann, brauche ich enge Räume. Für die Deduktion. Wenn eine Idee da ist, aber noch nicht zu greifen, brauche ich diese direkte Reflexion. Wenn ich nur ein Gefühl zu einer Idee habe, dann brauche ich den Nebel der Zigarette. Der Nebel schärft die Sinne, indem er die Augen ihrer Funktion beraubt. (Wir haben den Augen zu viel durchgehen lassen. Sie sind arrogant geworden und halten sich für den wichtigsten Sinn in unserem Sensorium.)

Manchmal brauche ich auch beides. Den Nebel und die Enge. Mein Gedanke heißt: subtile Manipulation. Ich will mir eine Zigarette anzünden. Starre auf die Zwangsentlüftung, die klappert. Subtile Manipulation hat ein einziges Ziel: die Manifestation eines ganz bestimmten Empfindens.

Das Empfinden von Normalität abnormaler Prozesse, Situationen und Verhaltensweisen. Normalität assoziiert selbstverständliche Akzeptanz. Das ist der Ursprung frühmittelalterlicher Gesetzgebung. Das Gewohnheitsrecht. Die Gesetzgebung haben wir revolutioniert. Nicht im Alltag. In unserem Alltag herrscht immer noch das Gewohnheitsrecht. Wenn etwas in der Zeitung steht, dann muss es wahr sein. Auf jeden Fall ein bisschen, sonst würde es ja nicht in der Zeitung stehen. Kritik am Journalismus? Fehlanzeige. Journalismus ist unfehlbar, wie Kritiker in Theatern. Niemand hat das Recht, einen Kritiker zu kritisieren. Wieso eigentlich nicht? Niemand hat das Recht, Artikel und Absicht von Journalisten zu hinterfragen. Wieso eigentlich nicht?

„Was kann ich für Sie tun? Hallo? Kundenservice, Patrick Kahlmann, was kann ich für Sie tun?"

Das Telefon fällt von meinen nackten Oberschenkeln auf den flauschigen Badvorleger. Wie lange ist der Mann schon in der Leitung? „Reklamation"

Meine Verlegenheit hat die Wut zersetzt, wie Säure Haut und Knochen.

„Kein Problem. Ihre Kundennummer bitte."

„Kundennummer?"

„Ja, Ihre vierzehnstellige Kundennummer bitte. Beginnend mit dem Buchstaben C."

Ich schlurfe aus dem Bad. Die Hose scheuert an den Kniekehlen. Was für eine Kundennummer? Wieso beginnt eine Nummer mit einem Buchstaben? Wieso stelle ich mir diese Frage?

„Ich wollte nur meinen Staubsauger reklamieren."

Wieso ist das *mein* Staubsauger? Der Staubsauger gehört einer Firma, nicht mir. Einer Firma, die offensichtlich ein Problem mit der Gütekontrolle beim Warenausgang hat. Das kann passieren. Da ist keine Absicht dahinter. Wär ja auch blöd. Das ist auch nicht mein Problem. Aber das Versprechen „Kundenservice", das Versprechen „Hotline", eine Verbindung, die so schnell ist, dass man sich die Finger verbrennt (oder bin ich der Einzige, der das assoziiert?), diese Begriffe sind Versprechen, große Versprechen, und diese Versprechen nicht einzuhalten, das ist das Problem. Das hat sich in den letzten Jahren zu einem Flächenbrand entwickelt. Missbrauch von Begriffen mit eindeutiger Botschaft.

Den Anfang machten die Versicherungen. *Hausratversicherung – das Rundum-Carepaket für Ihr Eigentum.* Aber eine Hausratversicherung versichert nicht den Hausrat. Eine Hausratversicherung versichert alle Werte, die nicht im Kleingedruckten ausgeschlossen werden. Es ist also keine Hausratversicherung. Es ist eine Teilinventarversicherung mobiler Werte. Teilinventarversicherung verkauft sich nur nicht so gut wie Hausratversicherung. Der Hausrat. Das vermittelt Vollständigkeit. Die ganze Wohnung ist versichert. (Oder bin ich der Einzige, der das assoziiert?) Alle Fragen geklärt. Denn Fragen sind schlecht fürs Verkaufen.

Man verkauft nur, indem man Bedürfnisse des potenziellen Käufers von der Erweckung bis zur unstillbaren Sehnsucht leitet. Leiten bedeutet, alles andere auszublenden, was den Kunden wach machen könnte. Er wird eingelullt und ausgerichtet auf ein einziges Ziel. Das ist Teil des gesellschaftlichen Konsens. Die als Freiheit verkaufte Vielfalt unterliegt der Psychologie der Verkaufskontrolle. Der Kunde kauft nicht nach Notwendigkeit. Der Kunde kauft durch Bedürfniskontrolle. Bedürfnisse werden durch Worte erweckt. Die Macht der Worte. Warum denke ich darüber nach???

Weil Sie es wert sind.

Darüber sollten wir uns unterhalten, Herr Kahlmann! Und wenn wir einmal dabei sind, dann bitte, hört endlich auf mit diesen Superlativen! Gut. Besser. Am besten. Am allerbesten. Megabest. Supermegabest. Ultimative Superpower. Kippt die Stimmung und der Kunde will Beweise, steht Audrey Hepburn vor der Toilettenkeramik und verliebt sich in Domestos. Und wer kann dazu schon Nein sagen? Ihr preist den Supernova-XR43 an? Ehrlich? Eine Supernova? Wer hat sich das ausgedacht? Ein SUPERNOVA, hallo???? Das heißt nicht superneu. Das heißt einfach nur Superende mit lautem Knall.

„Kein Problem, Herr Duryn, kein Problem. Wenn ich Ihre Kundennummer habe, geht das alles ganz schnell."

Ich stolpere ins Wohnzimmer. Dort steht der defekte Staubsauger. Auf dem Tisch liegt die Rechnung, die Bedienungsanleitung, der Zettel mit dem Gefahrenhinweis, der Zettel mit dem Hinweis, keine Kleintiere mit dem Gerät abzusaugen. Nirgendwo liegt ein Zettel mit einer Nummer. Meine Freundin hatte mir alles perfekt vorbereitet. Ich sollte nur kurz anrufen und die Reklamation auslösen.

„Wo soll denn die Kundennummer stehen?", frage ich Herrn Kahlmann.

„Auf Ihrem Serviceheft. Einmal auf der Frontseite. Hinten, auf der letzten Seite und im Anschreiben. Nicht zu übersehen."

Ich suche nach dem Serviceheft. „Gibt es für den Staubsauger ein extra Serviceheft?"

„Nein, das Serviceheft Ihrer Premiummitgliedschaft."

„Ich bin Premiummitglied?"

„Davon gehe ich aus."

„Wieso?"

„Weil sie die Premiumhotline angerufen haben."

„Nein, das habe ich nicht. Und wenn, dann ist die Musik in der Warteschleife definitiv nicht premiumreif."

Er lacht freundlich. Entschuldigt sich, dafür könne er leider nichts, aber er werde es an die Technik weitergeben. Wir gleichen die Telefonnummern ab. Stellen fest: Da muss wohl intern etwas schiefgelaufen sein. Ich hatte die richtige Nummer gewählt. Den Kundenservice. Wir einigen uns darauf, dass das eine sehr, wirklich sehr unangenehme Situation ist. Und dass ihm das alles sehr leidtut. Und dass ich aber die Nummer des Kundenservice noch einmal anrufen müsse. Und dass es ihm nochmals sehr leidtut, aber dass er da jetzt auch nichts machen kann. Vielleicht kann er auch das an die Technik weitergeben? Ja, auch das werde er in die Liste der Kundenkommentare aufnehmen. Denn die Kunden stehen an erster Stelle.

Weil Sie es wert sind.

Er kann nichts dafür. Ich kann nicht sauer auf ihn sein. Es gibt Zeiten, in denen wäre ich gern einfach nur ungerecht. Aber nein, er kann nichts dafür. Verdammt.

Mit runtergelassener Hose stehe ich mitten im Wohnzimmer. Keine Kraft mehr. Keine Kraft mehr, wenigstens das Telefon gegen eine der Wände zu werfen. Ich habe verloren. Gegen wen? Gegen das Gewohnheitsrecht. Warum? Weil ich es nicht wahrhaben will. Weil ich die Welt verstehen will. Weil ich sie besser machen will. Weil ich die Welt retten will, immer noch.

Ich schlurfe zurück ins Bad. Setzte mich auf meine sprachlose Klobrille, zünde mir eine Zigarette an, lehne mich zurück und starre auf die Zwangsentlüftung. Daneben hängt Winston Churchill „Wer mit 20 Jahren nicht Sozialist ist, der hat kein Herz. Wer es mit 40 Jahren noch ist, hat kein Hirn.“ Ich bin 30. Was bin ich? Schon halbherzig oder bereits hirnamputiert? Ein halbherziger, halbhirniger Kunde ohne Premiummitgliedschaft? Stopp, Gedankenfluss. Stopp!!

Der Qualm wird dichter, die Wände werden enger. Meine Gedanken ruhiger.

Ein Betrunkener legt sich in den Schnee. *Dir ist warm,* sagt der Alkohol. *Der Schnee wird dich abkühlen.* Der Betrunkene erfriert. Werbung ist ein Sedativum, ein Barbiturat gegen die gesunde Eigenwahrnehmung.

Ich brauche den XR43 und die Premiummitgliedschaft.

STOCK IM ARSCH. TEIL 2.

November, 2020 Interview

Was war die Zündung? Wann haben Sie begriffen, wie man über sich selber lacht, ohne sich lächerlich zu machen?

Was? Das Phantom der Operette. Sommertheater-Inszenierung. Eine Regisseurin. Vielleicht war es auch der Umstand, dass die Regisseurin und ich zusammen waren. Wann? Mitte der 90er.

Sie waren fast 30 Jahre nicht witzig?

Auf jeden Fall war ich immer erstaunt, wenn jemand lachte. Ich weiß nicht, ob ich witzig war oder mich selber zum Witz machte. Ich hatte einen Knoten im Selbstverständnis. Kunst war was Ernstes. Danton, Van Gogh, Reinhard Heidrich … die waren alle nicht die Humorbolzen. Mir war nicht klar, dass es zwischen „Ernsthaftigkeit“ und „Stock im Arsch“ einen gewaltigen Unterschied gibt.

Der da wäre?

Ernsthaftigkeit schließt Humor nicht aus. Stock im Arsch schon. Der Drang, keine Fehler zu machen, keine Schwäche zu zeigen, stark zu sein, um jeden Preis, dieser Drang macht steif. Im Umkehrschluss bedeutet das: Angst vor Fehlern. Angst vor der Wahrheit, Angst vor Verlust … das ist der Totalverlust der eigenen Wahrhaftigkeit. Man verliert den Zugang zu sich selbst. Man spielt sich, anstatt man selbst zu sein.

Auf einmal waren Sie also witzig. Was war passiert?

Die einfache Antwort: Ich hatte meine Eitelkeit akzeptiert.

Und das ist alles?

Ja.

So einfach?

Was ist daran einfach? In der christlichen Tradition ist Eitelkeit eine Hauptsünde. In meiner Wahrnehmung ist Eitelkeit ein Wesen, das dich schützen kann. Aber wenn es dich vollkommen umschließt, erstickt es dich und du merkst es nicht einmal. Eitelkeit ist der Totalschutz gegen alles. Eitelkeit ist statisch. Eitelkeit ist ein eingefrorener Zustand. Sobald du dich bewegst, bröckelt die Fassade. Denn du bist überzeugt von dem, was du *glaubst* zu sein, nicht von dem, wonach du auf der Suche bist. Akzeptierst du sie aber als einen Teil von dir, ist sie hilfreich, nützlich. Sogar notwendig. Ein temporärer Schutz.

So kompliziert?

Ich denke, ja.

Und trotzdem so schnell gelöst?

Schnell? 25 Jahre????

Wie haben Sie die Eitelkeit akzeptiert?

Das habe ich nicht allein geschafft.

Die Regisseurin?

So sieht's aus, ja.

Sie haben die Bühne. Sie dürfen ausufern. Auch gerne bei den Römern anfangen, aber bitte lassen Sie sich nicht jedes Wort aus der Nase ziehen.

Es war in einer dieser lauen Nächte im alten Rom, als Augustus nach Caesars Ermordung Kaiser wurde und …

Ich war besetzt als Rodrigo im Phantom der Operette. Die Regisseurin war bereits eine Legende. Schon zu meinen Studentenzeiten. Jeder von uns wollte sie unbedingt als Dozentin haben. Sie selbst war keine drei Jahre raus aus der Schauspielschule. Keiner konnte, was sie konnte. Jedwede Dramatik wurde modern, schnell, humorvoll. Sogar Penthesilea. Das Stück ist wirklich nicht witzig. Ich hatte damals Pech. Sie war schwanger. Eine Arbeit an der Schule schloss sich dadurch aus.

Jetzt waren wir ein Paar. Wir arbeiteten zusammen. Sie fand immer mehr Gefallen an meiner dramaturgischen Expertise für ihre Arbeiten. Szenische oder Inszenierungen. Zu Hause kreierten wir Einfälle für ihre Inszenierung. Ich war Partner. Im Theater inszenierte sie. Ich war Schauspieler. Und gehemmt. Eine Komödie, und ich der Einzige, der nicht witzig war.

Rodrigo war das Klischee eines verarmten Don Juan mit guter Seele. Mein Kostüm: knackige Lederhose und Muscle Shirt. Ich sah aus wie meine eigene Karikatur. Muskulös. Handsome. Jeden Abend die Kritik an meiner Performance.

In der Kantine. Eine neue Kollegin. Sehr attraktiv. Ganz nebenbei wickelte ich die Ärmel meines Hemdes immer weiter nach oben. Die Bündchen waren zu eng, sonst hätte ich sie bis über die Schultern gewickelt. Es war warm. Mir war warm. Ich hatte doch jedes Recht, meine Oberarme freizulegen. Ich hatte doch jedes Recht, mich umständlich am Hinterkopf zu kratzen. Ich konnte nichts dafür, dass sich der Bizeps dabei zum Bersten anspannte.

„Das ist lächerlich. Was du da gerade machst. Geh doch einfach hin und sagst ihr, dass du sie fi*** willst.“ Damit ließ mich die Regisseurin, die meine Partnerin war, allein in der Kantine stehen.

Schweigen zwischen uns zur abendlichen Probe. Die Kollegen lachten, als Rodrigo wie ein Irrer seine Muskeln spielen ließ, um seine Unsicherheit zu kaschieren. Gestisch beschrieb er der attraktiven jungen Adligen den Weg zur Burg. Wie ein Bodybuilder rastete ich bei jeder Bewegung ein und spannte die Muskeln an, bis die Adern hervorquollen. Ich hatte meine Eitelkeit sichtbar gemacht und nicht so getan, als wäre die Temperatur des Raumes schuld. Ich hatte meine tumbe Eitelkeit akzeptiert. Ich konnte sie aus meinem privaten Sein verbannen und der Figur des Rodrigo geben. In der Erarbeitung von Figuren und Charakteren unterscheiden sich Tragödie und Komödie nicht. Der Schauspieler muss immer ans „Eingemachte“, an seine Schwächen, Unzulänglichkeiten, Ängste, an seine eigenen sieben Todsünden ran.

EPISODE 6

Farblos im Souterrain

1997

Kein Therapeut. Eine Therapeutin. Dr. D. Weiß. Woher hätte ich es wissen sollen? Die Praxis im Souterrain ihres Einfamilienhauses. Was will ich hier? In diesem Souterrain. Es ist mein drittes.

Das zweite Souterrain meines Lebens war in Köln gewesen. Jahre zuvor. Ich hatte einen Vertrag für eine Serienrolle in der Tasche. Meine erste, weit weg von zu Hause. Die Filmfirma mietete für mich eine eigene Wohnung für die Drehzeit an. *Eine Wohnung im Souterrain.* Aus meiner ersten Souterrain-Erfahrung in Paris heraus, im selben Jahr kurz zuvor, war ich begeistert. *Im Souterrain?! Wahnsinn!* Ich assoziierte sofort Frankreich. Paris. Empire-Stil in der Einrichtung. Die berühmten, die berüchtigten Etablissements im Souterrain. Plüschig, flauschig und verrucht. Nobel und morbide. Die Mischung für einen Jungschauspieler. Paris war Croissants, Cafés, Champs Elysée, Louvre, Père Lachaise, Montparnasse, Montmartre, Moulin Rouge. Gavroche, Simone de Beauvoir, Victor Hugo. Die Ästhetik des Impressionismus. Die Zeit des Impressionismus und vor allem die Tänzerinnen des Variétés, gemalt von Toulouse-Lautrec …

Auf Umwegen war ich an diese meine erste Serienrolle gekommen. Eine Kommilitonin hatte mich empfohlen. Die ARD hatte nach einem durchtrainierten, sehr sportlichen *und dennoch begabten* jungen Schauspieler gesucht. Erfolglos. Diese Kombination war selten. Das deutsche TV- und Filmgeschäft mochte und mag diese Kombination nicht. Deutsche Helden? Eher weniger. Das Casting in Köln. Eine Offenbarung. Der Regisseur war begeistert. Genau das hatte er sich für diese komplexe Rolle vorgestellt. Er meinte mich. Ich war begeistert. Er sollte später große Kinofilme drehen. Wir verstanden uns auf Anhieb. Im Verlauf der Dreharbeiten versprach er eine gemeinsame arbeitsreiche Zukunft. Ein Wiedersehen bei bedeutenderen Projekten. Wir sahen uns nie wieder. Das ist Filmgeschäft.

Das Projekt „Verbotene Liebe“, war die erste Daily Soap der ARD und ich war Oliver Kopp. Der Sportler und Totschläger. Ein Profileistungsschwimmer. Fitnesscoach. Jung verheiratet. Ein Wolf im Schafspelz. Flieht vor der Polizei mit seiner Frau als Geisel. Endet im Gefängnis. Daily Soap mit Tiefgang im Charakter. Im Schauspielstudium hatte ich vier Jahre das Charakterspiel trainiert. Nach der Zusage trainierte ich für Monate täglich mit meinem Bruder die professionelle Variante aller Schwimmarten. Delfin. Freistil. Brust. Rücken. Ich wollte vorbereitet sein.

Und da stand ich dann, meinen Seesack über der Schulter, in meinem Kölner Souterrain. Vorbereitet auf die Rolle, aber nicht darauf. Ein muffiger, feuchter Keller. Diese Behausung erinnerte an die Katakomben, in denen die portraitierten Tänzerinnen des Varietés in Keramikschüsseln kalten Wassers ihre geschminkten Gesichter, geschundenen Beine und hoffnungsvoll dargebotenen Genitalien wuschen.

Henry Toulouse-Lautrec hatte nicht gelogen. Er war ihnen sehr nah gekommen. Sie hatten ihn sehr nah an sich herangelassen. Den Maler, den Krüppel. Vielleicht, weil sie seinen Schmerz stärker empfanden als ihren eigenen? Vielleicht bin ich den Frauen näher als dem Künstler, dem Maler? Der Schmerz in den Gesichtern der Frauen hatte mich immer angezogen. Nicht, dass mir eigene Schmerzen völlig egal gewesen wären, sie waren marginal von Bedeutung. Den Schmerz anderer aber machte ich unweigerlich zu meiner Verantwortung. Schmerz macht den Betroffenen zum Kind. Schmerz macht unschuldig. Schmerz reduziert. Schmerz macht authentisch. Schmerz ist Wahrheit. Danach suche ich. Wahrheit ist heilsam.

Bin ich deswegen hier, im dritten Souterrain?

Weil jede Figur, die ich im Theater zu spielen hatte, eben mit diesen Schmerzen, Konflikten einherging und litt? Unerträglich litt. Die Strindberg'schen Figuren, Schillers „Ferdinand und Luise", Platonow, Tschechow. Sogar Heiner Müllers „Philoktet" – ein wütender, sich selbst zerfleischender Krieger, verbannt auf eine Insel, mehrfach überlistet und missbraucht von Odysseus.

Wollte ich Zugang zu meinen Schmerzen finden? Schmerzen sind Schlüssel. Meine eigenen waren mir fremd.

Dieses Souterrain, weiß getüncht, Korbsessel, abstrakte Kunst an den Wänden, ein Bücherregal auserlesener Literatur. Dieses Souterrain ist schmerzfrei, keimfrei, blutleer. Beste Voraussetzungen.

Ich hatte mich vorbereitet wie für ein Vorsprechen am Theater. Meine Rolle: der Selbstmörder. Die Titelfigur eines Stückes von Nikolai Erdmann. Der Selbstmörder entdeckt, dass er vom bedeutungslosen No-Name zum gefragtesten VIP werden kann. Das Dilemma: das Empfinden der eigenen Wertlosigkeit. Ich hatte so eine Ahnung, dass das Leberwurst-Bedürfnis der Titelfigur der Qualität meines Bedürfnisses sehr nahekam. Ein einfaches, aber grundlegendes. Der Konflikt, mit dem Nikolai Erdmann ihn dann aber gegen die Gesellschaft antreten lässt, ist die Behauptung, ein Selbstmörder zu sein. Meine Behauptung war die Einschätzung anderer über mein Ich. Hochbegabt. Bipolar. Manisch. Perfektionistisch. Depressiv. Rastlos.

Nichts davon stimmte. Aber es machte mich besonders. Ich mochte es in gewisser Weise, auf diese Art als besonders zu gelten. Für mich waren das Qualitätsmerkmale. Ich stimmte mein Verhalten in Teilen sogar darauf ab. Als Kind erschuf ich mir eine Zeitlang schwere Verletzungen. Nicht wirklich, aber ich wickelte meterlange Binden um Knöchel, Unterarme, Hände. Die Aufmerksamkeit war mir gewiss. Das Mitleid auch.

Was will ich hier? Ich spüre einen stechenden Schmerz in der Schläfe. Sie bietet mir einen Platz an. Ich darf wählen. Der eine Sessel steht mit dem Rücken zum Fenster. Sie könnte mein Gesicht im Gegenlicht nur schwer erkennen. Der zweite Sessel gegenüber. Dahinter die Tür. Ich hätte die Tür im Rücken. Da ist Unwohlsein vorprogrammiert. Könnte hilfreich sein. Ich bin nicht hier, um mich wohlzufühlen. Ich will mich auseinandernehmen lassen wie ein kaputtes Radio. Ein abgerundeter, sehr niedriger Tisch zwischen den beiden Möglichkeiten. Egal, wo ich mich hinsetze, ich kann nichts verstecken. Nichts unter den Tisch schieben.

Ich weiß tatsächlich nicht, welchen Sessel ich nehmen soll. Der Moment für eine spontane Entscheidung ist vorbei. Ich fühle mich unter totaler Beobachtung. Wann war ich das letzte Mal so nervös? Tatsächlich. Ich schwitze. Wovon?

„Wo sitzen Sie denn gewöhnlich?"

„Ich richte mich da ganz nach Ihnen."

Zumindest hab ich die unangenehme Stille gefüllt. Die Chance für einen neuen spontanen Moment. Meine Füße fühlen sich bleischwer an. Was ist das? Ist das schon Therapie?

„Im Restaurant brauche ich auch immer ewig, um mich zu entscheiden."

Warum verrate ich das? Und warum stehe ich immer noch da? Es würde helfen, wäre Frau Dr. D. Weiß nicht attraktiv. Wann habe ich mich das letzte Mal so unmännlich gefühlt?

Ich stammele von Besessenheit und Unbedingtheit in meinem Verhalten, der Fähigkeit, mit scharfer Klinge Gefühle, ganze Beziehungen abzuschneiden, dass ich im Vorfeld IQ-Tests gemacht habe. Ich hoffe, sie fragt nach den Ergebnissen. Tut sie nicht.

„Andere halten mich für hochbegabt, gleichzeitig hypersensibel, manisch und bis zur Selbstaufgabe verantwortungsbewusst. Und ich kann kaum die kleinste Entscheidung treffen. Ich hab ehrlich keinen Plan, wo ich mich hinsetzen soll."

Sie setzt sich in den Sessel im Gegenlicht. Es geht um meine Therapiefähigkeit.

„Ich wusste nicht, dass man erst eine Prüfung ablegen muss." Ich lache über meinen eigenen Witz.

„Müssen Sie nicht. Es ist Ihre Zeit. Und es ist ihr Geld."

„Mit einem Plastikhammer auf Zweihunderter-Nägel einschlagen bringt nix. Außer 'nen kaputten Hammer. Ich glaub, ich hab's verstanden. Kann ich den Sessel unterm Fenster haben? Oder sitzen Sie eigentlich lieber dort?"

„Wenn es um Sie geht, lenken Sie ab. Sie richten ihre Aufmerksamkeit auf die andere Person. Jetzt zum Beispiel auf mich."

„Ist das schlecht?"

„Sagen Sie es mir."

„Fühlen Sie sich dabei unwohl?" Das würde ich nicht wollen.

„Was empfinden Sie denn dabei, Herr Duryn?"

„Das ist meine Art. Mein Charakter."

„Das sind aber keine Empfindungen."

„Nicht?" Meine Art, zu sein, ist doch die Summe aller Empfindungen. Ich habe Lust, mit ihr zu streiten. Diese Selbstkontrolle. Diese geführten, grazilen Bewegungen. Das geht mir schon ein bisschen auf den Keks.

Sie schweigt. Ich würde sagen, Treffer.

„Ich habe meine Schwester verletzt. Einfach nur, weil ich geboren wurde."

„Macht Sie das traurig?"

„Ich will das wieder gutmachen."

Schau an, es fängt an sie zu interessieren. „Sie empfinden Schuld?"

„Weiß nicht. Ja? Vielleicht? Man kann sich doch nicht schuldig fühlen, dass man geboren wurde."

„Warum sollte man das nicht können?"

Schiller? Die Räuber? Franz Moor? Monolog über das fremdbestimmte Sein des Menschen. Schuldig geboren? Das ist Christenlehre und keine Therapie. Ich dachte, diesen Unsinn haben wir hinter uns? „Ich glaub ja, ich war der Klebstoff."

Sie hat schöne Beine. Das scheint sie zu wissen. „Klebstoff?"

„Ist nur so ein Gedanke."

„Wie fühlt der sich denn an?"

Ihr Rock ist hochgerutscht. Die Beine sind elegant, nicht nur schön. Oder bewegt sie ihre schönen Beine elegant? Die bequemen puscheligen Hauslatschen an den Füßen sind ein Liebestöter. Im Augenblick fühle ich zwei Dinge: Lust auf Sex, aber das ist nichts Besonderes und das werde ich auf keinen Fall erwähnen. Oder? Die Blockade in ihrem Halswirbel ist das andere. Ein immer wiederkehrendes Stechen in der linken Schläfe. Ich kann entscheiden, in welche Richtung sich unser Gespräch entwickeln wird. Es liegt an mir. Es liegt an mir?

Es liegt an mir! Das ist aber unangenehm. Ist es das? Das Gefühl, von dem sie hören will? Ich soll entscheiden? Gut, ich entscheide.

Ich stelle die Weiche. Ich erzähle von meiner Empathie. Ich empfinde die Schmerzen der Menschen in meiner Umgebung physisch. Je mehr ich einen Menschen in meine Nähe lasse, um so körperlicher wird mein Empfinden. Ich kann nicht mehr einschätzen, ob ich ihn mag oder nicht, ob mir sein Charakter, seine Art gefällt oder nicht. Mein Körper nimmt den anderen wahr und empfindet dessen Schmerzen, akute und verborgene. Wie ein Reflex kommt das Oxytocin und ich fühle mich verantwortlich. Ich fühle mich verantwortlich, etwas zu unternehmen. Blockaden der Wirbelsäule, Übersäuerung des Magens, Migräne ...

Ich mag meine Familie. Familienfeiern sind eine Katastrophe. Jeder bringt seine Schmerzen, Verspannungen, Schäden mit. Ich handle, behandle, massiere, singe, summe. *Wie machst du das?* Ich habe keine Ahnung! Fleischgewordene Empathie. Ich sauge Gebrechen auf. Oder ziehen sie mich an? Die Gesichter der Frauen des Moulin Rouge.

Frau Dr. D. zieht mich an. Der lange Rückenmuskel, direkt an der Wirbelsäule gelegen, ist verkrampft. Die Seitwärtsbewegung des Kopfes ist empfindlich eingeschränkt. Die Myogelose verstärkt die Fehlhaltung. Die Fehlhaltung potenziert die Verspannung. Schmerz.

„Das ist komisch."

„Was ist komisch?"

„Ich kann ihren Rücken fühlen, aber nichts in mir."

Sie neigt den Kopf leicht zur Seite. Zuckt und richtet ihn schmerzverzerrt wieder auf.

„Ist 'ne komische Sache. Meine Mutter sagte früher oft: ‚Junge, du hast goldene Hände.' Sie hatte Migräne. Schmerzen bis zum Kotzen. Eimer am Bett, Vorhänge zu. Totale Verdunklung und Stille in der ganzen Wohnung. Aller vier Wochen. Lehrerin. Ich hab sie massiert, dann ging es besser. Die Abstände wurden länger. Die Anfälle kürzer. Inzwischen sind sie weg. Wenn meine Tochter, also, ich meine, die

Tochter meiner Partnerin, Bauchschmerzen hat, dann lege ich ihr die Hand auf. Kurz darauf ist alles wieder in Ordnung."

„Und was macht das mit Ihnen?"

„Das freut mich."

Sie holt Luft. „Was empfinden Sie, wenn Sie an die Situation mit Ihrer Mutter denken?"

„An welche?"

„Sie haben sie massiert. Es geht ihr besser. Und dann?"

Sie hat wirklich sehr schöne Beine. Sicher, das Nylon, oder ist es sogar Seide, verfälscht die Hautfarbe, die Spannkraft der Haut. Ihre Hände gleiten über die Oberschenkel. Sie lässt den Rock da, wo er ist. Ihre Finger gleiten langsam über die Knie. Sie beugt sich nach vorn. Grün. Ihre Augen sind tatsächlich grün. Eine wunderschöne Frau.

„Was meinten Sie mit Klebstoff?"

„War wirklich nur so ein Gedanke."

„Gut, und was denken Sie jetzt gerade?"

Sex. Sex mit meiner Therapeutin.

„Ich bin geboren, um zusammenzuhalten. Aber das Gegenteil ist passiert. Jetzt versuche ich, das zu reparieren. Da das mit meiner Schwester ziemlich verfahren ist, mache ich das wohl grundsätzlich. Als Wiedergutmachung."

Warum erzähle ich das dieser Frau? Wir kennen uns nicht. Was geht sie das an? Wie komme ich überhaupt darauf? Klebstoff? Ich war das Nesthäkchen, der Nachzügler, der alles durfte. Das Luxusbalg. Das war ich. Das war ein Fluch. Aber warum war ich da? Haben meine Eltern mich vorher gedacht, gewollt? Wussten die, was ich werden würde? Hatte ich bereits einen Zettel auf der Stirn: *Du bist die Garantie unserer Ehe? Du bist der Spielgeselle deiner Schwester?* Wer weiß das? Macht es Sinn, jetzt noch darüber nachzudenken? Oder bin ich wirklich ein Wunsch meiner Eltern?

„Was ist Ihre Schwester für Sie?"

„Jetzt oder früher? Egal. Hat sich eigentlich nichts geändert. Ich liebe meine Schwester. Das ist verrückt. Ich liebe auch meine Tochter, die gar nicht meine Tochter ist. Man sagt immer, Liebe ist nicht teilbar. Das halte ich für den größten Blödsinn der Romantik. Liebe ist ein Organismus, der wächst. Ein Meer aus Farben. Jede neue Liebe ein Tupfer mehr."

Sie starrt mich an. „Welche Farbe hat Ihre Schwester?"

„Gelb."

„Ihre Tochter?"

„Rosa."

„Sie selbst?"

Woher soll ich das wissen? „Farblos."

„Wir sollten uns wiedersehen." Sie lächelt.

So schnell vergehen 45 Minuten.

Der Zauberer von Oz. Ein Wirbelsturm verändert dein Leben. Ein Mann gibt vor, ein Zauberer zu sein. Er ist ein Betrüger. Alle wissen es. Wirbelsturm. Er ist immer noch ein Betrüger. Er tritt immer noch als Zauberer in Erscheinung. Alle halten ihn für einen wirklichen Zauberer. Er lebt das Leben eines wirklichen Zauberers. Was war mein Wirbelsturm? Wann war mein Wirbelsturm? Wieso halten mich andere für einen Zauberer? Wieso glaube ich selbst, das zu sein, was andere in mir sehen?

Jeder Mensch spielt eine Rolle. Ohne diese Schwäche gäbe es kein Theater, keine Dramatik. Der Mensch ist ein Lügner.

Was hatte die Frau, die meine Therapiefähigkeit bescheinigte, mit mir angestellt? Therapiefähig. Ist das gut oder schlecht? Bin ich fähig, weil ich es kann? Oder weil ich es nötig habe? Habe ich es nötig, weil ich fähig bin, oder bin ich fähig, weil ich in Not bin? Bin ich in Not? Scheinbar ja.

Die Fragestellungen, mit denen man in so eine Begegnung hineinmarschiert, sind völlig andere als die, mit denen man hinausgeht. Warum wird der Mensch, was er ist? Warum wird der eine ein Rassist? Der andere ein Masochist? Was haben die beiden gemeinsam? Beide sind unschuldig geboren. Welche Verbrechen werden an ihnen verübt, welche Schulden übertragen, dass sie andere oder sich selbst hassen? Was ist die Ursuppe?

Ich bin in meinem dreißigsten Lebensjahr. Und farblos. Andere hatten die Frage bereits lange geklärt. Kannten ihre Farbe. „Schuld sind die anderen!" Kackbraun. „Ich bin ja selbst schuld!" Quietschgelb.

Ich konnte mich für keine dieser Farben entscheiden. Alles wäre leichter. Ich hätte eine Richtung und das Denken hätte ein Ende. Wo ist mein Fundament? Wo grabe ich meine Füße in den Sand? Hier bin ich! Das bin ich!

Verdammter Wirbelsturm.

Ich setze mich auf das Mäuerchen vom Friedhof und schaue mir die Gräber an. Ich lese Geburts- und Sterbedaten auf den nahegelegenen Grabsteinen. Eine Angewohnheit auf Friedhöfen.

20.10.1943 – 4.4.1945. Herbert Wiedemann. Gott hab ihn selig.

„Das hätte dein Vater sein können und du wärst nie geboren. Dann wärst du farblos. Wirklich farblos."

Ich rede mit mir. Ein gutes Mittel. Man wird ehrlicher. Das ausgesprochene Wort hat eine ganz andere Wirkung als der innere Monolog. Es wird ein Kreuzverhör. Man spürt die Lüge.

„Du bist jetzt selber Vater. Kein richtiger. Aber irgendwie doch auch Vater. Ein Zwittervater. Aushilfsvater. Ersatzpapa.

Übergangserziehungsberechtigter. Nein, das bist du nicht. Du hast eben weder eine offizielle noch eine inoffizielle Berechtigung zu erziehen."

Als der kleine Mensch, das aufgeweckte Mädchen, freudig winkend auf dem Fensterbrett stand und samt der Gardine ins Innere des Zimmers stürzte, raste ich die drei Stockwerke hoch.

Kurz darauf kam ihre Mutter, meine Freundin. Als sie sicher sein konnte, dass alles glimpflich verlaufen war, starrte sie mich an. „Hast du sie noch aufgefangen?"

Ich hielt ihr Kind im Arm und verstand nichts.

„So schnell wie du hier oben warst. Wär doch möglich."

Sie lachte. Wir küssten uns. Und der kleine Mensch war eingehüllt zwischen unseren Körpern. Sicher. Behütet. Unversehrt.

„Und? Wenn ihr damals etwas passiert wäre? Du hättest sie noch ins Krankenhaus bringen dürfen, aber dann wäre Schicht im Schacht gewesen. ‚Vater? Nein. Verwandter, Angehöriger? Nein. dann müssen Sie leider draußen warten.' Raus mit dir! Du wärst wahnsinnig geworden. Dieser kleine Mensch war dir näher als du selbst, aber du hättest kein Recht gehabt, sie zu sehen, ihr beizustehen. Was hättest du gemacht? Mal wieder an der Fassade hoch ins Zimmer geklettert?"

Man hat kein Anrecht auf einen anderen Menschen. Aber ein Vater ist der Vater und jeder andere hat noch weniger kein Anrecht auf das Kind als er. Ist das mit *Verantwortungsbewusst bis zur Selbstaufgabe* gemeint? Klebstoff? Klebstoff hatte ich gesagt?

„Immer verteidigst du ihn." Sie schmollte.

„Nein, ich sage dir nur, dass er im Moment ziemlich viel um die Ohren hat. Im Theater gibt es Tagespläne. Die ändern sich aber. Schneller, als du Blödmann sagen kannst."

„Blödmann."

„Zu langsam."

„Blödmann."

„Immer noch zu langsam."

„Doch!"

„Ich habe ein Video gemacht von deiner Aufführung. Das will er sich ..."

Sie knallte die Tür. Eine Sechsjährige! Diese Wucht, mit der die Tür einschlug, war das Manifest eines unzerstörbaren Gefühls.

Ich bin ein Blödmann. Kinder lassen sich verzaubern, aber nicht blenden. Ich wollte kleben. Ich fühlte mich schuldig. Schuldlos an ihrer Situation, fühlte ich mich schuldig und wollte kleben. Ich bin Klebstoff. Ich trete als Klebstoff in Erscheinung und werde für Klebstoff genommen. Ich bin der Zauberer von Oz.

Für Dezember zu warm, aber kalt genug. Arschkalt. Mein Hintern auf einer Friedhofsmauer. Mein Blick in die Vergangenheit. Was von beiden ist es, das mich frieren lässt?

Ich schaue zu Herbert hinüber. Großer Grabstein. Das Geburtsdatum von Annegret Wiedemann, geborene Stolz, ist mit schwarzer Farbe eingraviert. Muss die Mutter sein. Lebte noch. Ein Jahr älter als meine Mama. Die hätte mein Vater auch kennenlernen können. Dann wären es achtzehn Jahre Altersunterschied gewesen. Sie sind siebzehn Jahre auseinander. Siebzehn! Eine Zeitlang eine unwichtige Tatsache in meinem Leben. Zu irgendeinem Zeitpunkt fragte ein Eisverkäufer, ob meine Oma auch ein Eis wolle. Dem hatte ich noch Verwirrtheit unterstellt. Wie konnte er meine Mutter mit meiner Oma verwechseln?

Die letzten drei Jahre waren rastlos. Ich war Rast-los. Urlaub war für mich Stillstand. Hätte meine Freundin keine Reisen geplant, ich wäre mit Dürrenmatt, Dario Fo, Thomas Brasch verreist. Stattdessen packte ich das schöne Zypern an seiner Wurzel.

„Bitte, nicht schon wieder eine trockene Ausgrabung“ Dabei starrte sie meinen Finger auf der Landkarte an.

„Das ist Kurion!“, sagte ich begeistert.

„Kurios.” Ihre Antwort.

Ich setzte nach. „Das älteste Amphitheater. Dreizehnhundert vor Christus erbaut …“

„Und es sind vierzig Grad. Im Schatten!!!“

Wir machten einen Deal. Machten wir immer. Kompromisse sind die Basis einer guten Beziehung. Sagt man. Ich besorgte Eintrittskarten für die abendliche Vorstellung. Euripides. Komödie. Dafür verbrachten wir den Nachmittag im Hotelpool. Der kleine Mensch flog zwischen uns hin und her. Neben dem Spaß für sie wollte ich unbedingt, dass sie frühzeitig Schwimmen lernte. Ihr war das egal. Sie tauchte, aufgefangen von unseren Händen, Kopf unter Wasser, prustend und lachend wieder auf. Ich erfand Spiele, um sie noch höher und noch weiter werfen zu können.

„Uh, was ist das denn? Eine Qualle?“ Damit ließ ich sie über das Wasser gleiten.

„Uh, ein Fisch. Ein Fisch! Ist der glibberig!“ Ich ließ sie aus meinen Händen flutschen.

„Ein hübsches Kind haben Sie da. Wie alt ist sie denn?“

Erneut warf ich sie im hohen Bogen ins Wasser. „Uh, ein hässliches Kind, ab in den Pool geschwind.“

Platsch.

„Fünf.“

Die deutsche Urlauberin schaute verstört.

„Alles gut, die hält sich super über Wasser.“

Hundepaddelnd kam sie wieder auf mich zu. Die Dame verschwand. Der Wasserwiderstand verhinderte einen schnellen und vor allem pikierten Abgang. Den Flug des Albatros versäumte sie. Dazu kam noch eine Seeschlange. Der Tanz der Boje. Free Willys Monstersprung. Am Ende balancierte meine Wassernixe auf Atzes Schultern.

Am Abend strahlte sie ob der bunten Kostüme und kicherte über die Männer, die Frauen spielten.

„Du, Atze, bin ich wirklich hässlich?"

„Du bist der wundervollste, der schönste Mensch auf der Welt!"

An „Atze" hatte ich mich gewöhnt. Atze, der Kumpel, der immer da ist, wenn man ihn braucht. Selbst dann, wenn man ihn nicht braucht und einfach nur nicht allein sein will. Ein guter Kompromiss.

Ein guter Kompromiss? Kompromisse sind scheiße. Das Boot hat ein Leck. Stopfen wir es doch ein bisschen zu. Ein bisschen. Nicht ganz. Man weiß ja nie. Hat auch nur ein einziger vom Oberdeck mal einen Blick auf das Loch im Rumpf des Schiffes geworfen? Nein, denn die haben Rettungsboote. Den Kompromiss befördern die, die nichts zu befürchten haben, und reden von Bereitschaft.

Atze. Im Ernst, Atze? Atze ist wie Keule. Das ist der Jedermann-Typ. Der Typ von der Ecke, der immer da ist. Der Typ, den niemand fragt, wie es ihm geht. Der Typ, den niemand vermisst, wenn er nicht mehr da ist. Die Reflexionsfläche der eigenen Nöte und Bedürfnisse. Der Typ, der so schön farblos ist, dass man alle Farben sehen kann, die man selber sehen will. Nur ihn nicht.

Ja, das war absolut korrekt. Ich war Atze.

Ich hatte sie im Pool lachend weggeworfen und hing an diesem kleinen Menschen, während ich permanent versuchte, ihre Bindung zum Vater zu fördern. Das war eine Zerreißprobe. Ob mir das damals schon klar war, wusste ich nicht. Jetzt, nach dieser ersten Therapiesitzung, ist es mir klar. Klar wie Kloßbrühe. Und genauso trüb.

„Du musst tiefer graben, du Idiot! Das sind alles nur Symptome. Schöne Symptome, ja. Trotzdem tun sie weh. Scheiße."

Das Mäuerchen hat mehr Kapazität, Wärme aus meinem Hintern zu saugen, als mein Kreislauf nachlegen kann. Immerhin, mein Herz ist eine Maschine. Auch das ein Kommentar, oder war es ein Vorwurf, den ich nicht selten zu hören bekam: „Du bist eine Maschine.“ Ich nahm das als Kompliment, als Bewunderung. Eine Maschine ist gefühllos. Kalt. Funktioniert. Geht sie kaputt, wird sie repariert. Geht sie ganz kaputt, wirft man sie weg. Seelenlos. Mit einer Maschine geht man keine Beziehung ein. Eine Maschine ist nicht beziehungsfähig. Hatte ich das bisher als Kompliment genommen? Maschine steht für „extrem belastbar“. Unbeirrbar. Konsequent. Maschine steht nicht für Gefühle. *Die Fähigkeit, mit scharfer Klinge Gefühle, ganze Beziehungen abzuschneiden.*

„Bin ich gefühlskalt? Bin ich meine Seele los?“

Ich starre auf Annegret und Herbert. Gott hab sie selig.

Mein Vater ist keine, meine Mutter schon gar nicht. Eine gefühlskalte, seelenlose Maschine. Gegen alle Widerstände. Gegen die Zeit, die Vorurteile der Menschen, die Konventionen, gegen das „Sowas macht man doch nicht!“ Sie wurden behandelt, als hätten sie keine Manieren, kein Benehmen bei Tisch. Als sie ernstmachten und heirateten, war der Skandal perfekt. Das war schlimmer, als hätten sie getötet. Schlimmer, als ein Nazi gewesen zu sein. Das waren sie nicht, das hatten sie nicht getan. Eine 34-Jährige und ein 17-Jähriger hatten sich gefunden. Verliebt.

Dann schlossen sie den Bund der Ehe. Ihre dritte. Seine erste. Er 21. Sie 38. Das erste gemeinsame Kind bereits auf dem Weg. Meine Schwester. Ein Kind der Liebe, gegen alle Widerstände. Sie sollte auf die Welt. Ein Kind der Liebe. Der finale Beweis, die über drei Jahrzehnte währende Ehe bei einer deutschen Scheidungsrate von fast fünfzig Prozent. Sie konnte sich sicher sein, warum sie ist. Und warum ich?

1.5.1964 – 30.3.1997. Liselotte P. Melker, geb. Schön.

Liselotte P. Melker. Da steht ein dünnes Holzkreuz. Absicht? Oder konnten sich die Verwandten nicht auf einen Stein einigen? Es ist Herbst. Verstorben ist sie, da war Frühlingsanfang. Hatte sie Kinder? Sie war verheiratet. Mit einem Herrn Melker. Diese Tradition, den Namen des Mannes anzunehmen ... 33 Jahre hat diese Frau leben dürfen. 33 Jahre, solange sind meine Eltern schon verheiratet. 30 Jahre war ich Teil davon. Doch kein Klebstoff?

War meine Schwester noch das Manifest, war ich die Unterschrift darunter. Unter ihrem Trotz? Meine Mutter war 41, als sie mich auf die Welt brachte. Wieso setzt man sich in diesem Alter den Schmerzen einer fünften Geburt aus? Der Gefahr, auch an und bei dieser späten Geburt sterben zu können?

Drei Söhne, zwei Väter. Der erste Vater zog die Republikflucht vor. Der zweite starb vor der Geburt seines Sohnes. Es muss eine Katastrophe gewesen sein. 1954. Alleinerziehende von zwei Rackern. Die eigenen Eltern in Berlin. Sie selbst in Altenburg. Eine Kleinstadt von Kleingeistern. Ein Ort, der keine Zeitung braucht, um Klatsch in wenigen Stunden bis zum letzten Stubenhocker zu bringen. Neulehrerin. Lehrerin der ersten Stunde. Direkt nach dem Krieg. „Bedauernswerte Schlampe." Aber vor allem Schlampe. Wie kommt man auf sowas? Sie war ein Rasseweib. Fotos belegen das. Sie war ein heißer Feger. Sie war das Feuer der Emanzipation in einer ewig gestrigen Kleinstadt, lange vor Alice Schwarzer. Übernimmt man Wesen, Charakterzüge und Verhaltensweisen von den Eltern, dann stand fest: Sie ist eine Besessene, vom Leben besessen. Ich bin ein Besessener. Besessen wovon?

„Ich will Antworten, verdammt noch mal!"

„Entschuldigung?" Ein Mann mit Stock, grauem Mantel, Schal steht hinter mir. Hält die Hand ans Ohr. „Ich höre schlecht", brüllt er.

„Ich meinte nicht Sie." Aus Verlegenheit füge ich hinzu: „Ich seh mir nur die Grabsteine an."

„Sehen kann ich auch nicht mehr gut." Er kommt näher. Vielleicht hat er verstanden, dass ich ihm etwas zeigen will. Sein Kopf auf Höhe meines eiskalten Hinterns, hängen wir gemeinsam ab. Unsere Loge ist der Blick auf das Leben, wenn es vorbei ist.

„Ja, Junge, da liegen wir alle mal. Da kräht dann kein Hahn mehr nach uns." Er lacht.

„Sie haben doch sicher Kinder und Enkel, Urenkel sogar."

„Weil es hier keine Hähne mehr gibt." Er lacht über seinen Witz. Mir ist nicht zum Lachen. Der Mann, so alt, wie er ist, er hat alles. Kinder, Enkel, vielleicht Urenkel.

„Früher war das anders. Nicht besser, aber anders. Eins darfst du nicht vergessen, mein Junge: Leben tust du nur, solange du lebst. Wenn du erst mal da liegst, kannst du nix mehr machen."

Irre ich mich, oder trägt er tatsächlich das Ehrenabzeichen der Legion Condor und daneben eine Medaille mit Hammer, Zirkel und Ährenkranz? Was muss der für innere Kämpfe und äußere Probleme gehabt haben. Lächerlich, womit ich mich herumschlage. Luxusbalg!

Die folgenden Sitzungen brachten mich kein Stück weiter. Eher tiefer. Mich selbst auseinanderzunehmen, das hatte ich mir bereits seit Studentenzeiten zum Sport gemacht. Der Schauspieler ist sein Material. Ich war zu reflektierendes Material für meine Rollen am Theater. Ich spielte van Gogh. Woher sollte ich wissen, was dieser Mensch wirklich empfunden hat? Woher wollte Matusche wissen, was Vincent dachte, als er sich das Ohrläppchen abschnitt? Matusche übersetzte das in den Begriff „Unbedingtheit". Bedingungslos sein.

Für van Gogh gab es keine Kompromisse. Was auch immer er tat, er erwartete keine Gegenleistung. Er war. Einfach so. Ohne eine

Forderung zu stellen, ohne eine Leistung im Gegenzug zu erwarten. Er war frei. Frei vom täglichen Kuhhandel, so wie wir ihn als normal erleben und fraglos, widerspruchslos unser Leben nennen. Unser Leben ein täglicher Kuhhandel. Diese Unbedingtheit lag mir sehr nah. Aber seine Krankheit, die ihn zum Gelb trieb und dazu, sich selbst ein halbes Ohr abzuschneiden, hatte ich definitiv nicht. Oder doch?

Ich rauchte genussfrei, intensiv, auf Lunge. *Prince Denmark*, aus Erinnerung an die erste Begegnung mit einer Schauspielerin aus Hannover. *Gitanes*, weil es unfassbar cool war, eine so besondere Marke am Kiosk einzufordern. Lucky Strike mit Vorliebe, die Verpackung war so unschuldig weiß. *Gauloises bleu.* So unschuldig blau. *Natural American Spirit.* So natürlich. So reiner Tabak. So indianisch rein.

Ich assimilierte die theoretische Figur des Reinhard Heydrich aus dem Protokoll-Stück „Wannseekonferenz". Reinhard Heydrichs manische Art, die Endlösung der Judenfrage voranzutreiben. Ihr seinen Stempel aufzudrücken. Sein unvorstellbar zynischer Drang zur Vernichtung von Millionen Menschen machte mich aggressiv. Drei Tage vor jeder Aufführung der „Wannseekonferenz" wurde ich militant und für meine Mitmenschen unerträglich. Am Abend nach den Vorstellungen vergrößerte ich meine Leber und rezitierte in Strieses Biertunnel, der theatereigenen, öffentlichen Kneipe, Erich-Kästner-Gedichte bis zum Ausschankschluss. Ich konnte beides, Unbedingtheit und manisch, von der Liste streichen. *Darum muss ich mich nicht mehr kümmern. Ja, das bin ich.*

Ich liebte diese Frau. Die erste wirkliche Frau in meinem Leben. Meine zweite und meine zweite große Liebe. Wir hatten uns von Beginn an wunderbar verstanden. Keine zwei Wochen, und in der Kantine des Theaters flogen die Fetzen. Worum es ging? Auf jeden Fall darum, wer die Hosen anhat. Im Wortsinn der Debatte ging es wohl eher um die Umsetzung der Figuren in der aktuellen Inszenierung. Sie kam mit Regisseuren nicht klar, die ihre politische Meinung dogmatisch in jedes Stück pressten.

„Ohne jegliche Spur von Humor!“

Ich verteidigte die Notwendigkeit der Aufklärung des Publikums. „Wahrheit tut nun mal weh!“

Ich solle doch den Abend mit dem Regisseur verbringen.

„Ihr habt euch wohl mehr zu sagen als wir uns.“

Eine Stunde darauf stand ich vor ihrer Wohnungstür. „Hatte ich dich richtig verstanden, ich sollte vorbeikommen?“

„Hat aber lange gedauert, bis du das begriffen hast.“

Bis zu diesem Zeitpunkt wohnten wir noch nicht einmal zusammen. Einer Dreijährigen einen Typen vorsetzen, der im ersten Moment einknickt? Da war ihr der Status „Alleinerziehend“ lieber. Ich musste erst auf Herz und Nieren und auf meine Einknickresistenz geprüft werden.

„Liebe hin oder her. Mein Kind steht an erster Stelle.“

Unser gesamtes Miteinander war überbordend. Wir hätten ersaufen müssen in unserer Lust aufeinander. Stattdessen liefen wir übers Wasser und bewarfen uns mit Felsbrocken, mit ganzen Inseln. Das war kein Frühling der Verliebten. Das waren die vier Jahreszeiten in einer Stunde. Vierundzwanzig Stunden am Tag. Sieben Tage die Woche. Ein halbes Jahr. Eine Frau. Ein Weib. Eine Offenbarung. Die pure Lust am Leben. In ihr war alles vereint, was nötig war, um mich zu einem Mann zu machen. Und das war verdammt viel. Wir waren uns begegnet, um nie mehr loslassen zu können, über alle Trennungen hinweg.

Ich wollte nicht einknicken, auch nach drei Jahren Beziehung nicht. Momente dafür gab es wie Ameisen in Ameisenhügeln. Genauso schmerzhaft, wenn man mit kindlichem Übermut hineingreift.

„Warum setzen Sie sich dem aus?“

„Ich habe Verantwortung übernommen. Da ist ein Kind, das keine weitere Trennung ohne Trauma verkraftet.“

Sollte ich ihr erzählen, dass sie vor Kurzem erst, mit gerade mal fünf Jahren Lebenszeit, uns einen Satz an den Kopf geworfen hatte, der bindender war als das Wort Gottes, stärker als der Fels in der Brandung: „Ihr trennt euch jetzt nicht mehr!“

Auf dem Kindersitz meines Fahrrads thronend fasste sie den Entschluss: „Ich *adoptere* dich jetzt.“

„Und was ist mit Ihnen?“

„Was soll mit mir sein?“

„Die Verantwortung, die Sie sich selbst gegenüber haben?“

„Wen interessiert das?“

„Sie warten jetzt darauf, dass ich sage: mich.“

„Kann sein. Ich will schon, dass sich jemand für mich und meine Wünsche interessiert. Wer will das nicht?“

Irgendwie ging sie mir auf den Zeiger, mit ihren übergeschlagenen Beinen, den Hauspantoffeln und den andauernden Schmerzen im Genick, dem Stechen in der rechten Schläfe. Ich weiß, m i c h sollte das interessieren. Mich! Aber für wen sollte das interessant sein? Ich bin Schauspieler. Es geht immer um die anderen. Das Publikum. Die Botschaft.

„Wollen Sie das auch?“

„Hab ich doch gesagt.“ Ich wurde tatsächlich pampig.

„Wie fühlen Sie sich im Moment?“

Himmelarschundzwirn! „Ich liebe diese Frau und ihr Kind. Geben Sie mir eine Aufgabe, und wenn es mich meine Unversehrtheit oder mein Leben kostet, ich tu’s, wenn es für die beiden ist.“

„Und was fühlen Sie jetzt?“

Mir war zum Heulen. Und ich heulte tatsächlich. Aus der Nummer kam ich nicht mehr raus. Bis zu diesem Tag war ich die Forelle im klaren Bächlein, sah die Angel des Fischers und tanzte drumherum, ihn zu ärgern, biss aber nicht an. Dann trübte er das Wasser und ich hielt den Köder für einen Leckerbissen. Ich hing am Haken. Als er mich aus dem Wasser zog, sah ich sein Gesicht. Es war meins. Mein eigenes.

War das meine Aufgabe? Mich selbst zu sezieren? Ist das der Weg zu einem wirklich selbstbestimmten Dasein? Mit freundlichem Zweifel meinen Eltern, meiner Schwester, meinen Brüdern, mir selbst zu begegnen und alles in Frage zu stellen? Ihre Biografien aus meinem Leben zu selektieren, sie ihnen zurückzugeben, am Ende nackt und bloß dazustehen. Niemandem mehr die Schuld geben zu können für das, was ich mit mir mache?

Ich ahnte, das war ein guter Weg. Den ersten Schritt hatte ich gemacht. Der Angelhaken schmerzte in meinem Mund. Nichts im Vergleich zum Kommenden, angesichts des blitzenden Filetiermessers am Ufer.

Es ging um meinen eigenen Schutz. Um Selbstlosigkeit, meine Aufopferungswutlust.

AUSZEIT VON SICH SELBST

Interview, November 2020

In einem früheren Interview sagten Sie: Sie wollen als Künstler beim Zuschauer die Lust erwecken, auf das eigene Leben zu schauen.

Ja.

Wenn man sich mit Ihnen beschäftigt, soll sich der Leser selbst reflektieren?

Ja.

Aber dennoch schreiben Sie über sich? Die Texte handeln von Ihnen.

Ja.

Ist das nicht ein Widerspruch in sich?

Ich will nicht, dass der Leser sich mit mir beschäftigt.

Wer sich eine Autobiografie mit 12 Episoden in 3 Akten kauft, will das eventuell schon. Meinen Sie nicht?

Ich bin überzeugt, dass der Leser vor allem an sich selbst interessiert ist. Beziehungsweise sein sollte. Er muss aber seine Angst überwinden. Und das sollte lustvoll passieren. Weil es schmerzlich werden könnte.

Angst vor der Begegnung mit sich selbst?

Ich denke immer wieder darüber nach, woher die Idee des Slogans: „Seien Sie einmal ganz Sie selbst und nehmen Sie sich eine Auszeit!"

kommt. Mir stellt sich dabei immer die Frage: Was ist man in der übrigen Zeit? Ein Halbselbst? Ein Viertelich? Ein Dreifünftelfremder? Man scheint also sonst nicht man selbst zu sein. Entweder, weil man das/sich nicht mag, oder weil man eben Angst davor hat, das zu sehen, was man ist.

Ja?

Also geht man verschiedene Umwege, um es doch irgendwie zu tun. Das Sich-selbst-Kennenlernen. Kunst bietet das immer an. Eine der vornehmlichen Aufgaben von Kunst. Es gibt dafür aber auch einen sehr großen Markt von Billiganbietern. Die bieten eben die totale Ablenkung von sich selbst an. Bunt, schillernd, skandalös. Und aus diesem Markt stammt dann auch der variable Satz: „Seien Sie einmal ganz Sie selbst und nehmen Sie sich eine Auszeit!" Das hat Methode. Man weckt Bedürfnisse und bietet gleich darauf die Erfüllung an, ohne Erfüllung zu generieren. Lukratives Verkaufsmodell.

Viele Themen in wenig Sätzen. Mal sortieren. Meinen Sie nicht eher, man vermeidet es, eitel zu sein? Die „Beschäftigung mit sich selbst" klingt doch sehr nach Nabelschau.

Ja, und die ist doch gut. Finden Sie nicht? Aus „Nabelschau" wird erst durch gesellschaftliche Ächtung „Eitelkeit".

Sie unterscheiden zwischen Nabelschau und Eitelkeit?

Ja. Unbedingt. Wenn man seinen Nabel nicht zur Schau stellen soll, also sich selbst, was soll man denn sonst zur Schau stellen? Sein neues 800-Volt-E-Auto? Die Gucci-Tasche? Das Botox-Gesicht? Und genau das passiert. Wir stellen unser Vermögen, unsere Leistung, unsere Optik zur Schau. Wir kostümieren uns mit Klamotten, mit Sprachgestus: „Wyld Digga. Voll der Macher, Ehrenmann. Schimmeln in

Aufrisszone mit Babo? Swag!“ Also von GNTM bis „Hast du Problem?“ Das Gleiche gibt es auch im Upper Class-Niveau. Man baut sich ein ICH aus hunderten Versatzstückchen zusammen. Für andere, die das Gleiche tun, um die zu überzeugen, dass man geiler ist als sie. Das ist Eitelkeit. Hat mit Nabelschau nichts zu tun. Kostümschau.

Und was ist Nabelschau?

Ein Kind. Es schaut an sich herunter. Entdeckt dieses Loch im Bauch. Untersucht es. Irgendwann fragt es danach. Das Kind erfährt, dass dieses Loch es ist, was es am stärksten mit seinem Ursprung verbindet. Die Nabelschnur. Nabelschau ist die kindliche Auseinandersetzung mit der eigenen Herkunft. In späteren Jahren, wenn man seinen Nabel zur Schau stellt, ist es, im Wortverständnis, die Präsentation der eigenen Herkunft.

Ich denk immer wieder darüber nach, warum wir „der eitle Pfau“ sagen? Wie kann der eitel sein? Der hat einfach mal die geilsten Farben in seinem Gefieder. Warum soll der die nicht zeigen?? Farben, deren Namen wir nicht mal kennen. Wir finden ihn eitel, weil wir selber nicht Farbe bekennen. Aus Angst, zu grau zu sein? Zu wenig bunt? Wir sind sogar so eitel, dass wir glauben, der macht das für uns. Der hat die Federn nicht gekauft! Der *hat* sie! Die Federn SIND er! Der Tod der Eitelkeit wäre, würden wir ohne schmückende Umwege von Altruismus bis Egoismus unsere eigenen Federn zur Schau stellen.

Sie hätten das gern anders?

Ja.

Ist das nicht der pure Idealismus?

Ja.

Und?

Nun ja, die Leidenschaft für uns selbst. Nehmen wir an, die gibt es so, wie ich es denke. Achtung Wortspiel: Unser Selbst, das Leiden schafft. Scheint weniger lukrativ als die bunten Titelstorys. Und schon fühlt sich das eigene Ich noch kleiner und unbedeutender an. (Eine wesentliche Voraussetzung für Manipulation und Gehorsam.) Und dann versteckt sich schamvoll hinter Make-up und Designerklamotten das eigene Ich.

Quod erat demonstrandum. Da ist es wieder, die Presse, das böse Krokodil.

Nee, doch nicht nur die Presse. Das ist eine Industrie. Unser System basiert darauf, alles verkäuflich zu machen. Dazu gehören auch fremde Leben.

Jeder kann doch selbst entscheiden, was er liest oder sich ansieht.

Nein.

Freier-Wille-Diskussion?

Ja. Promis werden erfunden, kreiert. Ein Massenprodukt. Maßgeschneidert für jede Sozialschicht. Wie Aktien, die allein durch fremde Bewertung steigen oder fallen, unabhängig vom realen Wert des Unternehmens.

Und Sie wollen die Lust auf das eigene Leben ansprechen?

Ja, weil jedes Leben besonders ist. Es ist einmalig. Niemand außer dir kann es leben. Du musst darum kämpfen, wer darüber bestimmt, wie es verläuft. Deine Eltern, Großeltern, deine Vorgesetzten. Deine Kinder. Deine Angst. Deine freche Schnauze …

Das ist eine Binsenweisheit.

Ich weiß. Ist sie deshalb weniger wahr? Je mehr man das Leben des Künstlers oder des Promis anmalt, umso weniger Farbe bleibt für das eigene Leben.

Worauf wollen Sie hinaus?

Weiß nicht. Sind nur Gedanken.

Ausufernd?

Ja. Egal wie modern ein Medium ist. Tradierte Verhaltensmuster und Klischees werden millionenfach vervielfältigt und als gegeben hingenommen. Die Wenigsten hinterfragen, wem sie da eigentlich ihre Followerschaft schenken. Die Kunst müsste, sollte, grundsätzlich den Menschen in seinem individuellen Wert ins Zentrum setzen. Schaue ich mir aber das Gros der heutigen Filme an, denke ich nur tiefstes Mittelalter. Blinde Gottesfurcht und Götzenglaube. Warum schätzt die Masse Mensch sich selbst so wenig wert und zahlt dafür?

Können Sie das an einem Beispiel festmachen?

Der Unterschied zwischen „Frozen“ und „Maleficent“?
In beiden Geschichten sind jeweils zwei Frauen die Hauptcharaktere, und trotzdem ist eine davon eine Männergeschichte mit tradierten Verhaltensmustern aus der Zeit der Kreuzritter.

Und?

Anna und Elsa lösen ihre Konflikte ohne Gewalt, ohne Krieg. Ihre Biografien sind dramatisch. Sie finden gewaltfreie Konfliktlösungen. „Maleficent“ ist biografisch ebenso dramatisch. Aber hier löst die Frauenfigur ihre Probleme mit einer blutigen, brutalen Schlacht ...

Maleficent ist eine Frau, die männlich handelt?

Die Autoren, die Produzenten schreiben eine Story, die sich gut verkaufen lässt. Tausendfach erprobt. Superhelden wollen Frieden, dafür müssen sie in den Krieg ziehen. Also töten. Und sie töten massenhaft. Filmisch immer blutiger. Haben Sie mal auf die Sounds gehört, wenn ein Schwert durch einen Körper geht, ein Hieb durch das Kettenhemd, die Baumwolle darunter, dann die Haut, das Fleisch, Organe und Knochen. Perfektion. Soundphilosophie. Überrealismus. Der neue Sound des Tötens – Perfektion für den ultimativen Hörgenuss.

Zurück zum Thema?

Ja. Kennen Sie den entscheidenden Satz der Helden in diesen millionenfach tradierten und variierten Plots, kennen Sie den?

Spontan? Nein.

„I have no choice!" Dazu leichte Verzweiflung im Gesicht. Dramatisch anschwellende Score-Musik. Der Held/die Heldin atmen tief, schwer ... je nach Figur kommt noch ein cooler Satz: „Lasst uns in ein paar Ärsche treten." Oder: „Wir werden die Welt retten, und wenn es das Letzte ist, was wir tun."

Spiderman, Batman, Iron Man, selbst Guardians of the Galaxy und Deadpool, egal ... Alle diese Helden beschützen die Schwachen, die Wehrlosen. Selbst wollen sie eigentlich nur Frieden, den eigenen, den Weltfrieden oder den intergalaktischen. Wer aber sind die Schwachen? Es sind die, die wirklich Frieden leben. In all den Filmen werden die Menschen die „Unschuldigen" genannt. „Es werden Unschuldige sterben!", ist immer die Begründung der Superhelden, dass sie ihre Superheldenpower einsetzen müssen, um andere zu töten, damit die „Unschuldigen" überleben. Die Helden sind zur Selbstaufopferung bereit, damit diese einfältigen Unschuldigen, die ja nicht wissen können, wie böse die Welt da draußen ist, damit die leben können. Ein in sich geschlossenes System. Angetrieben sind diese Helden von großer Liebe, großem Verlust, großem irgendwas … Wir fressen das täglich in uns hinein. Dieses System haben wir verinnerlicht. Mit diesem System werden fremde Länder angegriffen oder eben „beschützt". Das ist tiefstes Mittelalter!

Dieses Lebensverständnis wird nicht hinterfragt. Wir leben die Marvel-Comics der Leinwand. Wir akzeptieren das System, die Schwachen zu sein. Wir akzeptieren den zunehmenden Blutrausch dieser Filme, Prints etc. Wir hinterfragen nicht oder kaum. Das sind tradierte Werte aus feudalen Gesellschaftsordnungen. Und es ist wichtig, dass wir glauben, dass wir schwach sind! Sonst wären wir tatsächlich der Souverän. Und es ist wichtig, dass unser Glaube an die einfachen Wahrheiten aufrechterhalten wird. Sonst würden wir tatsächlich die politische Teilhabe praktizieren.

Gut, das mag alles so sein, was ist anders bei „Frozen"?

„Frozen 2". Warum ziehen Anna und Elsa nicht mit einer Armee gegen den Nebel und das Naturvolk, die Northuldra? In ihren Geschichtsbüchern steht: Die tragen die Schuld am Tod des Großvaters und das Land gehört zum Königreich Arendelle. Jeder „normale" Marvel würde genau das tun. Die Helden hätten „keine andere Wahl." Sie müssten in den Krieg ziehen, das Böse besiegen, die Unschuldigen retten, die Welt vor der Ausbreitung der Nebelseuche schützen.

Was machen Anna und Elsa? Sie wollen wissen, was geschehen ist und das Übel, das alle belastet, erkennen. Ohne Waffen. Nur mit der Macht der Aufarbeitung der Geschichte, dem Hinterfragen von geltenden Wahrheiten. Mit der NABELSCHAU! Sie sehen sich ihren

Nabel an und gehen dieser abgetrennten (Nabel-)Schnur nach, bis sie an der Quelle sind.

Hier überschneiden sich die Helden wieder. Sie sind bereit zur Selbstaufopferung. Die einen, weil sie eben Helden sind und dann ein Denkmal bekommen; die anderen, weil sie die Schuld ihrer Vorfahren aufarbeiten. Weil sie es MÜSSEN. Weil sie die Nutznießer von verübtem Unrecht sind. Wer außer ihnen sollte es auch sonst tun? Dieser Kinderanimationsfilm bricht mit der Märchenkultur, zeigt den Superhelden, was „mit großer Macht einhergeht". Große Verantwortung gegenüber sich selbst. Und die größte ist es, in den Spiegel zu schauen und ehrlich zu sein. Das ganze Make-up, die Klamotten weg, schauen, was übrig bleibt.

Das sind Filme. Das ist Unterhaltung. Entspannung. Der Zuschauer ist mündig. Worauf wollen Sie hinaus?

Auf diese Mündigkeit. Der Held ist keinem System untergeordnet. Er trifft immer wieder persönliche Entscheidungen, die über dem Gesetz stehen. Kurz gesagt, er ist Legislative und Exekutive in einer Person. Ankläger, Richter und Henker. Solange das alles nur sie selbst betrifft, ist es ein komplexes Ich („Frozen"), betrifft es andere, sogar die intergalaktische Weltordnung, ist es Diktatur, Autokratie oder eben Absolutismus.

Ja, das sind Filme.

Russland ist kein Film. Die vereinigten Arabischen Emirate sind kein Film. Trump ist kein Film. Jeff Bezos auch nicht. Das sind Einzelherrscher. Sie vereinen in sich alle Attribute eines Helden. Und sie verhalten sich auch so. Mit den einen sympathisieren wir, die anderen verdammen wir. Elon Musk ist der Iron Man der Ukraine. Seine privaten und seine Firmen-Satelliten füttern die Ukraine mit militärischen Informationen über die Russen. Das macht der mit Sicherheit aus pazifistischen Gründen und ehrenamtlich. Er wird als Superheld gefeiert. Putin ist ebenfalls ein Superheld. In unseren Augen ein Superschurke, der bekämpft werden muss. Ein einzelner Amerikaner kann das Schicksal eines europäischen Krieges bestimmen. Vom Ausgang über die Dauer, die Kosten und Gewinne. Ein einzelner Russe kann einen Krieg beginnen. Jeder ergreift jeweils Partei für seinen Superhelden. Und wir fressen das. Weil uns diese Werte aus der Feudalzeit der Menschheit immer noch massenhaft vermittelt werden. Egal, was dabei alles zerstört wird. Und in diesem Krieg, das wird in den kommenden Jahren deutlich, wird es die deutsche Lebensart sein.

Könnten Sie das alles mal alles ein bisschen zusammenführen?

Nee, im Moment leider nicht. Es sind lose Gedanken. Und viel zu viel Wut dabei … Kann jeder selber eine Schaufel tiefer graben, wenn er will.

Sie meinen „hinterfragen"?

Ja, mit dem, was ich mache, ob Film oder schreiben oder Social Media. Ich möchte den Zuschauenden, Lesenden einladen ein aktiver Teil zu werden. Einladen zu hinterfragen. Das Marvel-Universe ist cool. Aber wenn wir unsere Kinder in diesem Verständnis erziehen, hört Krieg im Großen wie im Kleinen nie auf. Bevor es Frieden gibt, muss das Böse in der Welt besiegt werden. Also gibt es Krieg. Das ist männliche Jahrtausendlogik. Wer oder was ist denn eigentlich das Böse? Der Nachbar? Im Ernst????

Wollen Sie das jetzt so stehen lassen oder kommt noch was?

Ich will das jetzt so stehen lassen.

EPISODE 7

Am Ende der Nahrungskette oder Meine Eiger Nordwand

Teil 1

2001

„Kommt doch mal vorbei!“

Das waren seine letzten Worte. Dann fiel er rückwärts über das Brückengeländer. Vier Jahre zuvor hatten wir uns kennengelernt. Ich gehörte zu den „Dresdner Cobras“. Meine Zeit als Quarterback des American Football in Sachsen. Er war ein begnadeter Motocross-Fahrer. Während unseres Trainings hörten wir das Aufheulen eines Motors. Alle suchten nach der Quelle des Geräuschs. Kurz darauf schoss er mit seiner Dirtbike Enduro durch die oberste Sitzreihe der Zuschauertribüne, tanzte auf dem Hinterrad die Treppenstufen herunter, verschwand für einen kurzen Moment hinter einem Werbeaufsteller im Zaun der Absperrung zum Spielfeld, um dann mit einem Riesensatz auf der Aschenbahn zu landen.

Unsere Cheerleader vergaßen ihre Pompons. Sie vergaßen ihre Choreografie. Sie vergaßen alles. Genau wie wir sahen sie nur noch seine staubaufwirbelnde Fahrt durch das Vierhundert-Meter-Oval der Arena. Im 45-Grad-Winkel zog er die Maschine durch die Kurven. Auf der Geraden zersplitterten die hölzernen Querlatten der aufgebauten Hürden am Rahmen der Maschine, die er auf dem Hinterrad in Höchstgeschwindigkeit vorantrieb. Sekunden später setzte er über das meterhohe Stadiontor, den Gerätewagen als Rampe nutzend.

Stille.

„Was ein Typ!"

Die Cheerleader wollten nur noch wissen, wer unter diesem Helm steckt.

Genaugenommen war ich das. Er war mein Double. Wenigstens würde es der Zuschauer glauben, wenn der Tatort ins Fernsehen kam, „Der Tod spielt mit". Meine erste große Rolle im Fernsehen. Seit Langem. Mein Intendant war Tatort-Kommissar und die Gehälter am Theater eher mau. Also versorgte er seine Schauspieler mit Fernsehauftritten, um die Haushaltskasse aufzubessern. Wer sich bewährte, wurde Selbstläufer. Meine Chance.

Am Nachmittag wurde der Stunt gedreht und ich lernte ihn kennen. Frank. Narben und Verletzungen wie ein germanischer Held. Im Gespräch offenes Visier und keinerlei Eitelkeit. Schlichte Professionalität. „Wenn einer weiß, was er kann, dann braucht er kein Tamtam." Wir waren auf Anhieb befreundet.

Und jetzt, Jahre später, trafen wir uns auf dieser Brücke in Potsdam wieder. Gerade hatte seine Frau aufgrund der Hitze einen Karton mit Eis vorbeigebracht. Meiner Tochter tropfte die flüssig gewordene

Leckerei auf die Hände und bildete ein Rinnsal. Er lächelte noch einmal, dann warf er die Arme hoch und kippte einfach so ab. Zwölf Meter freier Fall. Unten der teilnahmslose Beton der Straße.

Sein Aufprall in den offenen Container des LKW hat es dann leider doch nicht in den fertigen Film geschafft. Das Projekt hieß „Körner und Köter", und er war Stuntman. Ich Betreuer eines 10 Jahre alten Mädchens, das ich immer mit „Das ist meine Tochter, obwohl ich nicht ihr Vater bin" vorstellte.

Als Frank mit dem Film-Shuttle wieder zurück auf die Brücke gekommen war, fragte er, ob wir es uns überlegt hätten mit dem Vorbeikommen. Fast so, als hätte er sich eben nur mal kurz gebückt, um seine Schuhe zuzubinden.

Wir verabredeten uns für denselben Tag. Ein Haufen skurriler Figuren prügelte sich auf der Brücke vor dem Potsdamer Hauptbahnhof. Ich war einer davon. Harald. Der Depp. Brillengläser wie Aschenbecher.

Rasend gern wäre ich ihr Filmvater gewesen. Herr Körner. Nicht nur der Hauptrolle wegen. Ich war Harald der Depp und fühlte mich auch so. Jeden Tag am Set. Harald der Depp oder Hendrik der Betreuer. Wo war der Unterschied? Wo war die Grenze zwischen Selbstaufopferung und Selbstverleugnung?

Am frühen Abend standen wir auf Franks Insel in der Havel und ich klebte an einer Kletterwand mit Überhang.

„Er schafft das."

„Jede Wette, dass nicht."

Er wettete gern. Meistens um einen guten Rotwein oder um die Innenreinigung seines Pickups. Da ich in seinem Auto mitgefahren war, gab ich meiner Frau den Tipp, sich für den Rotwein zu entscheiden. Nur für den Fall, dass sie verlieren würde, was ich, mit großer

Hoffnung und angestacheltem Ehrgeiz, mir zu verhindern vornahm. Überhaupt eine Spezialität von ihm, den „Stachel löcken." Einer seiner Lieblingssprüche war: „Was mich am meisten aufregt, ist, wenn einer noch mehr angibt als ich."

Ich hatte gar nicht angegeben, war mir dessen zumindest nicht bewusst (ein fortdauerndes Thema meines Lebens). Meine Frau war es, die mich zum Reinhold Messner machte. Bis zu diesem Tag im August des Jahres 2001 bin ich noch nie an Klettergriffen eine Hauswand, geschweige denn im Elbsandsteingebirge Felsen hochgeklettert. Aber zehn Meter und ein bisschen Überhang, dazu durch ein Seil abgesichert, welches am Dachfirst an einem Flaschenzug befestigt war, mal eben sportlich hochzuhangeln, dürfte nicht wirklich ein Problem sein. Dachte ich.

1975

Ich war acht. Die Wohnungstür schlug zu. Der Schlüssel drin. Ich draußen. Meine Klavierübungsstunde hatte ich unterbrochen, weil der Nachbarsjunge Treppengeländer rutschen und andere wichtigere Kinderbeschäftigungen in Aussicht stellte als Tonleitern und den „Fröhlichen Landmann" zu üben. Ein wenig panisch, aber lösungsorientiert, gemäß meiner väterlichen Erziehung, suchte ich nach Alternativen, um zurück an mein Klavier zu gelangen. Der „Wilde Reiter" musste fünf Mal hintereinander fehlerfrei mit Metronom zur Nachkontrolle durch meine Eltern gespielt und auf den Kassettenrekorder aufgenommen werden. Eine clevere Ausrede für mein Dilemma hatte ich nicht zur Hand. Die einzige Alternative war, auf wundersame Weise durch das geöffnete Schlafzimmerfenster meiner Eltern wieder in die Wohnung zu gelangen, welches zwar die Schuld am Zuschlagen der Wohnungstür trug, nun aber Teil der Lösung werden sollte. Das Problem: Wir wohnten über dem Hochparterre im ersten Stock.

Aus dem Problem wurde eine Herausforderung. Wir lebten in einer ehemaligen Mietskaserne aus den 1920er-Jahren. Der rettende Fenstersims lag etwa auf einer Höhe von sieben Metern. Meine Körpergröße betrug etwas mehr als 1,25 Meter. Also sechsmal ich selber. Früher Nachmittag. Sonne. Kein Mensch weit und breit. Meine Situation war durch ein Kinder-Warn-Gedicht bereits vor 150 Jahren von Friedrich Wilhelm Güll festgeschrieben worden.

Ein Büblein steht am Weiher.
Gefroren hat es heuer
noch gar kein festes Eis.
Das Büblein steht am Weiher
und spricht zu sich ganz leis:
"Ich will es einmal wagen,
das Eis, es muß doch tragen. Wer weiß!"
Das Büblein stapft und hacket
mit seinem Stiefelein.

Das Eis auf einmal knacket,
und krach! schon bricht's hinein.
Das Büblein platscht und krabbelt,
als wie ein Krebs und zappelt
mit Arm und Bein.

Das Büblein wurde letztlich gerettet. Aber soweit wollte ich es nicht kommen lassen. Ich studierte die Fassade. Mein Aufstieg begann. Instinktiv schmiegte ich mich an die Sandsteinplatten der rissigen Fassade und krallte meine Finger in jede verfügbare Vertiefung. Nach der Hälfte brannten mir die Unterarme und ich klebte förmlich an der Wand.

Ein Sturz aus einer Dreimal-Ich-Höhe wäre in jeder Hinsicht eine Katastrophe gewesen. Würde ich mir nicht das Genick brechen, müsste ich die zerrissene Hose und die Blessuren am Körper erklären, ganz zu schweigen von den fünf fehlenden „Wilden Reitern". Also weiter.

Der schwierigste Abschnitt: Aus der Sicherheit der Fassade mit ihren griffähnlichen Rillen musste ich den Absprung auf den Sims des scheunengroßen Tores schaffen. Breit genug für Schuhgröße 32. Nur die Arme waren zu kurz. Für einen Moment müsste ich den sicheren Halt von vier auf zwei Gliedmaßen reduzieren. Linke Hand und linker Fuß müssten synchron den rettenden Stein über dem Tor und unter dem Fenster erreichen.

Es gelang. Wie ein Andreaskreuz vor Bahnschienen hing ich so platt ans Haus gedrückt. Das war geschafft. *Aber wie kriege ich jetzt die andere Hälfte meines Körpers hinüber, zur nächsten und letzten Etappe meines Aufstiegs?* Aus dem Brennen wurde ein Krampf. Selbst wenn ich eine Lösung gefunden hätte, ich hätte mich nicht bewegen können.

2001

Genau an dieser Stelle hing ich auch 25 Jahre später fest. Der einzige Unterschied: Diese Wand hatte verschiedenfarbige Griffe.

„Du nimmst die rote Route", wurde mir freundlich grinsend erklärt.

„Ich darf nur die roten Griffe benutzen?"

„Blitzmerker."

Ein schwarzer Griff hätte mir hier, kurz unter dem Überhang baumelnd, den weiteren Aufstieg ermöglicht, aber der war nun mal schwarz. Nicht rot. Der Krampf führte zu einem Zittern im ganzen Körper und ich fiel. Keinen Meter, und ich hing im Seil. In einem sicheren Netz aus Klettergurt, Seilen und Karabinern.

Damals an der Fassade gab es weder Seil noch Netz. Es ging auch nicht um eine Flasche Rotwein. Es ging darum, meinen Fehler wiedergutzumachen. Es ging um den „Wilden Reiter“. Es ging vor allem aber um meine körperliche Unversehrtheit. Sechs Meter über den Steinplatten des Gehweges.

Das Zittern meines Körpers wirkte wie ein elektrischer Schlag. Ich riss die Finger meiner rechten Hand aus der Fuge des Mauerwerks und krallte sie am Gelenk der linken Hand fest. Jetzt war ich ein verbogenes Ypsilon. Aber gleichzeitig in einer besseren Position. Beim Studieren der Hauswand hatte ich den eisernen Haken der alten Straßenlaterne bemerkt. Diesen ertastete ich mit dem rechten Fuß und drückte mich ab. Was danach noch auf mich wartete, war ein Kinderspiel und das Büblein konnte mich mal kreuzweise. Ich war oben und schob mich über den Fenstersims, das hölzerne Fensterbrett und den gusseisernen Heizkörper im Inneren des elterlichen Schlafzimmers hinein in die Geborgenheit.

Das Frohlocken, als ich die Wohnungstür öffnete und der Junge von nebenan mit offenem Mund von meiner Heldentat hörte, war unvergleichlich. Seine Bitte, es ihm noch einmal zu zeigen, lehnte ich ab. Nicht nur das Klavier wartete, ich war heute Abwaschdienst und mein Zimmer räumte sich nicht von alleine auf.

Als ich am Abend voller Stolz meinen Eltern über meinen Aufstieg an der Hauswand berichtete, erntete ich keinen Beifall. Eine solche Ansage hatte ich bis dahin noch nie bekommen. Erst von Muttern und nach der Rückkehr meines Vaters auch von ihm. Ich hatte einfach das Gedicht vom alten Wilhelm Güll nie bis zu Ende gelesen.

Wär nicht ein Mann gekommen,
Der sich ein Herz genommen,

O weh!

Der packt es bei dem Schopfe und zieht es dann heraus:
Vom Fuße bis zum Kopfe wie eine Wassermaus.
Das Büblein hat getropfet,
Der Vater hat's geklopfet

Zu Haus.

Mama und Papa waren außer sich. Da es nicht zu den Erziehungsmethoden meiner Eltern gehörte, ihre Kinder zu schlagen, konnte ich auf Durchzug schalten und im Inneren ungestört mein Unverständnis ob ihrer Reaktion vertiefen. Meine Strafe bestand dann darin, den „Wilden Reiter" und „Den fröhlichen Landmann" in Gegenwart meiner Eltern 10-mal fehlerfrei zu spielen. Dass sie sich diese Qual auch noch angetan hatten, dafür zolle ich ihnen heute noch Respekt.

Respekt bekam ich auch von Frank.

„Mein Sohn hat den Überhang auch erst vor Kurzem geschafft."

Immerhin, ein Kompliment. Dachte ich. Dann kam sein Sohn. Bescheiden. Eher schüchtern. Aber vor allem erst sieben Jahre alt! Er schaute sich um. Ein fremder Mann hing an der Hauswand seines Elternhauses. Am provisorischen Kaffeetisch saßen seine Mutter, eine fremde Frau mit braunen langen Haare, ein aufgewecktes Mädchen, drei Jahre älter als er, hockte im Gras und kraulte Mephisto, den schwarzen Labrador. Sein Vater hielt das Sicherungsseil, an dem der Mann in waagerechter Position stöhnend baumelte.

„Hallo!“

Meine Stimme krächzte. Den Versuch, lässig zu winken, brach ich schon beim Gedanken daran ab. Als wäre das alles völlig normal, schnappte er sich ein Stück Streuselkuchen und fragte das fremde Mädchen, ob sie mit ihm angeln wolle. Die beiden Frauen entschieden, dass es Zeit wäre, einen kleinen Rundgang zu machen, selbst Mephisto hatte kein Interesse mehr an der Hängepartie und verzog sich hinters Haus.

„Was ist das eigentlich immer für eine komische Formulierung?“, wollte Frank wissen.

„Welche meinst du jetzt genau?“, krächzte ich, freischwebend, auf Höhe des Ringankers des alten Hauses.

„Meine Tochter, aber ich bin nicht der Vater.“

„Kannst du mich vielleicht erst einmal abseilen?“

„Du musst noch ein bisschen entspannen.“

Ich richtete mich auf und versuchte einen der Griffe an der Hauswand zu erwischen. „Kann ich das noch mal probieren?“

„Du musst noch ein bisschen entspannen. Oder hab ich das schon gesagt?“

Ich fluchte. „Klugscheißer!“

Er machte das Seil am Bodenanker fest, goss sich einen Kaffee aus der Thermoskanne ein und schaute zu mir nach oben.

„Meinetwegen. Du musst schaukeln. Wenn du wieder an der Wand bist, dann arbeite mit den Beinen und zieh nicht ständig über die Arme die ganzen achtzig Kilo hoch.“

„Welche Beine?“ Ich hatte nicht den Eindruck, dass unterhalb meiner Hüfte überhaupt noch etwas war, das auf meine Anweisungen reagieren könnte.

„Du lebst jetzt wie lange mit den beiden zusammen?“

„Sieben Jahre.“

„Aha." Er trank einen Schluck und setzte sich auf einen Baumstumpf. „Bringst du sie in die Schule?"

„Ja."

„Liest du ihr Gute-Nacht-Geschichten vor?"

„Nein. Ich erfinde immer Geschichten. Sie nennt fünf Begriffe, also Prinzessin, Traktor, Gabel, Mond, Felix, zum Beispiel, und daraus mache ich dann immer eine."

„Hast du ihr Töpfchen weggeräumt, auch wenn es randvoll war? Das Erbrochene auf deiner Schulter hingenommen, wenn sie mit Magen-Darm auf deinem Arm hing? Ihre Schürfwunden vom Fahrradfahren desinfiziert und dabei den Clown gemacht, um sie abzulenken?

„Ja, na klar. Wir sind ja eine Familie. "

„Dann bist du ihr Vater."

„Sie nennt mich Atze und das ist auch richtig so."

Etwas verbissen versuchte ich erneut, einen der roten Griffe zu erwischen. Dieses Frage-Antwort-Spiel half nicht beim Entspannen. Beim zweiten Anlauf hatte ich einen, der sah aus wie ein angebissener Apfel, warum ich dabei an Schneewittchen dachte, lag auf der Hand, aber ich wollte ja nicht reinbeißen. Ich klinkte mich aus der Sicherung. Der Überhang musste warten, für mich ging es abwärts, ungeachtet, mit welcher Farbe die Griffe angemalt waren.

„Das ist nicht so einfach", keuchte ich in den Putz der Wand.

„Doch, ist es. Du machst es nur kompliziert."

Meine Antwort verschluckte ich, da der Apfel wohl doch von der bösen Stiefmutter war. Oder meine Finger ganz einfach den Dienst versagten.

„Scheiße."

Zwar erwischte ich noch einen Bananengriff, gelb, aber der Sturz war unvermeidlich. Knapp fünf Meter. Der erwartete Aufprall aber war … unerwartet. Ich kullerte sanft mit einer Judorolle über den

Rasen. Frank musste mich irgendwie weggefangen, die vertikale Masse x Beschleunigungsenergie umgeleitet haben.

„Immerhin, Fallschule scheinst du ja zu beherrschen."

„Danke. Aber an deinen Komplimenten könntest du noch ein bisschen arbeiten."

Wir entknoteten uns und blieben nebeneinander sitzen.

Das Fundament einer Freundschaft. Im Seil hängend spürte ich das erste Mal, dass ich mich zu hundert Prozent auf jemanden verlassen konnte. Gleichzeitig wurde mir bewusst, dass ich die Anzahl meiner wirklichen Freunde an einer Hand abzählen konnte. Mit 33 Jahren einen neuen Freund zu gewinnen, ist eher selten. Ein Nugget. Seine Abfangtechnik, die meinen Sturz in einem Purzelbaum enden ließ, war mehr wert als ein Handschlag, der eine Partnerschaft besiegelt.

„Ich wäre gern voll und ganz der Vater dieses wundervollen kleinen Menschen. Bin ich aber de facto nicht. Sie hat einen Vater und das ist in jedem Menschen tief verwurzelt. Den kann, den darf man nicht ersetzen. Man kann dazugehören. Man kann eine Lücke füllen. Man kann auch versuchen zu verhindern, dass man voller Liebe für das fremde Kind ist, um sich zu schützen, was bei diesem einmaligen Wesen eher unmöglich ist, selbst wenn man es wirklich wollte. Man kann auch einfach akzeptieren, dass man der Atze ist. Punkt. Ich hab damit kein Problem."

Mein Mantra. Und ich wusste, dass das tatsächlich stimmte.

„Du würdest alles für sie tun?"

„Zumindest weiß ich nicht, wozu ich imstande sein würde, wenn irgendwer ihr etwas antun sollte. Meine gute Kinderstube ist das Geringste, was ich dann vergessen würde."

„Warum habt ihr keine gemeinsamen Kinder?"

„Das würde nichts ändern. Außerdem, ganz schlechtes Thema."

„Willst du noch mal?"

„So lange, bis ich an deinem blöden Flaschenzug da oben Klimmzüge mache."

Ich klickte mich wieder in das Seil. Erneut hing ich an den Klettergriffen. Erneut war da der Überhang. Erneut fiel ich ins Seil.

„Noch mal!"

Klettergriffe. Überhang. Seil.

„Noch mal!!"

Klettergriffe. Überhang. Seil.

„Noch mal!!!"

Was bin ich? Was will ich? Wer bin ich wirklich?

Keine Therapiesitzung hatte es geschafft, dass mein Körper schmerzte, ich, bis auf die Knochen bloßgelegt, dem Wesentlichen gar nicht mehr ausweichen konnte. Die brennenden Muskeln meiner Unterarme, die zitternden Waden, die bis zum Reißen gespannten Sehnen zerrten an meinem Skelett. Der im Knochenmark eingelagerte Schmerz hatte freie Bahn und raste in mein Gehirn. Und das alles auch noch ohne Honorar.

Überhang. Seil.

„Du bist zu verbissen, zu ehrgeizig."

„Das ist mein verdammter Schutz!"

Er wollte mich runterlassen. Ich krächzte ihn an. „Lass mich hängen."

Was bin ich?

Ich war der begleitende Nicht-Vater meiner Nicht-Tochter, nunmehr in ihrem dritten großen Projekt. Sie hatte bereits einen Kinofilm gedreht, war niedlich, begabt und vor allem interessiert.

2000

„Atze, ich will das so machen wie du."

„Bist du dir sicher?“

„Ja.“

„Wenn du einmal so anfängst, dann gibt es keinen Weg mehr zurück.“

Die Tragweite dessen wird sie nicht verstanden haben. Aber die Ernsthaftigkeit in meiner Stimme hatte sie erreicht, dennoch zögerte sie keinen Moment. „Ja. Ich will das.“

Sie knallte mir das Drehbuch auf den Tisch. Das Drehbuch ihres ersten Kinofilms.

Dieser Dreikäsehoch hatte einen Charakter. Wusste bereits mit neun Jahren zu unterscheiden, was ihr wirklich wichtig war und was nicht. Waren die Barbie-Puppen verschwunden, kein Problem, aber wenn es zu ihrem Geburtstag keine Atze-Highlights gegeben hätte, das Aussenden der Höllenhunde wäre meine Strafe gewesen. Ich baute Geburtstagspapphäuser mit Beleuchtung und Inneneinrichtung, Labyrinthe mit absurden Wegweisern zum Geschenketisch ...

Sie wollte es. In wenigen Wochen begriff sie, was eine

Situation, ein Vorgang, der Unterschied zwischen einem szenischen und einem Figuren-Drehpunkt ist, was einen Spannungsbogen zu halten bedeutet. Sie behielt dabei ihre kindliche Naivität. Am schwierigsten war es, ihr zu erklären, wie und warum man den vorgegebenen Text „gegen den Strich“ kämmen sollte. Eine besondere Figur, einen authentischen Menschen zu erschaffen, ist eine Kunst, die nicht über den Text, sondern über den Gestus zum Leben erweckt wird.

Unser Hund musste herhalten.

„Warum soll ich Ben bürsten?“

„Tu's einfach.“

Sie bürstete ihn glatt. Er machte sich lang. Schloss die Augen.

„Was siehst du?“

„Glattes, glänzendes Fell.“

„Gefällt dir das?“

„Ja.“

„Was siehst du noch?“

„Das Fell glänzt. Es ist glatt.“

„Das war's?“

„Naja, ja. Ihm scheint das zu gefallen. Er pennt. Mehr ist nicht.“

„Jetzt bürste das Fell gegen den Strich.“

„Warum?“

„Tu's einfach.“

Sie bürstete sein Fell gegen die Wuchsrichtung. Ben wurde unruhig. Hob den Kopf.

„Was siehst du jetzt?“

„Was unter dem Fell ist.“

„Was ist denn da so?“

„Haut. Das, wo die Haare rauskommen. Kleinere Haare. Hier ist was Komisches. So ein Gnubbel. Was ist denn das?“

„Eine Narbe. Da hat ihn ein anderer Hund gebissen. Was noch?“

„Hier sind überall Krümel drin, dunkle Flecken, Erde, ein paar Grashalme und das Fell ist da verklebt.“

Ben wurde es zu viel. Er leckte über die freigelegte Stelle und trottete davon. Jeder entzieht sich erst mal, wenn es ans Eingemachte geht. Das ist bei Tieren nicht anders als beim Menschen.

„Warst du beim Arzt mit ihm? Wegen dem Biss? Warum ist der so dreckig? Wir müssen den mal duschen und vor allem streicheln und liebhaben.“

Fragen, Erkenntnisse, Schlussfolgerungen. Auf irgendeine Art erklärte ich ihr, dass das mit dem Mädchen, das sie spielen sollte, genauso ist. Unter den Klamotten, hinter der Stirn und in dem kleinen klopfenden Herzen liegt das, was dieses Kind von ihr unterscheidet und einzigartig macht. Das soll der Zuschauer sehen oder spüren können. Und das geht eben nur, wenn man den Text gegen den Strich bürstet. Dann kommt das Mädchen zum Vorschein.

„Einen Text einfach nur so zu reden, wie er dasteht, erzählt nur das, was der Text schon sagt. In jeden Satz gehören die Narben, die Grashalme, die Krümel hinein."

„Hat das Mädchen etwa Narben?"

„Lies doch mal den Text."

„Da steht nur *Mamazwilling*."

„Den ganzen Text. Nicht nur das, was du sagen wirst."

Auch so eine Eigenart von vielen Kollegen, ausschließlich ihren Text zu lesen und zu lernen. Das wollte ich von Beginn an verhindern.

„Ja doch. *Mutter und Tochter stehen vor dem Spiegel. Sie hält ihre Tochter, Siri, vor sich, eng umschlungen. Zeigt erst auf ihr Gesicht und dann auf Siris. ‚Du bist mein Leben. Du bist genau wie ich.*' So. Das ist doch schön."

„Kann sein. Sie hat sich selber klonen lassen."

„Was ist clownen?"

„Das Mädchen hat keinen Vater. Sie ist nicht gezeugt worden, sondern im Reagenzglas entstanden."

„Das ist komisch. In einem Glas? Wie kommt man denn da raus? Ist man da dann auch ein Mensch? Aber dann hat sie ja wirklich keinen Vater? Das ist doch traurig."

„Das sind die Fragen, die sich der Zuschauer stellen soll. Deswegen, setz doch einfach mal hinter *Mamazwilling* ein Fragezeichen."

„Mamazwilling?"

„Und bevor du lächelst, warte, bis deine Mama lächelt."

„Aber dann finde ich das doch gar nicht mehr schön?"

„Doch, aber vor allem, weil deine Mutter das so findet."

„Mamazwilling?"

„Jetzt hast du den Text gegen den Strich gebürstet, und der Zuschauer kann in dich hineinsehen. Er sieht ein kleines Mädchen, das aus dem verständlichen Egoismus der Mutter entstanden ist, aber dennoch das Recht hat, ein eigenes Leben zu leben."

Sie nahm, was sie verstand und was ihr gefiel. War ich zu ausführlich oder oberlehrerhaft, schaltete sie einfach ab.

Ich selbst bekam in dem starbesetzten Projekt drei Sätze als Rettungssanitäter. Zwei davon fielen den Kürzungen zum Opfer. Außerdem scheiterte ich an diesem besseren Komparsen-Auftritt gewaltig. Ich war zu verbissen. Ich glaubte immer nur Felsbrocken bewegen zu müssen, während ich meiner kleinen Nicht-Tochter das Werkzeug zum Zerlegen des Felsgesteins in die Hand gab.

Zwei Jahr zuvor hatte ich ein unglaublich reizvolles Projekt an der Angel. Das sollte unbedingt klappen. Ich war seit zwei Jahren freischaffend, also vor allem arbeitslos. „Ein Vater zu Weihnachten". Allein der Titel machte mir deutlich, dass ich für diese Rolle wie geschaffen war.

Die Idee meines Agenten, „Nimm doch mal deine Tochter mit, für die Rolle des Kindes", stellte sich als Bingo heraus. Sie faszinierte alle Anwesenden und Entscheidungsträger. Wir hatten leichtes Spiel. Wir waren ja quasi Vater und Tochter. Auf der Rückreise malte ich mir aus, wie das werden würde. Wir zwei, eine gemeinsame Sache, das könnte uns keiner mehr nehmen. Zumindest begleitete ich sie die vier Wochen für den Dreh in München und Tirol. Beim Casting war ich locker, keinesfalls verbissen, und dennoch bekam ich einen nassen Lappen ins Gesicht.

Sie spielte Taffy und ich ihren Coach und Betreuer. Ein bekannter, berühmter Kollege wurde mit der Rolle des Vaters besetzt und ich sah zu. Ich sollte doch mal darüber nachdenken, Kindercoach zu werden.

Das war als Kompliment gedacht, was man mir von mehreren Seiten entgegenbrachte.

In ihrem dritten Projekt, die Reihe „Körner und Köter", stellte mir der Produzent eine Rolle in Aussicht. Harald, der mordlüsterne Vollpfosten. Die gewünschte Optik der Rolle beschrieb mein Empfinden. Eine Brille mit fünfzehn Dioptrien, zu kurze Hosen und vom Hund in die Flucht gebissen. Der Typ am Ende der Nahrungskette.

Selbstmitleid war nie eine Option. Zu der Zeit aber war es der Non-plus-ultra-Schutz vor meiner inneren Zerrissenheit.

„Bist du neidisch auf sie?"

Der Satz saß wie ein Faustschlag. Ich hätte gern Nein gesagt.

„Ich denke schon. Und ja, ich weiß selber, dass das erbärmlich ist."

„Nee."

„Nee?"

„Nee. Es ist bescheuert, aber normal." Frank grinste mich an. „Wir haben deinen Film gesehen, den mit der Kirchberger."

„Du meinst *Lenya – die größte Kriegerin aller Zeiten*?"

„Wenn der so heißt. Was ich sagen will: Ich war eifersüchtig."

„Wegen der Kirchberger?"

„Nee, wegen meiner Frau."

Ich verstand nichts.

„Die hat mir die ganze Nacht in den Ohren gelegen, was das für ein toller Typ ist. Nicht nur wegen den Schwertkämpfen und den Oberarmen. Die fand das Hammer, wie du abgenippelt bist. Die hat dabei geheult."

Ich erinnerte mich an die Szene auf dem Feld, wie Gero, nach dem Kampf gegen die magische Kundri, schwer verletzt vom Pferd fiel. Er hatte seine Mission erfüllt, übergab sterbend der Heldin den heiligen Stein und trat seinen Weg nach Walhall an.

„Das bist du. Du machst aus so einem langweiligen Helden einen Menschen, wegen dem meine Frau heult und ich eifersüchtig werde."

„Warst du neidisch?"

„Ja, und ich hasse es, wenn einer mehr angibt als ich."

„Meine Posing-Zeit ist vorbei."

„Jungs machen auf dicke Eier. Mädels auf schicke Optik. Was ist daran schlimm? Schlimm ist nur, wenn du es am Ende nicht bringst."

„Große Fresse, aber kleine Eier?"

„Ja. Wie sieht's bei dir aus?"

„Weder noch."

„Beim Job kann ich dir aushelfen. Ich brauch immer gute Stuntleute. Kriegst am Set nur keine Zuckerwatte in den Arsch und keinen roten Teppich."

„Als ob ich das bisher gehabt hätte. Oder überhaupt gewollt hätte."

Frank hatte einen Plan. Er hatte immer sehr schnell einen Plan.

Euphorie ist ein zu kleines Wort. Als ich über die Abrisskante des Steinbruchs schaute, hatte ich endlich den Fenstersims aus meiner Kinderzeit wieder erreicht. Ich war oben. Sein Plan schien aufzugehen.

Frank grinste. „Da bist du ja. Endlich. Ich hab überlegt, ob ich in der Zeit einen Kirschkuchen backe."

An die Qualität seiner Komplimente hatte ich mich gewöhnt. Ich klickte mich aus der Sicherung. „Gib nicht so an. Du kannst weder backen noch kochen."

Der Steinbruch Löbejün war unser Trainingslager. Die Wände hatten keine Klettergriffe. Es gab Risse, Vorsprünge, Absätze. Ein Paradies. Selber entscheiden, welche Route man nimmt. Freiheit.

Wir trafen uns regelmäßig auf dem alten Mercedes-Testgelände im Fläming. Ich lernte schleudernd einzuparken, 180er-Drehungen aus der Vorwärts- und aus der Rückwärtsbewegung, Frontalfahrten auf ein entgegenkommendes Fahrzeug bis zum letzten Moment ausreizen, um dann zeitgleich im 90-Grad-Winkel abzubiegen und nach wenigen Metern Parallelfahrt auf Linie mit dem Partner den eigenen Wagen zum Stehen zu bringen. Seilkunde, Knotenlehre, erweiterte Fallschule. Ein hartes, umfangreiches Programm. Unfälle und Verletzungen vermeiden, vorausschauen, alle Optionen bedenken, vorbereitet sein.

Der erste Sprung in die Kartons hat keine Höhe von fünfzehn Metern. Man fängt klein an und steigert sich. Bevor du den ersten Tauchgang machst, büffelst du Chemie, Physik, Mathematik, Biologie und trainierst im Flachwasser. Jede erdenkliche Notsituation wird simuliert. Bevor man wirklich tauchen geht, ist man bereits fünfzigmal ertrunken. Die Angst weicht dem Respekt und den automatisierten Handgriffen. Eine gesunde Professionalität im Umgang mit dem Unerwarteten. Verletzungen wurden sofort behandelt und analysiert. Die kleinen Narben blieben kleine Narben. Man konzentrierte sich auf den Heilungsprozess. Der eigene Rucksack füllt sich mit Erfahrungen. Leicht und jederzeit abrufbar.

„So müsste das im Leben sein. Bevor man darauf losgelassen wird, trainiert man das Leben zu leben."

Frank warf den Spanngurt über die Motorhaube und sah mich fragend an.

„Nur so ein Gedanke. Man kommt nicht jungfräulich auf die Welt."

„Wir schon mal gar nicht", grinste er.

„Man kriegt bereits die volle Breitseite, unvorbereitet."

„Ist nun mal so. Willst drüber lamentieren?"

„Schon vergessen? Ich bin Schauspieler."

„Und die lamentieren?"

„Auch. Für mich ist Schauspieler sein: dass ich erkenne, was die Welt im Innersten zusammenhält."

„Und was machst du dann damit? Mach mal drüben fest."

Ich schnappte mir den Haken vom Gurt und klemmte ihn in die Haltestange des Autotrailers. „Das Erkennen der Welt ist das Kramen im Rucksack unseres Lebens. Jeder schleppt seinen eigenen mit sich rum. Das ist die Basis meiner Arbeit."

„Bring einfach alles in den Kreislauf und vergiss den Rucksack." Das war sein Thema. Alles im Kreislauf halten und die Welt wird wieder rund.

„Nur wird der nie rund, dein Kreislauf, wenn du immer wieder an die gleichen Grenzen rammelst, weil es oft genug nicht deine Entscheidungen sind, die du triffst. Dein Rucksack gibt dir die Richtung vor. Wir schlafen sämtlich auf Vulkanen."

„Ein Mann, der Großes will bewirken, muss auf das beste Werkzeug achten. – Ich kann auch Goethe."

Er prüfte die Gurte. Es machte pling. Alles fest. „Ja, nur falsch. Es heißt: Ein Mann, der recht zu wirken denkt, muss auf das beste Werkzeug halten. – Du machst dir jeden Spruch zurecht, wie er dir in den Kram passt."

„Krümelkacker."

„Es ist ein gewaltiger Unterschied, ob man Großes bewirken will oder in der Kontinuität versucht, das Beste zu tun. Und Kontinuität kommt aus dem Verlauf deiner gesamten Biografie. Eltern. Großeltern inbegriffen."

„Am Ende geht es ums Werkzeug. Mit 'ner stumpfen Kette sägst du kein Holz, du verbrennst es und machst die Kettensäge kaputt."

„Kräht der Hahn auf dem Mist, ändert sich das Wetter oder es bleibt wie es ist. – Frank! Man kann nicht immer alles gleich lösen. Manche Dinge brauchen Zeit."

Frank stieg ein. Ich rüttelte an der Beifahrertür. Er grinste mich durch die geschlossene Scheibe an. „Dann kannst du jetzt mal schön zurück joggen. Kondition braucht nämlich auch Zeit."

Damit fuhr er los. Der Pickup verschwand hinter der langgezogenen Anhöhe. Der Trailer winkte mir träge schaukelnd zu.

Fünfundzwanzig Kilometer.

Challenge accepted.

Die asphaltierte Teststrecke wand sich durch die Landschaft. Die Jahre hatten an ihr genagt wie Biber an Uferbäumen. Ich trabte durch Heidekraut, Sanddorn, Birken, junge Kiefern, Flieder, Weiden, Pappeln. Hier und da ein Ahorn oder eine Stieleiche. Mäuse, Hamster, Maulwürfe durchpflügten die Erde. Samen konnten sich einnisten. Die unterirdischen Labyrinthe stauten das Wasser, wenn die Sonne sengend die Oberfläche ausdörrte. Raubvögel dezimierten die Population der Wühler. Die jungen Pflänzchen schoben sich aus der harten Kruste. Wind, Bienen, Schmetterlinge, Libellen versorgten die Stempel der verwurzelten weiblichen Pflanzen mit den Samen der unbeweglichen männlichen Artgenossen. Hasen, Rehe, Marder düngten und fraßen den Überfluss weg. Füchse, die Bodyguards der jungen Pflanzen, jagten sie und verhinderten den Kahlfraß. Wildschweine hatten den Wald im Gepäck und schoben ihn immer weiter in die von Menschenhand geschaffene Brache hinein. Der Kreislauf schloss sich. Das Urbane wurde integriert. Die Natur eroberte ihr Terrain zurück.

Anders als der Mensch, dachte ich. Wir schließen aus. Die Natur schließt ein. Wir reden nur vom Miteinander, die Natur praktiziert es.

Wann bin ich das letzte Mal fünfundzwanzig Kilometer gelaufen? Fünfundzwanzig. Klingt erst mal wenig. Nach zweitausend Metern sind es aber immer noch mehr als zwanzig. Wie viele Stadionrunden sind das eigentlich? Ich könnte Schritte zählen und hochrechnen.

Vier Jahre waren vergangen, seit ich an der Kletterwand in den Seilen gehangen hatte. Mein Blick hatte sich verändert. Das Männliche, das Archaische, etwas Ursprüngliches in mir war wieder wach. Alles Posieren, das ganze „So-tun-als-ob“, die Sucht nach Anerkennung, Bewunderung und Applaus, Grundlage und Nahrung der Schauspielerei, waren verschwunden. Weit und breit kein Publikum, keine Zuschauer, keine Frauen. Männlichkeit ist keine Sache der Wirkung. Archaik ist keine Sache des Geschlechtes, Ursprünglichkeit ist keine des Kompromisses.

Männlichkeit ist eine Sache des Handelns

Archaik eine Sache des instinktiven Handelns.

Ursprünglichkeit ist instinktives Handeln mit diskussionslosem Einsatz des eigenen Lebens.

~~Sollte. Hätte. Könnte. Würde.~~ **Machen!**

Bei diesem Gedanken musste ich lachen. Ich zog die klare Luft in die Lungen. „Für so etwas kriegst du einen Sexismusstempel.“

Ich erreichte die Landstraße in Richtung Trebbin und bog ab auf unbekannte Waldwege, auf die Gefahr hin, mich zu verlaufen. *Immer südwestlich, kann ja nicht so schwer sein.* Der Waldboden federte meine achtzig Kilo ab, meine Gedanken gingen in die Pilze.

„Das ist sowas von kontraproduktiv, du Hammel! Du stopfst dich voll mit Mut und Zukunftsplänen. Baust an einem gemeinsamen Haus für die Familie. Kannst Dächer decken, Zisternen setzen, Holzvergaserkessel betreiben, Rohre verlegen, Biomeiler- und Biokläranlagen bauen. Das Aus- und Aufforsten des Waldes hast du begriffen. Was hilft dir das in deinem Job? Die Branche zu verstehen?“

Den Bäumen war mein keuchender Monolog egal. Wenn du dich übergeben musst und kein Klo dabeihast, dann tut es auch mal ein

Papierkorb oder eben der Wald. Der Grund deiner Übelkeit spielt dabei keine Rolle. Völlerei? Migräne? Sauferei? Wer diesen Vorgang richtig begreift, wird Veganer und schwört dem Alkohol ab. Dann bleibst du zwar Alkoholiker, aber ein trockener. Das Zuviel hat dir den Genuss geraubt.

Ich hatte mich an meiner Branche besoffen, war mit Migräne aufgewacht und litt seitdem an einer Branchenvergiftung. Ich hatte die Droge Schauspiel mit beiden Händen in mich hineingestopft. Die Hinweise über Risiken und Nebenwirkungen beim Entzug ignoriert. Selbstmitleid und jammervolles Wehklagen. Dass ein gegebenes Wort kaum einen Wert besitzt. Dass euphorische Begeisterung und Schulterklopfen keine Komplimente sind, sondern freundliches Hinauskomplimentieren. Dass Zufall, Herkunft und Networking wesentliche, Talent, Hingabe, Aufopferung nur marginale Kriterien bei der Besetzung einer Rolle zu sein scheinen. Dass Bekanntheit Fähigkeit aussticht ... Dieses mein Selbstmitleid war mit jammervollem Wehklagen in den Steinbrüchen von Löbejün aus der Sicherung gerutscht und abgestürzt. Franks Plan war aufgegangen. Aber mit dem Selbstmitleid hatte sich auch mein Selbstschutz verabschiedet. Ich stand nackt und bloß der Branche gegenüber. Wollte aber immer noch die Welt verbessern. Ich war ein Schauspielholiker. Aber selbst wenn ich wie Dietrich von Bern enden sollte, meine Grundsätze standen nicht zur Disposition.

Die Filmbranche suchte nach dem weichen, dem androgynen Typ unter den Schauspielern. Dem Antihelden ohne besondere Merkmale. „Der deutsche Keanu Reeves hat Konjunktur und was machst du? Du marschierst auf geradem Wege zum ‚Last man standing'."

„Zu kantig."

„Etwas weniger männlich wäre besser."

„Charakter ist gut, aber für die Rolle zu konkret."

„Vielfältigkeit ist ja eine Stärke von Ihnen. Der Zuschauer braucht aber mehr Projektionsfläche."

Das waren die Kurzfassungen der Absagen. Ich war immer zehn Jahre zu früh oder zehn zu spät.

„Zum Abendessen kommst du auf jeden Fall zu spät. Wo ist jetzt Südwesten, du Pfeife?"

Ich machte eine Pause. Vielleicht war ich zehn, vielleicht aber auch nur fünf Kilometer gelaufen. Vielleicht aber auch fünfzehn und dafür immer im Kreis. Ich tastete mehrere Bäume ab, um die Wetterseite zu finden. Moosig-grün bedeutet Westen. Neigungswinkel der Baumkronen entweder Süden oder Osten.

Anfang der 90er suchte man noch Männer und Helden. Da war ich 25 und für die meisten Rollen zu jung. „Manta, Manta", „Der bewegte Mann", Til Schweiger. „Stalingrad", Thomas Kretschmann „Die Sieger", Knaup, Jaenicke.

Anfang der 2000er war ich alt genug, aber die Zeit der Männer endgültig vorbei. „Goodbye Lenin", Daniel Brühl. Ein in Spanien geborener Kölner spielte die Rolle meines realen Lebens. Ich war zu markant und zu alt. Ossis waren unentschlossene Opfer der Umstände. Ich war das Gegenteil der allgemeinen Sichtweise auf meine Generation. Ich war ein lebender Anachronismus. Mich gab es nicht in der Vorstellung der Caster und Produzenten. Die Generation Wende sieht anders aus! Ist anders!

Verrückte Welt.

„Ich muss mein verdammtes Handwerkszeug in Schuss halten. *Ein Mann, der recht zu wirken denkt, muss auf das beste Werkzeug halten.* Das geht dem Tischler nicht anders."

Mit grün gefärbten Händen setzte ich mich wieder in Bewegung. Dumm nur, dass es genau in der Richtung zwischen Wetterseite und Neigung der Baumkronen keinen Weg gab. Dafür Wildschweinpfade.

Mit meinen 1,80 Meter hatte ich schlechte Karten. Warum haben die nur eine Schulterhöhe von 1,10?

Die letzte, die einzige Bastion, die noch Platz für so etwas wie mich hatte, war die Testosteron-Hochburg in Köln. „Action Concept". Hermann Joha engagierte mich, verblüffenderweise, wegen meiner Authentizität. Eben genau wegen der Wucht und spielerischen Variabilität. Meine physischen Voraussetzungen, meine Optik waren Nebensache. Vielleicht das + nach der Eins.

Das Interesse der restlichen Branche an meinen schauspielerischen Fähigkeiten war überschaubar. Das Spin-off von Cobra 11, unsere Performance wurde begeistert aufgenommen. Die neue Kombination aus Julia Stinshoff und Hendrik Duryn bekam eine eigene Werbekampagne. Mein erstes großes Foto-Shooting. Die Quoten sprachen dafür. Ansonsten wohl niemand.

RTL konnte sich nicht entscheiden, ob sie das nun eigentlichen wollen oder eher nicht. Ich fragte mich seit dieser Zeit immer wieder: „Wer ist eigentlich der Herr RTL?"

Ich hatte noch mindestens fünfzehn Kilometer Zeit, über den tieferen Sinn dieser Situation nachzudenken.

200 FILME UND DENNOCH KEIN PROMI

Interview, November 2020

Die Liste Ihrer Film- und TV-Auftritte ist lang. Nimmt man jeden Film einzeln, sind es über 200. Und Sie wundern sich immer noch, wenn man Sie als Promi bezeichnet. Ist das nicht Koketterie?

In dieser Zahl stecken 35 Folgen „Verbotene Liebe", 88 „Lehrer" Folgen und 10-mal „Alarm für Cobra 11 – Einsatz für Team 2". Das sind allein 133 Fünfundvierziger. Wenn man das auf Projekte reduziert, sind es gerade mal drei.

Dazu kommen Filme wie „Westflug", „Die Windscheidts", „Wir waren Könige", „Für Elise", vier Tatorte, fünf Kinofilme. Eine Vielzahl an sehr verschiedenen Rollen. Ich bleibe bei Koketterie.

Sie haben meine Pilcher-, Lindström-, Emilie-Richards-, Katie-Fjorde-, Lilly-Schönauer- und Traumschiff-Phase unterschlagen.

Mea culpa. Die Sonntagsfilme.

Vorher gab es nicht wirklich jemanden in der Filmbranche, trotz meiner Hauptrollen am Theater oder beim Tatort, der mir den Unterhaltungswert oder die Zugkraft für 90 Minuten Film zugetraut hätte.

Und dann kam Pilcher?

Und dann kam Ronald Mühlfellner und breitete über mir die Wolken und unter mir das Schloss Sommarholm aus. Mitten in Schweden.

Die Inga-Lindström-Reihe.

Meine Eintrittskarte in die Welt der Spielfilme.

Wenn es so schwer ist, in der Branche Fuß zu fassen, warum sind Sie nie nach Berlin gezogen?

Wir hatten eine Tochter, also das Kind meiner Partnerin. Vor dem Wechsel ins Gymnasium wäre der Umzug in eine andere Stadt unverantwortlich gewesen. Ein paar Jahre zuvor hatte ich ein Projekt abgesagt, was mich für Monate auf alle Kontinente verbannt hätte. Im Zentrum meiner Entscheidungen stand nicht nur meine Karriere. Ein junges Kind braucht verlässliche Kennziffern im Leben. Als der Wechsel anstand, hatte meine Frau den Job angeboten bekommen, für den sie geboren wurde. In dieser Konstellation darauf zu beharren, unbedingt nach Berlin ziehen zu wollen, weil das meine Chancen verbessert? Das ist was Grundsätzliches. War ich zu dieser Zeit nicht in der Lage, durchzusetzen. Außerdem, mein Talent für den roten Teppich war begrenzt.

Angst vor der eigenen Courage?

Kann sich jeder seinen Reim darauf machen. Fakt ist: Es war gut so. Ich habe dadurch gelernt, wie man Häuser baut und mit dem Wald umgeht, einen Freund gewonnen und viel Zeit fürs Kind.

Wann war das?

2003 bis 2006.

Saure-Gurken-Zeit?

Für die Miete/den Kredit hat es gereicht und ich hab sehr viel Handwerkerkosten sparen können. Und ja, das Haus steht heute noch.

Und was ist mit dem Ego?

Ego hat man. Kommt nur drauf an, in welche Richtung man es lenkt.

Wie sind Sie an die Rolle, Sie haben es selbst mal gesagt, „Die Rolle meines Lebens", gekommen?

Bis jetzt war es die Rolle meines Lebens. Aber mein Leben ist noch lang.

EPISODE 8

Der Lehrer oder Ich habe mich hochgeschlafen

2006

Der Kaugummi klebte. Diesmal hatte ich das Verbots-Piktogramm genau erwischt. Direkt am unteren Ende der Zigarette. Der i-Punkt auf meiner Bewerbung. Casting on Location. Die Produktionsbüros der Sony Pictures Deutschland waren in der dritten Etage. Die große Empfangshalle im Erdgeschoss sollte der Eingangsbereich einer Gesamtschule sein. An einer Ecke klebte das Verbotspiktogramm für die Schüler. „Rauchen verboten!" Der Kaugummi auf dem Schild war die erste Pointe und die Rampe für die zweite Pointe der Szene. Der Lehrer Stefan Vollmer, sein Freund und Kollege Elmar Kreisel. Das Lead in für die neue Sitcom „Der Lehrer".

ICH WILL DIESE VERDAMMTE ROLLE!

Die Casting-Anfrage kam aus dem Nichts. Mein Agent war nicht begeistert. Eine Sitcom. *Kann man machen. Muss man aber nicht.* Neben mir gab es ein Dutzend anderer Kollegen, die mit einem ausgelutschten Kaugummi ihren Stempel setzten. Alles bekannte, große

Nasen. Meine Nase war um einiges kleiner. Ich hatte elf Folgen eines Action-Ablegers hinter mir. Insgesamt 45 Kino- und Fernsehauftritte auf dem Konto. Archaischer Anti-Held mit Bastardschwert und blutigem Ende. Sächsischer Callboy. Mordlüsterner Vollpfosten. Wolf im Schafspelz. Sexbesessener Nudist. Eiskalter Polizistenjäger. Suizidaler Rollstuhlfahrer. Aber meinen Namen konnte noch immer niemand aussprechen, respektive schreiben. Die Zahl meiner Rollen hielt sich die Waage mit der Anzahl an Absagen. Um die 50.

„Sie sind einfach zu vielfältig. Man weiß gar nicht, wie man Sie besetzen soll!" Nach dieser Absage erwog ich, fiktive Szenen im weißen Kittel zu drehen: *„Schaut mal her, i c h b i n A r z t!"*

Fantasie ist die Quelle meines Berufes. Die Aneignung fremder Charaktere die Mündung. Das Spiel ist der Fluss. Auf diesem Wasser vertreibt sich der Zuschauer lustvoll seine Zeit.

Das war mein Leitfaden. Geboren aus den Schriften eines Sophokles, untermauert vom „Leeren Raum" des Peter Brook, aufgebrochen vom sperrigen Bertolt Brecht.

Ich bin kein ARZT!

Ich bin Schauspieler, ihr Banausen!

Eine polnische Prostituierte verpasste mir eine Ohrfeige. In einem Whirlpool. Ich hatte sie weder berührt noch angemacht. Bezahlt wurde sie von der Filmfirma. Ich spielte einen polnischen Mann. Feierstimmung. Im Bordell.

Ich hatte über Wochen trainiert. Polnisch und Deutsch mit polnischem Akzent. Im letzten Take war ich mir unsicher. „Kto chce jeszcze jednego drinka?", war ein Zungenbrecher.

Nach dem „Cut" des Regisseurs fragte ich die blondierte junge Frau: „Gówno, warrr faaalsch, albo?"

Zack, hatte ich eine sitzen. Ihre kehlige Stimme fraß sich in mein Ohr: „Du bist Pole. Verarsch Großmutter!"

Die Watschen empfand ich hernach als Ritterschlag. Dass sie in mir ihren Landsmann sah, das war die Imagination und Überzeugungskraft des Schauspielers. Wenn Produzenten, Redakteure, Regisseure mich wegen meines polnischen Akzentes nun nicht mehr als Wehrmachtssoldaten an der Ostfront besetzen können, ist das autodetekcja.

Den stärksten Eindruck hinterließ die Absage: „Sie haben uns gut gefallen. Die Entscheidung war eng. Aber Ihre Augen sind zu klein."

Dieses Kriterium für eine Besetzung hatte mich auf der Schauspielschule niemand gelehrt. Da ging es um Wahrhaftigkeit, Authentizität, Humor, Handwerkszeug. Die Welt der freien Schauspiel-Marktwirtschaft sah anders aus.

In der Gewissheit, wenn es diesmal nicht die Augen sind, dann ist es die zu kleine Nase, setzte ich mich nach dem Vorsprechen auf den Rinnstein und rauchte erst einmal eine Stresszigarette. Das Wissen über den Irrglauben, Nikotin beruhige, entspannte mich. Die berühmte „Zigarette danach", auch nur eine Erfindung der Filmindustrie. Wenn man sich nach dem Sex nichts zu sagen hat oder die Stille nicht aushält, raucht man eben. Das ist cool. Das ist lächerlich. Ob man sich eine ansteckt oder fragt: „Hey, Babe, wie war ich?", kommt auf dasselbe raus. Die Stille nach dem Sex, das Atmen, die mit brünstigen Lauten geschwängerte Luft, der Geruch von Schweiß, der Geschmack von Haut und Körper, alles zerfressen vom Klischee der angstbesetzten Coolness.

Ich denke zu viel. Ich zerdenke viel. Ein altes Leiden meiner Kindheit. *Die Medaille hat immer zwei Seiten.* Ein Leitspruch meines Vaters. *Es gibt nicht die eine Wahrheit. Fakten sind Anhaltspunkte, deren Richtigkeit eine Momentaufnahme ist.* Alles läuft auf Dialektik und Komplexität hinaus. Einmal Suchender, immer Suchender. Einmal auf dem Weg, gibt es keinen Weg zurück. Der point of no return ist mit dem ersten Schritt erreicht. Ein Speedway. Die Exit-Schilder sind verlockend. Mordor ist weit. Der goldene Ring des Erkennens brennt auf der Brust. Aber du willst es wissen. Genauso weißt du, Exit bedeutet exit. Die Energie für das Weiter kommt aus dem weiter, weiter, weiter. Wer sich auf dieser Straße bewegt, wird zum Perpetuum mobile. Die Bewegung führt zu Reibung. Reibung erzeugt Wärme. Wärme wird kinetische Energie. Die Bewegung wird schneller und verstärkt die Reibung. Die Wärme nimmt zu. Die Geschwindigkeit dementsprechend.

Mit jedem Zug waberte mein Hirn tiefer in den Nebel aus Gleichgültigkeit und Erinnerung. Es wäre nicht das erste Mal, dass ich ein Casting vor die Wand gefahren hätte. Ich grunzte lachend. Der Blick eines kaugummikauenden Kollegen mit großer Nase war mir egal. Mit Schwung rannte er vor die Glastür. Was hat er an „Pull" nicht verstanden?

„Ziehen! Den Gang geradeaus und dann den Schildern folgen. Viel Glück!"

„Danke." Peinliches Lächeln. Abgang.

Viel Glück, am Arsch. Als stünde mein Leben auf dem Spiel, so sehr wollte ich diese Rolle. Ich würde dafür auf alles verzichten, inklusive der Gage. So ein Drehbuch hatte ich noch nie in den Händen gehabt. Solche Texte, die ich nach Shakespeares Buckingham, Büchners Danton, Matusches Van Gogh Wort für Wort, inklusive Satzzeichen, in mein Hirn paukte. Alles war stimmig, alles verlangte, schrie nur nach einer adäquaten Interpretation des Schauspielers.

Das war es, was mir beigebracht worden war, was ich verinnerlicht hatte. Der Sinn und Zweck der vergänglichen Schauspielkunst: *Adle den Text! Verneige dich vor der Literatur! Schleudere sie mit der Wucht deines Könnens, deines Handwerks und deiner unverwechselbaren Persönlichkeit in den Moment des Lebens! Durchdringe den Gedanken! Multipliziere den Genuss der Erkenntnis! Erfreue das Publikum am Widerspruch!*

Erschaffe den Zugang zu unbekannten Lebensräumen! Du bist ein Spieler. Spiele, als ginge es um dein Leben! Denn um nichts Geringeres geht es.

Wenn am Ende meine Augen zu klein, meine Schultern zu breit, die Arme zu dick, die Haare zu lang, die Nase zu unbekannt ist, worum geht es dann?

1999, ebenda

Ich saß auf einer BMW. Keine große Sache. 20 Meter anfahren. Bremsen. Helm absetzen und den Satz direkt in die Kamera sprechen. „Kann ich mich vorher mal kurz einfahren?"

Auf dem Adrenalin getränkten Gelände der Oscar-prämierten Produktionsfirma landete ein Helikopter. Auf dem Dach. Wo sonst? Eine Firma, deren Weltruhm durch Autos, die mit brennenden Reifen „Autoschieber, Mörder und Verbrecher" jagen, hat einen Ruf.

Ich zog unbeirrt meine Runden auf dem Parkplatz. Einen Motorrad-Cop im deutschen Fernsehen zu spielen, stand nicht auf meiner Bucketlist. Dennoch, Motorradfahren war, ist und wird mit Abenteuer, Können und Mut verbunden. Die Welt des Schauspielers. Die Maschine war ein wenig bockig. Wie ich im Nachhinein erfuhr, hieß sie „das Geschoss". Warum, wurde mir klar, als ich buchstäblich vor die Wand fuhr. Der Gasbowdenzug klemmte. Eine Bremse gehört nicht zwingend zur Grundausstattung einer Actionfirma.

Wer kennt ihn noch? „Denn sie wissen nicht, was sie tun"? – James Dean, the one and only. *Wer zuerst bremst, hat verloren.* Mein einziger Ausweg? Querlegen. Der Motor heulte, das Hinterrad endlich seiner Bodenhaftung beraubt, raste ich in dennoch unverminderter Geschwindigkeit auf die Betonwand zu. Als meine Schwester die Treppe hinunterfiel, hielt sie sich am Wischeimer fest. Ein gebrochener Arm war das Resultat. Wenn man der Angst das Ruder überlässt, beraubt man sich aller Möglichkeiten. Was sollte der ebenfalls im freien Fall befindliche Wassereimer helfen? Hätte sie ihn fallengelassen, der Sturz wäre glimpflich ausgegangen. Diese Erfahrung rettete mir mehr als nur meinen Arm. Ich löste meine Hände vom Lenker, gab der Maschine noch einen Tritt, und aus meinem Einschlag in die Betonwand wurde eine Kopfnuss. Das Geschoss bäumte sich beim Aufprall auf einen 3er-BMW noch einmal auf und heulte dann mit gebrochenem Auspuff umso lauter.

Ich hatte bei einem Casting für eine Stunt-Action-Serie einen BMW mit einer BMW geschrottet. Diese Absage konnte ich akzeptieren. Vollkommen.

Das war hier gewesen, genau gegenüber, es war Jahre her. Erstaunt war ich, als ich ein Jahr darauf wieder eingeladen wurde. Mein Auftritt war inzwischen Legende. Eine gern erzählte Anekdote. Diesmal hatte ich vier Reifen unter dem Hintern. Fahren durfte ich dennoch nicht. Was hatte sie überzeugt? *Die Wucht meiner schauspielerischen Interpretation der Rolle.*

Während sich der Rest der Branche schwertat, diese Attribute eines Schauspielers als Kriterium zu akzeptieren, engagierte mich ein Produzent für pures Adrenalin und Action wegen meines Könnens. Selbst während der elf folgenden Episoden war ich als komplexer Künstler gefragt. Bücher, Szenen, Texte, Performance. Lange her.

Jetzt saß ich im Rinnstein. Der letzte Zug am brennenden Filter verkokelte mir die Lippen. Was nun kommen würde, hatte ich schon hundertmal erlebt. Etwas, dass so gegen meine Natur ist, wie einen Stein den Berg hochzurollen, um ihn dann wieder runterrollen zu lassen.

Warten.

Warten. In einer Zeit ohne Messenger-Dienste. In einer Zeit der Anrufbeantworter. Ein schwarzer Kasten. Ein Display, das über deinen Gefühlshaushalt regiert. Eine stoisch leuchtende „0“ oder doch eine blinkende „1“ oder „2“ oder eine frohlockende „7“. Ein Kasten in der Funktion eines Richters.

Trotz leuchtender „0“ drückte ich die nächsten Tage immer wieder auf den „Play“-Button. „Sie haben keine neuen Nachrichten. Hauptmenü. Wenn sie den Ansagetext ändern wollen, drücken sie bitte die …“ Ich war versucht, den Text zu ändern. „Gute Nachrichten nach dem Piep. Schlechte davor.“ Oder: „Ich will diese verdammte Rolle!“

Es war an der Zeit, mir eines dieser Mobiltelefone zu kaufen. Der aktuelle Kontoauszug belehrte mich über meine finanzielle Situation. Schwarze Zahl: gut. Rote Zahl: schlecht. Haben und Soll. Die Zahl war rot. *Sollte* das ein Fehler gewesen sein? *Haben* diese Dinger überhaupt eine Zukunft? Dieses Telefon war ein Minicomputer. Ein Nokia Communicator 9500. Man konnte es aufklappen. Innen Tastatur und Bildschirm. Zugeklappt war es ein Ziegelstein mit Gummitasten und kleinem Display. Man konnte mit diesem Ding *alles* machen.

„Was heißt das genau?“, wollte ich wissen.

„Ihre ganzen Daten verwalten“, sagte der Verkäufer. „Kein lästiges Notizbuch mit Telefonnummern mehr, das immer weg ist, wenn man es braucht. Keinen Kalender mit Adressen und Terminen mehr, kein Durchstreichen und Drüberschreiben, wenn sich Kontaktdaten ändern.“

„So?“, antwortete ich.

„Guat“, sagte er und begann es einzupacken.

„Hat das Ding einen Anrufbeantworter?“, wollte ich wissen.

„Na.“

Das beruhigte mich und beunruhigte mich zugleich. „Nicht? Aber nachts, zum Beispiel, wenn ich das Klingeln nicht höre?“

„Mailbox."

„Mailbox?"

„Der Anrufer kann eine Nachricht oder Rückrufaufforderung hinterlassen."

„Also wie bei einem Anrufbeantworter?"

„Mailbox", beharrte er.

„Aber das Funktionsprinzip ist das gleiche."

„Na. Oder können Sie ihren Anrufbeantworter unterwegs abhören?"

„Ja, mit der Fernabfrage ist sowas möglich."

„Ja, scho, aber dann hören Sie ja Ihren Anrufbeantworter ab und nicht die … ?" Er ließ den Satz offen und schaute mich an wie mein Mathelehrer, wenn es nur eine einzige richtige Antwort gab.

„Mailbox?"

Er strahlte. Ich hatte es also verstanden. „Obendrauf gibt es auch gleich noch einen exklusiven Providervertrag."

Ich musste nur „hier und hier und hier unten unterschreiben." Drei Durchschläge mit meinem Namen besiegelten unsere Beziehung.

„Glückwunsch. Sie haben sich für den Marktführer entschieden."

„Für den Führer?"

Der Witz verpuffte in seinem Blick. „Für Sie gibt es keine Grenzen mehr."

„Das hatten wir schon mal", wollte ich antworten, „und am Ende zahlt immer der *kleine Mann.*"

An seinem Blick erkannte ich, dass er meine Wortspielerei nicht adaptierte. Das eingefrorene Lächeln. Die gespitzten Lippen nach jeder Floskel. Der sanfte Druck auf den Deckel der Verpackung, deren Hälften sich mit einem saugenden Geräusch ineinanderschoben. Die zarte Bewegung, ein Streicheln seiner Finger über die glatte Oberfläche des Premiumproduktes, was nunmehr in seiner stoßfesten Hülle ruhte und auf den Augenblick der Erweckung durch meine Sim-Karte wartete. „Sie können damit im Internet surfen. Ihre Mails abrufen, an jedem Ort der Welt."

Und wieder spitzten sich die Lippen zu einem Kussmund. Er musste den letzten Zweifel in meinem Gesicht entdeckt haben. „Sie wollen doch den Anschluss nicht verpassen?"

Ich überlegte kurz, ob ich fragen sollte; „Welcher Anschluss jetzt genau, Österreichs an Deutschland?", ließ es dann aber. Ich wusste nicht, ob ein Wiener, der in Leipzig/Sachsen skandinavische Handys mit holländischen Mobilfunkverträgen verkaufte, humoristische Aufarbeitung Deutscher Geschichte im Repertoire hatte.

Mein erstes Handy.

„Willst du mit mir gehen?", hatte ich als 12-Jähriger Simone gefragt. Durchgeschüttelt von Hormonen. Nussbraunes Haar. Brüste in Passform meiner gewölbten Hände. Sie ließ mich stehen. Zögerte den Moment meiner Erlösung bis zum nächsten Tag hinaus.

So lange konnte ich diesmal nicht warten. Der Communicator lag keine halbe Stunde später nackt vor mir. Ausgepackt und aufgeklappt. Jungfräulich. Ich führte das Ladekabel in die Buchse. 50 Impulse pro Sekunde. Mit rhythmischen Bewegungen pulsierte die Energie in den wohlgeformten Körper. Wellenförmig. Ausdauernd. Geschmeidig. Ein aufsteigender Akkord entfachte das Feuer auf dem Bildschirm. Eine Offenbarung. Die Zigarette wanderte in meinen trockenen Mund. Ich starrte auf den Schriftzug des Displays. Atemlos. *Welcome. Nokia Communicator 9500.* Schwarzer Schriftzug. Arial Black. Ich war grenzenlos mit der Welt verbunden. AOL – American Online. Meine (kostenpflichtige) Mailadresse war nicht Teil dieser Welt.

Netscape Navigator must be downloaded and installed.
Error.

Disable Virus Protection.
Error.
Enable internet explorer.
Attention: additional costs.

Boris Becker hatte mich überzeugt. „Bin ich schon drin?", war der Werbeslogan. Der Wimbledon-Sieger, die Becker-Faust hatte mit zwei Mouse-Klicks demonstriert, wie das Klischee eines Fachidioten Zugang zur digitalen Post bekommt.

„Ich bin drin!" Das Grinsen des Vaters einer Besenkammertochter, deren Zeugung mit Samenraub durch Oralsex in der richterlichen Vaterschaftsbestätigung festgehalten wurde, deklassierte mich zum Vollpfosten.

„Ich nicht!", schrie ich das unschuldige Gerät an. Zwei Stunden und immer noch keinen Anschluss. Ich lief zur Tankstelle. „Red Bull und American Spirit. Grün. Bitte."

„Willst du nicht gleich zwei Päckchen nehmen?"

„Nein."

„Sparst dir morgen früh den Weg." Die Fürsorge meines Tankwarts besserte meine Laune.

„Wer ist denn ab acht hier?"

„Louisa."

„Dann bleibt's bei einer."

Er lächelte. „Verstehe."

Mit dem Gedanken an Louisa, die Fluppe im Humphrey-Bogart-Style zwischen den Lippen, war ich wieder motiviert.

Meine Euphorie hielt genau bis zu dem Moment, als ich „meine ganzen Daten" verwalten wollte. Ich hatte keine. Ich tippte meine Telefonkontakte ein. Bisher hatte ich alle Nummern im Kopf verwahrt. 27. Bei jedem neuen Eintrag fragte ich mich: Warum?

Am Ende meines ersten Surftrips war das Volumen aufgebraucht. Für jedes weitere Bit würden Kosten anfallen. Nachzulesen im Providervertrag. Ich wusste, acht Bytes sind ein Bit. Aber was man dafür bekam, wusste ich nicht. Eine Mail? Eine Mail mit Anhang? Ein Foto von Kylie Minogue? Den Netscape Navigator? Was eigentlich sind Hintergrundaktualisierungen? Ich hatte gute Augen, aber für diesen Vertrag brauchte ich eine Lupe. Mobile Daten? Roaming? Was zum Henker? Eine konkrete Zahl stand nirgendwo, dafür der Hinweis, dass im Ausland die Gebühren variieren. Nachzulesen in den Providerverträgen der jeweiligen Anbieter.

Das Ding war nicht die Hölle, es war der leibhaftige Teufel. 70 Euro monatlich. 840 Euro pro Jahr! 1.680 am Ende der zweijährigen Laufzeit. Wofür? Damit ich endlich alle meine Daten verwalten konnte?

Aus meinem Kontoauszug tropfte die rote Farbe.

Die Zusage für einen Film in good old England verbesserte meine marode Haushaltssituation. Meine Hoffnungen auf den Kaugummimann hingegen gerieten auf die schiefe Bahn. Drei Wochen waren vergangen.

„Ein Pilcher ist eine solide Sache." Mein Agent klang wie der Handyverkäufer. „Da wollen wir zwar nicht hin, aber die haben dich jetzt auf dem Schirm."

Sie hatten mich jetzt auf dem Schirm? Ich dachte unwillkürlich an Regenwetter. Jeder ist froh, einen Schirm zu haben. Aber man schaut auf den Weg. Auf die Pfützen. Nicht auf den Schirm. Wenn er trocken ist, stellt man ihn weg. In der Hoffnung, ihn lange nicht benutzen zu müssen. Ich sollte einen schönen Menschen vor schöner Landschaft, mit schöner Stimme spielen, der den Zuschauer von einer schönen Welt träumen lässt. Auch seine weiteren Argumente machten es nicht besser.

„Warum sollte ich das tun?"

„Weil es dein Job ist? Weil auch du deine Miete zahlen musst? Weil Hollywood noch nicht angerufen hat? Es gibt hundert Gründe. Such dir was aus!"

Die Stimmen meiner Brüder überschlugen sich in meinem Kopf. Keiner dieser Gründe war überzeugend. Für jeden einzelnen hatte ich eine Antwort. Für jede meiner Antworten hatten meine Brüder nur eine: „Du bist ein Spinner."

Ich sah meine bügelnde Großmutter vor mir. Sie drehte immer den Ton am Fernseher ab. Direkt nach der Erkennungsmelodie. War ein bekanntes Gesicht dabei, strahlte sie. „Die kenne ich." – „Den mag ich nicht." – „Die war doch mal mit dem Bohlen zusammen." – „Ach, ist das schön."

Sie las auch Groschenromane. Alles andere war ihr zu teuer. Auch der Fernseher lief erst ab 20:00 Uhr abends. „Strom gibt es nicht geschenkt, meine Junge."

Ich liebte meine Großmutter. Sie liebte Pilcher. Ohne Ton. Wegen der schönen fremden Landschaften. Sie wurde geboren, als Hitler das erste Mal in Stadelheim einsaß. Wegen Landfriedensbruch und Körperverletzung. Das ganze Leben meiner Oma war eine einzige Körperverletzung. Mit sieben Jahren nichts zu fressen. Weltwirtschaftskrise. Elf Jahre und verdammt dazu, eine reinrassige Arierin sein zu müssen. Mit siebzehn das erste Mal verliebt und schon verlassen. Die Männer zogen in den Krieg. Mit einundzwanzig Mutter. Verheiratet. Mit vierundzwanzig alleinerziehend. Geschieden. Wieder nichts zu fressen. Mein Großvater war ein Bombenschmeißer. Sein Arbeitsplatz eine Ju 88. In jeder größeren Stadt Europas findet man die Reste seiner Arbeit. Befehl ist Befehl. Bombenräumkommandos sammeln bis heute seine Blindgänger, sprengen oder entschärfen sie. Seine Angst vor den Russen hielt ihn von der Zone fern.

Seinen Sohn, meinen Vater, hat er bis an sein Ende verleugnet. Sein Sohn, ein Fehltritt. Ich, der Enkel eines Fehltritts. Trotz seines stattlichen Alters, des Mauerfalls und genetischer Verbundenheit haben wir uns weder gesehen noch gesprochen. Wir haben beide London gesehen, Coventry, Warschau, Minsk. Er von oben. Ich zu Fuß. Dass sein Samen kein Blindgänger war, ist das Einzige, was ich ihm hoch anrechne.

Die Ehe mit meiner Großmutter sucht man im Kirchenregister seiner norddeutschen Wahlheimatstadt vergebens. Sie rackerte ein Leben lang. Hat von den Ländern der Welt nichts gesehen. Weder von oben noch von unten. Sparte und hielt zusammen für schlechte Zeiten. Ihr Sohn sollte es besser haben. Dass diese Frau schöne Menschen vor schönen Landschaften sehen wollte, verstehe, akzeptiere, verteidige ich. Das war mein Argument, nach London zu fliegen. Die erste Weltstadt, die ich zu Gesicht bekam.

Neunzig Minuten südlich. Pool. Malerisch. Hier ankerten die teuersten Yachten der Welt. Ein älterer Kollege schwärmte. Länge, Breite, Tiefgang, Besatzung und die Eigner der Monstrositäten betete er mir vor. Auf der Kaimauer tanzte ein kleines grünes Männlein. „Heute back ich. Morgen brau ich. Übermorgen hol ich mir der Königin ihr Kind. Ach, wie gut, dass niemand weiß, dass ich Rumpelstilzchen heiß."

Ich kapitulierte vor der Dekadenz des Reichtums auf der einen und dem Neid der etablierten Kollegen auf der anderen Seite. *Ist das meine Zukunft? Werde ich in vielen Jahren hier, weißhaarig, jüngeren Kollegen die Welt der Reichen und Schönen erklären? Frustriert darüber, ein Leben als Hans Wurst verbracht zu haben? Zerfressen von dem Gedanken, wenigstens von Caroline Neuber öffentlich verbrannt worden zu sein?*

Vor genau zwanzig Jahren war ich angetreten, der Idiotie menschlichen Handelns den Spiegel vorzuhalten. Wenn nötig, immer wieder mit dem Kopf vor die Wand zu laufen, und wenn das nicht reicht, mehr Anlauf zu nehmen. Ich war bereit gewesen, mir ein Ohr abzuschneiden, wenn es der Wahrheit diente. Jede noch so kleine Rolle hatte ich akribisch vorbereitet. Ich habe den Mörder in mir gesucht und gefunden. Und es ist nicht der irre Blick, der von Kritikern honorierte Wahnsinn in den Augen. Es ist die trügerische Genugtuung, etwas Unumkehrbares getan zu haben. Etwas Einmaliges. Ein Gefühl, ein Zustand, den jeder kennt. Fürchtet. Verwahrt. Verharmlost. Das macht den Mörder so unscheinbar.

Die schönen Tage plätscherten vor sich hin. Meiner Oma schickte ich in Ermangelung einer großmütterlichen Mailadresse Postkarten.

Die SMS mit dem Gebührenbescheid des britischen Providers erreicht mich sofort nach dem Anruf. Die Kurznachricht selbst war kostenfrei. 52 Pfund 30 Pence. Jeder Versuch, den Monolog meines Agenten zu beenden, wenigstens zu unterbrechen, war gescheitert. Ich versuchte, die Essenz des Anrufs zu filtern. Er war nicht begeistert. Man müsse da *einiges* besprechen. Eine Absage unsererseits wäre immer noch im Bereich des Möglichen. Außerdem habe er schon viele Pferde vor Apotheken kotzen sehen. *Man kann das machen. Muss man aber nicht.*

„Habe ich jetzt diese gottverdammte Rolle oder nicht?“

„Also *krrrr* … usage *krrr* … iegt *krr* .. *krrr* …ei ... agen .. or“, knarzte es aus meinem Communicator.

„Was???“, schrie ich gegen den Wind und die Funkstörungen an.

„Was ..st …u ….sagt?“, schrie er zurück.

„Was du gesagt hast, habe ich gesagt.“

„Ich habe gesagt …“ Ich stand auf der Mole. 30 Fuß über dem trüben Brackwasser. Ebbe im Becken. Das aufgeklappte Handy in den Himmel gereckt. Auf Zehenspitzen. Stabiles Netz. „Ich sagte–“

Tröööööööt. Das Schiffshorn scheuchte die Möwen auf. Ich schwankte.

„Was sagst du dazu?“

„Wozu?“ Ich hielt mich an einer Hafenlaterne fest.

„Was ich gesagt habe.“

„Was hast du denn gesagt?“

„Ich habe gesagt: Wir besprechen das und melden uns.“

„Was?“

„Wie, was?“

„Was besprechen wir?“

„Na das, was ich dir gesagt habe.“

Den Gebührenbescheid vor Augen starrte ich auf das Display. 1% Akku. Er wusste das seit zwei Tagen.

SEIT ZWEI TAGEN!

Die Nachricht kämpfte sich einen Weg durch den Cocktail verwirrter Hormone. Adrenalin, Dopamin und Cortisol. Die Informationsfetzen hetzten zwischen rechter und linker Gehirnhälfte. Keine der beiden fühlte sich zuständig. Mein Hirn, ein verdammter Beamtenstaat.

Mein Agent hatte mich, trotz meiner permanenten Erreichbarkeit, zwei weitere Tage zappeln lassen? Er zweifelte immer noch an der Einzigartigkeit dieses Projektes? Das war der Moment, in dem mir klar wurde, dass wir keine gemeinsame Zukunft haben werden.

„Ich habe die Zusage für den Kaugummimann.“

„Ich habe die Zusage für den Kaugummimann.“

„Ich habe die Zusage für den Kaugummimann.“

Die verbliebenen Tage spielte ich einen noch schöneren Menschen, mit einer noch schöneren Stimme in einer fantastisch schönen Welt.

Ich mag Rosamunde Pilcher. Und wenn es nur dem Umstand geschuldet ist, dass ich während dieser Drehzeit die Zusage für MEINE VERDAMMTE ROLLE bekam.

Allein die Leseprobe zwei Wochen vor Drehbeginn war ein Novum. Die Autoren, der Showrunner, die Redakteure, alle Schauspieler waren da. Ein Gefühl von Theater, Ernsthaftigkeit, eine Atmosphäre der absoluten Professionalität. Jede Frage wurde beantwortet. Keinerlei Änderungen am Skript. Während man sich nach den neunzig Minuten die Häppchen in die Münder stopfte, nahm ich mein Skript und meinen Mut zusammen, kniete mich vor die versammelten Autoren und versprach: „Sollte ich ein Wort, ein Satzzeichen falsch, fehlerhaft interpretieren, werde ich den gesamten Take wiederholen. Was Sie geschaffen haben, ist Literatur und verdammt nötig im Fernsehgeschäft." Formal eine peinliche Situation, die niemandem peinlich war.

Ich war das erste Mal zur richtigen Zeit am richtigen Ort, mit den richtigen Menschen. Nur wusste ich nicht, warum. Ich glaubte es einfach immer noch nicht. Ein Irrtum, ein Scherz, ein Prank. Die großen Nasen werden abgesagt haben und ich war übriggeblieben. Nur so konnte es gewesen sein. Aber das nahm ich in Kauf.

Ich konnte nicht ahnen, dass es schlimmer war.

Am letzten der fünf Drehtage zum Pilotfilm der Sitcom „Der Lehrer" in Köln-Rodenkirchen erfuhr ich den wahren Grund. Wir saßen beim Italiener. Die Produzentin hatte eingeladen. Ich kippte ihr den ganzen Schwall meiner Euphorie und Dankbarkeit auf den Tisch. Sie nahm sie entgegen wie der Kellner ihre Order des 98er Bordeaux. Lächelnd. Wissend. Er servierte den Schoppen Rotwein. Sie schwenkte das Glas, als würde sie über Rebsorten, Anbaugebiete und Winzer nachdenken, während sie vom Werdegang meiner Besetzung erzählte.

Arbeitstage im Network der Bertelsmann-Gruppe sind hart und lang. Die Verantwortung für den Bereich Fiktion/Spielfilm/Serie in einem solchen Konzern will man nicht geschenkt. Das Geld ist knapp. Es ist immer knapp. Es geht weniger ums Programm, es geht um die Aktionäre. Vor allem in einer Zeit, in der amerikanische Produktionen den Markt fluten, nimmt das Karrierekarussell Fahrt auf. Wer sich nicht mehrfach abgesichert hat, den katapultiert die Fliehkraft aufs freie Feld. Irgendwann gehen selbst bei den Besten auch mal die Lichter aus.

Die Strategiekonferenz, die Planungssitzung, das Abteilungsleitermeeting und mehrere Memos der Geschäftsleitung hatten den Termin für die finale Entscheidung über die Besetzung mehrerer fiktionaler Aufträge in die Nacht hinein verschoben. Als der verantwortliche Ressortleiter aus seinem Powernap erwachte, lief gerade die Castingaufzeichnung von Kandidat Nummer 9.

„Den nehmen wir."

Assistenten stoppten das Band. Legten eilfertig Vita, Fotos und weitere Informationen vor.

„Drugen?"

„Nein, Dryn."

„Dryn?"

„Verzeihung, Dyren."

„Ja, dann der Dryen. Bisschen kleine Augen. Aber das macht der doch gut."

Ein Kaugummi klebte wie das i-Tüpfelchen auf dem Verbots-Piktogramm für Zigaretten.

MEIN Kaugummi! Das Standbild in der Chefetage.

Meine Produzentin sah mich über den Rand ihres Glases an. Trank die Neige aus und lächelte. „Man könnte sagen, du hast dich hochgeschlafen."

ALLES LÜGE ODER WAS?

Interview, November 2020

„Dreimal danke. An RTL, dass sie diese Serie bestellt, bezahlt und vor allem doch gesendet haben." Das waren Ihre Worte bei der Preisverleihung 2009.

Ja, ich hab dann auch noch etwas von Verantwortung gegenüber den Zuschauern gesagt und einen Brief vorgelesen. Ein Junge, der aufgrund der 8 ausgestrahlten Folgen der Staffel 1 zurück ins Leben gefunden hatte. Und dann noch den Brief seiner Mutter, die sich bedankte, dass sie endlich ihren Sohn wiederhabe.

Ich habe über die Jahre doch sehr viele junge Menschen getroffen, die mir über ihr Leben und über ähnliche Erfahrungen wie diese Geschichte auf dem TV-Preis 2009 erzählten. In diese Gesichter zu schauen, eine Offenbarung. Ein, wenn nicht sogar DER Grund, warum ich die Auseinandersetzung mit dem Material, egal mit welchem Material, so weit treibe. Auch wenn die Geschichte des Jungen keine reale Story war, sondern der Versuch eines Fans, mich zu motivieren, ist sie dennoch hundertfach in den folgenden Jahren so geschehen.

Ich selber war aufs Äußerste frustriert, dass die Serie über zwei Jahre nicht gesendet wurde. Von 2009 Ausstrahlung Staffel 1 bis 2014 Ausstrahlung Staffel 2 vergingen noch einmal sehr frustrierende Zeiten. An meiner Art, zu arbeiten und an die Verantwortung gegenüber dem Zuschauer festzuhalten, hat das nichts ändern können. Ich bin über die Zeit eher noch unbequemer, noch intensiver geworden.

Also eher „Saure-Gurken-Zeit"?

Ja. Bedeutet ja nicht, dass man falsch liegt. Außerdem hatte und habe ich zwei Hände, einen Kopf und keine Ambitionen, zu jammern.

Sie haben Stücke geschrieben, respektive überarbeitet. Was ist daraus geworden?

Furiose Sommertheater-Inszenierung einer begnadeten Regisseurin.

Wann war das?

2010 und 2014. Das erste war „Dame Kobold". Nach Calderon de la Barca. Das zweite „Von Gaunern und Gangstern". Nach Dieter Grings „Der Meisterdieb".

Was hat Sie bewegt, sich an Theaterstücken zu versuchen?

Eine Provokation. Oder ein Vorwurf. Oder beides. „Dann schreib doch selber, wenn du glaubst, dass du es besser kannst!" Der faktische Grund war, dass meine Partnerin kein adäquates Stück für ihre Schauspielstudenten fand. Ein Stück, das alle Spieler gleich forderte in individuellen Rollen und Charakteren. Dazu ein unterhaltsam, humorvolles, nicht oberflächliches … Die Sommertheater der Hochschule hatten einen hervorragenden Ruf und ein Qualitätssiegel.

Und da wollten Sie mithalten?

Nein, eigentlich nicht. Ich wollte wenigstens zu Hause das Verständnis und die Akzeptanz für meine Kunstauffassung. Ich hatte keine Ahnung, worauf ich mich da einlasse … Ich hatte viel gelernt. An den Cobra-11-Einsatz für Team-2-Büchern durfte ich mitschreiben, das lag knapp sieben Jahre zurück. Hermann Joha gab mir die Chance, meine Talente auszuprobieren. Ich durfte bei Manfred Wekwerth lernen. Einer der letzten lebenden Brecht-Schüler. Ihm habe ich auch die fertigen Theaterstücke zur freundlichen, aber unbarmherzigen dramaturgischen Endkontrolle geschickt.

Mit welchem Resultat?

Den Brief hab ich zwar nicht eingerahmt, aber aufgehoben. Dem voraus gingen lange Auseinandersetzungen mit der Regisseurin, die ja auch meine Partnerin war.

Sie meinen, es flogen mal wieder die Fetzen in der Beziehung?

Seitenweise. Im wahrsten Wortsinn. Mein Bestreben war Perfektion, ihr Auftrag hieß: „Lücken lassen. Nicht so rund. Eckiger!"

Unter Perfektion kann ich mir etwas vorstellen. Unter „Lücken lassen" weniger.

Die Studenten sollten selber Entdeckungen machen können und nicht rein vom Blatt spielen müssen. Sie sollten selber entwickeln und kreativ werden. Wenn ich euphorisch eine Szene, immerhin in altgriechischem Versmaß, auf den vermeintlichen Punkt gebracht hatte, legte ich sie vor.

„Das ist zu rund … der Witz ist bereits ausgefeilt … was sollen die da noch spielen? Du gibst alles vor. Hier, sogar die Atempausen. Die brauchen Luft. Da müssen mehr Lücken rein."

Und Sie?

„Soll ich jetzt Fehler einbauen, oder wie meinst du das?" Sollte ich natürlich nicht, ich sollte die Richtung vorgeben, aber nicht ausformulieren. Na ja, sie war der Chef.

Sie sagten mal; „Wären wir verheiratet, wären wir schon lange geschieden." Wäre das ein Trennungsgrund gewesen?

Nein. Das war ein neuer Ast am Baum unserer Beziehung.

Wie entsteht so eine Bearbeitung?

Ich glaube, dass ist für den Außenstehenden eher langweilig.

Versuchen Sie es!

EPISODE 9

„Dame Kobold" oder Nicht so rund. Eckiger!

2010

Erster Aufzug
(Straße vor dem Hause des Don Juan)
Don Manuel und Cosme treten auf in Reisekleidern
Don Manuel
Nur um Eine Stunde haben
Wir verfehlt die Festlichkeiten,
Womit heut' die hochgesinnte
Stadt Madrid die Taufe feyert
Des Infanten Balthasar.

Cosme
Wie man oft denn trifft dergleichen,
Oft verfehlt um eine Stunde.
Nur um eine Stunde zeit'ger
An dem Born fand Phyramus

Seine Thisbe nicht als Leiche,
Und es gab kein Maulbeersudeln,
Denn wie die Poeten meynen,
Brauchte man den Maulbeersyrup,
Um dies Trauerspiel zu schreiben.
Nur um eine Stunde später,
Fand Tarquin Lucretien einstens.
Schon im Schlafgemach verschlossen.

„Bin ich froh, dass das nicht auch noch in Sütterlin geschrieben ist. Ich hätte Oma nach 'ner Übersetzung fragen müssen.“ Ich lag in der Diele auf dem Bauch. Die Unterarme aufgestützt, das Heft mit der altdeutschen Schrift unter mir.

„Wo hast du das ausgegraben?“

Sie saß auf dem Sofa in der Ecke. Retro. Biedermeier. Smaragdgrün. Glänzend. Links das Fenster. Optimaler Lichteinfall. Der Garten davor mit Rotfichten, Birken, wildem Wein, die Mischung „Naturnah für den Großstädter“, die man am Stadtrand haben kann. Vor ihr ein Stapel Bücher und Manuskripte. Einige auf dem Fensterbrett, der Großteil auf dem Teppich, der Hund und ich mittendrin. Ich drehte mich auf den Rücken, nahm den Kopf in die Hände, zog die Halswirbelsäule lang. Es knackte. Erleichterung.

„Theaterverlag. Suchmaschine. Stück für sieben bis zehn Spieler.“

„Und da gab es nix …“

Ein Schatten kam auf mich zu. Seine Pfote stand unvermittelt auf meinem Gesicht, eingepflockt wie die amerikanische Flagge auf dem Mond. Nicht reden! Kraulen! Seine Schnauze an meinem Kopf. Das Gewicht auf den Vorderpfoten. Mein Unterkiefer knirschte. Alles sehr theatralisch. Kehliges Knurren. Kann ich auch. Hund müsste man sein. 40 Kilo Hund. Unberechenbar, eigenwillig. Dieses Spiel trieben wir seit Jahren.

Vor zehn Jahren hatte er meine Schokolade gefressen. In einem Hotelzimmer in Mallorca. Ich spielte einen Kampftaucher. Einen Killer. Und wurde ermordet. Er überlebte. Seinem Tod durch die Spritze kam ich zuvor, nahm ihn mit, aus einem der überfüllten Auffanglager ausgesetzter Hunde auf der Insel. Wochen existenzieller Auseinandersetzung folgten. Quer durch die ganze Familie. Es war leichter gewesen, ihn durch den Zoll und über die Grenze als durch die Haustür zu kriegen.

„ … anderes?“, presste ich unter seiner Pfote hervor. Stemmte ihn aus, rang ihn nieder. Offenes Maul. Zähne. Kehliges Knurren. Theatralische Routine.

„Doch.“

„Aber?“

Über den Rand der Lesebrille schauend: „Das meiste, was ich gelesen habe, ist antiquiert.“

„Ach was, und das ist ... modern?“

„Das hat Potenzial.“

„Und welches?“

„Die Frauenfiguren sind unterbelichtet. Die Männer reden viel. Die Szenen sind zu lang ...“

„ … aber? Kommt noch was Positives?“ Ich kraulte den Hund.

„Es sind neun handelnde Figuren. Mehr oder weniger handelnd. Aber da kommst du ja ins Spiel.“

„Das ist das Potenzial?“

„Mein Bauchgefühl.“

Auf ihr Bauchgefühl konnte man sich verlassen. Rational nicht erklärbar. Aber Fakt. Ich sollte ins Spiel kommen. Der unbedingte männliche Reflex in solchen Momenten? Die Brust hebt sich, das Selbstbewusstsein marschiert.

Ich werde gebraucht.

Ohne mich geht es nicht.

Das ist angeboren. Das muss angeboren sein. Sobald wir hören: *Du, ohne dich kann ich diese oder jene Sache auf keinen Fall hinkriegen,* sind wir schutzlos unserem Ego, unserer Prägung, unserer Erziehung ausgeliefert. Wir laufen los. Ohne Karte, ohne Kompass, wenn es sein muss. Wozu auch, man ist ja der Einzige, der diese oder jene unlösbare Sache zu lösen im Stande wäre. Dornröschens Prinz. Dietrich von Bern. Das tapfere Schneiderlein. Captain America. Das ist der Heldenreflex. Wir sind so verdammt einfach gestrickt.

Sei mein Held und tu's für mich!

Bin ich. Mach ich!

Und was wollen wir dafür? Das sanfte Streicheln über den Kopf. Mamas sanftes Streicheln über den Kopf. Wir sind so lesbar. So einfach strukturiert.

Vor mir lag ein Textbuch. Gelblich, verblichenes Papier. Nach mehrmaligem Lesen löste sich der Einband, dann das ganze Heft in seine Einzelteile auf. Eine Komödie von Calderón de la Barca, Spanier. 17. Jahrhundert. „La Dama duende". Der Mann war 30, als er das schrieb. Hut ab.

„Dame Kobold". Die Komödie erschien auf Deutsch 200 Jahre später, übersetzt von einem Herrn Johann Dietrich Gries. 1817. Romantiker.

Es sollte ein Sommertheaterstück für acht Studenten werden. Rasant, literarisch anspruchsvoll, dabei humorvoll, keinesfalls romantisch kitschig. Wir schrieben das Jahr 2010. Januar. 200 Jahre nach den Romantikern. Nachweihnachtliche Stimmung all überall. Kerzen auf dem Sims, Räuchermännchen zwischen hölzernen Engeln, elektrische

Baumbeleuchtung im Garten mit Dämmerungssensor. Romantische Verklärung einer schwierigen Geburt vor 2000 Jahren.

Wenn ich daraus eine moderne Fassung machen soll, dann müsste ich das Stück im historischen Kontext der Calderon-Zeit betrachten. Besonderheiten? Auftragswerk? Sozialer Stand des Autors? 17. Jahrhundert? Europas Supermächte verwüsteten zu dieser Zeit ihre Länder, warfen Menschen in blauen Uniformen und Hinterladern mit aufgepflanzten Bajonetten Menschen in gelben Uniformen mit Hinterladern mit aufgepflanzten Bajonetten vor die Gewehre und Kanonen. Dreißig Jahre lang. Grenzflüsse färbten sich rot. Wälder wurden Friedhöfe. Den Vorgang müsste ich mit Dietrich Gries wiederholen. 19. Jahrhundert? Die Supermächte hatten Europa durch die napoleonischen Kriege erneut verwüstet, warfen Menschen in roten Uniformen mit Vorderladern und aufgepflanzten Bajonetten Menschen in grauen Uniformen mit Vorderladern und aufgepflanzten Bajonetten vor die Gewehre und Kanonen. Ich hatte nie begriffen, wie in Zeiten des Dreißigjährigen Krieges Lustspiele am laufenden Band geschrieben werden konnten und wie nach den napoleonischen Großkriegen die Schlegels, Tiecks, Eichendorffs, die Poeten der großen Gefühle, die literarische Vormachtstellung erringen konnten. Aus Trotz? Das Vogel-Strauß-Prinzip? Literarischer Kuraufenthalt für die geschundene europäische Seele der Künstler und Intellektuellen? Die Wegbereiter deutschen Nationalstolzes.

Ich wollte keine simple Bewertung aus meiner, aus der heutigen Sicht auf das Material vornehmen, mit subjektiver Besserwisserei des Nachgeborenen das Stück modernisieren. Es wäre keine Modernisierung, es wäre ein arroganter Blick auf die Vergangenheit. War Calderón ein Kind seiner Zeit? War Calderón seiner Zeit voraus? Hatte Gries den Durchblick? Ein philologischer, literaturhistorischer Experte seiner Zeit. *Man ist nicht per se klüger, nur weil man Internet hat.* Diese

Kontextbetrachtung würde zwei Tage in Anspruch nehmen. Erste Versuche mit dem vorhandenen Text umzugehen, könnte ich parallel dazu machen. Warum sollte ich also vor dieser Aufgabe kneifen?

Ich nahm die ersten Seiten erneut in die Hand.

Nur um eine Stunde länger,
Sann einst Hero, was es heiße,
Von dem Thurm herab zu springen
Und sie sprang nicht, s' ist kein Zweifel
Und der Doctor Mira Mescua
Konnte sich der Mühe weigern
Mit sowohl geschriebnem Schauspiel
Unsre Bühne zu bereichern …

Als der Herzog Feria einstens
Mich Spontan beehrte,
Gab ich meine Fahn' ihm eigen,
Und er war mein Fähnrich. Dann
…

„Und? Was sagst du?"

Das nochmalige Lesen machte es nicht besser. Keine Frage, mein direkter Impuls war zu kneifen. Wie sollte ich daraus ein modernes Stück machen? Wollte ich sagen. Und sagte: „Der Zuschauer wird ein Lexikon brauchen". Der Held in mir kämpfte um seine Existenz.

„Ja, sag ich ja, viel Text, wenig Spannung. Jede Menge antike Bezüge. Romantik eben."

„Und was sagt dein Bauch?"

„Muss alles raus. Alles. Aber es hat Rhythmus und ein paar Konflikte. Traust du dir das zu?"

Traust du dir das zu? war nur eine andere Formulierung von: *Sei mein Held!* Ich hatte bereits einige ihrer Arbeiten dramaturgisch betreut. Aber das war eine ganz andere Hausnummer.

Ich antwortete. „Die Übersetzung ist in einem metrischen Versmaß geschrieben." Das war nur eine andere Formulierung von: *Bin ich! Mach ich!*

„Ist das ein Problem für dich?"

Die Frage war eine Provokation. Sie wusste, dass ich wusste, dass sie das wusste.

„Muss das Versmaß durchgezogen werden oder können Rhythmuswechsel, Prosa, Schüttelverse, Kreuzreime in die Dialoge rein?"

„Da, wo es passt."

„Da, wo es passt, du bist lustig."

Ab hier ging es mir nur noch um die Größe meiner Heldentat. Gefangen vom Reiz dieser Arbeit war ich bereits. Wie hoch der Betrag auf meinem Ehrenkonto ausfallen würde, war der Gegenstand des kommenden Beziehungsspiels. Ich wusste zu dieser Zeit noch nicht, dass die Psychologie dieses Spiel von Partnern als ein Punktesystem beschreibt. Für eine gute Tat, eine ehrenamtliche, freiwillige, eine selbstlose Tat für den Partner bekommt man einen Punkt. EINEN Punkt für EINE Tat. Egal wie groß der Aufwand ist, die Zeit, die Energie, die für diese Tat aufgebracht werden muss. Viel später begriff ich: Ein Strauß Blumen, unerwartet, an einem beliebigen Tag des Jahres überreicht, hat die gleiche Wirkung wie der Bau eines ganzen Hauses oder die monatelange Arbeit an einem Stück. Das gibt auch nur einen Punkt auf dem Ehrenkonto.

„Ich will nichts Konstruiertes. Die sollen keine Bachelorarbeit über das Stück schreiben. Die sollen spielen können. Die brauchen Futter. Viel Futter."

Der Hund auch. Aber er hielt still.

„Ich müsste schon ein Konzept wenigstens skizzieren."

Der theoretische Teil der Theaterarbeit. Es kommt der Moment beim dramatischen Schreiben, an dem die Figuren den weiteren Verlauf der Geschichte bestimmen (wollen). Sie erwachen. Spätestens zu diesem Zeitpunkt braucht man das Gerüst, das theoretische Konzept. Sonst schreibt man Kompromisse. Figuren sind komprimierte menschliche Charaktere. Überhöht. Stilisiert. Die kann man nicht sich selbst überlassen, weder in Form noch in Inhalt. Tut man es doch, stürzt das Kartenhaus spätestens während der Arbeit mit den Schauspielern zusammen. Die typische Aussage eines Spielers *„Das würde meine Figur niemals tun!"*, wäre nicht zu widerlegen. Es würden sinnlose Diskussionen folgen. Es geht nicht darum, „was" ein Mensch tut. Es geht darum, „wie" ein Mensch das tut, was er tut. Aus welchem Motiv heraus? Motive ergeben sich subjektiv, aber sie brauchen das Fundament der Dramaturgie. Jeder Mensch ist zu allem fähig. Um diese Debatten zu vermeiden, muss die Dramaturgie zwingend sein.

Das erklärte ich umständlich und endete mit dem Satz: „Das und vieles andere macht eine dramaturgische Konstruktion im Vorfeld nötig."

Und ergänzte versöhnlich: „Ich meine nur skizziert. Ein offenes Konzept sozusagen."

Ich war der theoretische Unterbau. Das notwendige Übel. (Eine eher laue Heldenbezeichnung. Sei's drum, Held ist Held.)

Es sollte also wieder soweit sein. Kampf zweier Systeme. Wochen des Streitens um Texte, Charaktere, Formen … Ambivalente Beziehung. Also das, was Spaß macht.

Meine letzten Erfahrungen mit Versmaß lagen Jahre zurück.

Jambus, der Fünfer.

Hexameter, der Sechser.

Trochäus, alternierender Vers mit weiblicher Kadenz.

Daktylus, der Walzer.

Anapäst, der Marsch.

Die ursprüngliche Verslehre stammt aus dem Altgriechischen. Diese Sprache ist vor allem wegen ihrer Ausnahmeregelungen bekannt. Unregelmäßigkeiten, die jeder Regel immanent sind. Das wiederum ist die einzige Regel, die keine Ausnahme hat. Ausnahmen bestätigen die Regel. Die Ausnahme w a r die Regel. Daher gilt sie auch für jedes Versmaß. Gefühlt sind das 200 Ausnahmeregeln. Für jedes! Trau ich mir das zu? Ist das ein Problem für mich? Natürlich ist es das!

Die Harmonie der Verse war vor Jahren mein Versteck gewesen. Auf den Wachtürmen, den Außenposten bei Manövern. Ich war ein geduldeter Flüchtling im Land der Gedichte und Balladen. Ein Nutznießer der Poesie. Ein Literaturschmarotzer. 18 Monate Grundwehrdienst, 18 Monate Hölderlin rauf und runter. Kästner und das Gegenprogramm Joseph von Eichendorff.

Ich hatte selbst bisher nichts Nennenswertes in das Land Lyrik eingebracht. Leidlich ein paar Gedichte, kleine Balladen. Kümmerliches Saatgut.

Dietrich Gries war eine Herausforderung. Mit 20 hatte er Schiller, Goethe, Herder getroffen. Hatte in Wielands „Merkur" veröffentlicht. Aber eine einzige Begegnung mit Schlegel hatte gereicht, ihn zum Romantiker zu machen. Er hatte sich selbst nicht überschätzt. Er war formal, literaturhistorisch, philologisch einzigartig, jedoch keine kreatürliche Quelle von Kunst. Aber der konnte richtig was.

Gries war für Calderón (posthum), was Eckermann für Goethe war. Ein Mensch, der sich einzuschätzen im Stande war und seine Fähigkeiten in den Dienst der Kunst stellte. Hut ab.

Trochäus, alternierender Vers mit weiblicher Kadenz.

Calderóns Wahl des Mittels. Gries hatte in der Übersetzung so lange an diesem Versmaß gefeilt, bis das letzte Komma stimmte. Das machte die Sache leichter, wenn auch nicht einfach. Trochäus war Schulstoff. Die „Ode an die Freude“. Nach den langen Erläuterungen meiner Deutschlehrerin war es keine Freude mehr. Der Rhythmus ist einprägsam und treibend. Sie betonte die Herzschlagcharakteristik des Trochäus, wie ein Mantra. „Herzschlag, ihr versteht? Der Text geht rhythmisch förmlich ins Blut über, versteht ihr? Ebenso, wie der Rhythmus des Herzens den Puls des Lebens bestimmt, falls ihr versteht, was ich meine.“

Diese Floskeln hatten mich aggressiv werden lassen. Passiert mir heute immer noch. Mein Schornsteinfeger beendet jeden zweiten Satz mit *„Ich sach mal so“* oder *„Sach ich mal“*, *„Das sach ich jetze mal so“* oder *„Sach ich mal so jetze“*.

Ich schweife ab.

Trochäus. Schillers Gedicht war ein Paradebeispiel. Er hatte das Versmaß noch mit Kreuzreimen verstärkt. Damit hat er es bis in die 9. Sinfonie von Beethoven geschafft. Und die wurde bekanntlich ein Mega-Hit.

Freude schöner Götterfunken
Tochter aus Elysium.
Wir betreten feuertrunken
Himmlische dein Heiligtum.

Die Aufgabenstellungen für die Bearbeitung flatterten umher. Ich sammelte sie ein. Jeder Student sollte die Chance bekommen, sich präsentieren zu können. Das war eine Anforderung, die allen Regisseuren angetragen wurde. Eine Anforderung, die für die meisten bereits bei der Wahl des Stückes schon keine Rolle mehr spielte.

Nicht bei ihr. Ihr ging es um mehr als nur eine gute Inszenierung. Ihre Studenten sollten glänzen können. Jeder einzelne. Regisseure, Intendanten und Filmemacher würden kommen. Mit dieser Inszenierung würden Weichen für den weiteren Karriereweg jedes einzelnen Studenten gestellt. Es waren nicht nur die 500 Zuschauer, die sich allabendlich auf über 5.000 summieren würden, es waren Lebenswege, die hier begannen. Ein Feuerwerk wurde erwartet. Und ich sollte die literarische Vorlage für dieses Feuerwerk liefern. *But, no pressure.*

Ich hatte eine Schei*-Angst. *Warum sage ich nicht einfach Nein?*

Ich sollte ein barockes Lustspiel in Pilcher-Format zu einer rasanten, modernen, dabei unterhaltsam witzig gehaltvollen Stückvorlage für Studenten machen. Für junge Schauspielstudenten, deren eigener Anspruch bei Braschs Shakespeare-Übersetzungen beginnt und bei Müllers Philoktet Schwung holt. But, no pressure.

Der Plot, die Story ist so dünn. Bei Brasch wäre das nicht einmal das Vorspiel. Nein, das hatte ich alles nicht laut gesagt. Nur gedacht. In den Augen des Hundes las ich „Weichei."

Vorhang auf.
Junge Witwe (Donna Angela) wird vom älteren Bruder (Don Luis) eingesperrt. Sie stiehlt sich immer wieder maskiert in die Freiheit. Trifft auf ihren Helden (Don Manuel). Held ist Freund und Lebensretter des zweiten älteren Bruders, der seinerseits ein Frauenheld ist (Don Juan). Junge Witwe nutzt einen Geheimgang, um dem Helden nah zu sein. Sie gibt sich nicht zu erkennen. Sie wird zum Kobold. Älterer Bruder (Don Luis) unterstellt dem Helden unkeusche Absichten seiner Schwester gegenüber. Fordert ihn zum Duell. Und verliert.

Held verzichtet auf tödliche Genugtuung. Held heiratet junge Witwe. Dazu ein halbes Dutzend Seitenstränge. Diener. Liebschaften. Vorhang zu.

Das Entscheidende bei der Betrachtung ist nicht der Plot. Jede Geschichte existiert bereits. Entscheidend sind die Motive der Figuren, ihre Charaktere, die Art und Weise, wie die Konflikte zwischen den Figuren verhandelt werden. Dabei ist die historische Einordnung ein wesentlicher Aspekt bei der Übersetzung ins Moderne. Ich versuchte meine Gedanken zu sortieren. Der Grundkonflikt muss ins Heute zu übersetzen sein.

Was ist der eigentliche Konflikt hinter der Fassade der Figuren?

Betrachtung aus der Sicht der konflikttreibenden Figur Don Luis. Das Motiv des älteren Bruders ist ein Ehrenmotiv. Faktisch ist es ein Verkaufsmotiv: In erster Ehe, verheiratet mit altem, reichem Mann ist der Marktwert der Schwester – durch Verlust der Jungfräulichkeit – gesunken. Die Aktie Frau wird auf dem Parkett des Heiratsmarktes gehandelt. Das Daseinsrecht der Frau bestand ausschließlich darin, Ehefrau zu werden. Mit allen dazugehörigen Verpflichtungen. Der Verlust ihrer Jungfräulichkeit muss durch zur Schau gestellte Keuschheit ausgeglichen werden. Störungen können zum Totalverlust ihres Wertes führen.

Das Ehrenduell am Ende ist ein zwingender und aufrichtiger Moment. Don Luis ist bereit (muss es sein) sein Leben zu opfern im Kampf um die Ehre der Schwester (gesellschaftliche Norm und Zwang). Das erfordert die Einordnung des Duells in das 21. Jahrhundert. Im Motiv des Duells liegt der männliche Herrschafts- und Vormundschaftsanspruch. Begründet auf Stärke. Macht. Bereitschaft zur Selbstaufopferung. Daran hat sich faktisch wenig verändert. Formal ist das 21.

Jahrhundert aufgeklärt. Das Duell gehört der Vergangenheit an. Calderon hat das tradierte Verhalten des Hochmittelalters thematisiert. Selbstwert und Selbstachtung der handelnden Männerfiguren stehen zur Disposition. Sie outen sich. Ein Coming-out männlichen Herrschaftsanspruchs. Gehört das Duell tatsächlich der Vergangenheit an?

Die Betrachtung aus der Sicht der titelgebenden Figur heraus ist eine weitere Perspektive. Donna Angela. Die junge Witwe wird verwahrt. Das Dornröschen-Prinzip. Sie zahlt die Schulden ihrer Vorfahren. Das Grimm'sche Dornröschen schläft. Sie ist passiv. Hundert Jahre sind vorbei. Prinz kommt. Küsst sie. Heirat. Happy End. Alles ist vorherbestimmt. Sie kann am Verlauf ihres Schicksals nichts ändern.

Das ist die Zeit von Gries. Die Dornröschen-Version der Gebrüder Grimm. Das Pentameron ist die Zeit von Calderon. Eine Märchensammlung, die eine ganz andere Geschichte vom Dornröschen erzählt. Jung. Vergewaltigt. Schwanger. Eine junge Frau mit zwei Kindern kämpft um ihre Existenz. Da hieß das Märchen noch „Sonne, Mond und Thalia". Calderóns Blick auf die Figur der jungen Witwe dürfte von dieser Version beeinflusst sein. Die Inbesitznahme einer schlafenden Schönen durch einen adeligen Herrn war kein Verbrechen. Alles auf seinem Land war gottgegebener Besitz. Ebenfalls ein wichtiger Aspekt. Wenn die Schuldfrage gestellt wird, dann ist die unfreiwillige Entjungferung/Vergewaltigung einzig die Schuld der Frau:

Sie sah so frisch und lebendig aus, dass er die Früchte der Liebe pflücken musste. Dieser Satz ist 400 Jahre alt. Heute hört sich das so an: *Selber schuld, wenn die sich so aufbrezelt! Die will doch gefickt werden!*

Donna Angela ist kein Dornröschen. Sie ist Thalia! Sie kämpft mit den ihr zur Verfügung stehenden Mitteln. Eine Frauenfigur aus dem 17. Jahrhundert emanzipiert sich, während die Männerfiguren in tradierten Verhaltensmustern verharren.

Das Duell gehört n i c h t der Vergangenheit an! Eine Übersetzung ins Moderne i s t möglich.

Meine Gedanken überschlugen sich. Emanzipation? Das muss ihr Bauchgefühl gewesen sein. Ich erläuterte ihr die Essenz meiner Gedankengänge.

„Wie findest du das?"

„Emanzipation finde ich gut. Alles vordergründig Politische finde ich Mist."

„Emanzipation ist politisch! Theater ist politisch! Wer sagt denn, dass ich das vordergründig will?!" Immer die gleiche Auseinandersetzung.

Der Hund stand auf. Warf einen Blick auf mich. Einen Hundeblick.

„Nein, ich werde ihr nicht sagen, dass ich überfordert bin. Ich werde ihr auch nicht sagen, dass ich wenigstens gebeten werden will. Auch wenn ich das will. Und nein, ich bin kein Weichei."

Er schüttelte sich. Ließ mich mit meinem inneren Monolog allein und trottete zur Tür.

Ich war nicht überfordert. Ich war überfordert. Meine Finger kribbelten. Etwas nahm Besitz von mir und die Kontrolle über mich. Wenn ich erst einmal das Gerüst hätte, wäre alles andere nur noch Fleißarbeit, Koffein und Nikotin. Dachte ich.

„Tragödie zelebriert. Komödie seziert. Jede gute Komödie hat einen tragischen Grundkonflikt und eine Botschaft. Eine gesellschaftskritische Aussage."

„Es ist ein Lustspiel. Komödie. Keine Farce von Dario Fo!" Sie legte die Lesebrille ins Etui. Sehr professoral. Abschließend.

„Könnte es aber werden." Während ich mich in Rage redete, ging sie dem Hund hinterher zur Tür. „Mit jeder Männerfigur, die dem Spiel beitritt, komplettiert sich der Männercharakter als ein in sich streitendes Ganzes. Jede Männerfigur ist nur ein Teil eines Mannes. Jede Figur lebt die ihm oktroyierte Tradition männlichen Verhaltens. Ohne das zu hinterfragen! Wir sehen dabei zu, wie sich der Mann als Ganzes zusammensetzt und sich in eine verzweifelte Auseinandersetzung mit sich selbst begibt. Vor uns auf der Bühne."

„Musst du alles ins Programmheft schreiben."

„Mach ich auch."

„Das ist mir zu theoretisch. Damit kann ich nichts anfangen. Sollen die darüber diskutieren? Oder soll ich die Jungs nur in Teilkostüme stecken? Der Eine ist der rechte Ärmel, der Andere das linke Hosenbein und der Dritte ist die Boxershorts?

„Warum nicht? Nee, das ist nur der Gedankenpalast, in dem sich die Aussage bewegen kann."

„Du kannst mir doch aber die Aussage meiner Inszenierung nicht vorschreiben."

„Doch. Das ist doch das Prinzip Autor. Der Autor erschafft den Samen."

„Gut, ich will 'ne Frühlingsblumenmischung! Und keinen Kürbissamen!!

Trotzig sein ist eine Phase, die jeder Held durchmacht. Durchmachen muss. Achill war auch sauer auf Agamemnon, weil der ihm seine Kriegsbeute vorenthalten hatte. Kassandra. Erst der Tod seines Freundes Patroklos bringt ihn wieder dazu, gegen die Trojaner zu kämpfen und Hektor zu töten. Und ich war genauso trotzig. Trotz war nötig. Trotz reinigte. Trotz war der Landregen nach einer Dürre. Mein Trotz dauerte eine Zigarettenlänge vor der Tür.

Der Hund kratzte unaufhörlich an der Tür. Als ich wieder eintrat, starrte er mich an.

„Nein, ich geh jetzt nicht mit dir raus!"

Er hielt den Kopf schief. Ich setzte mich wieder auf den Fußboden in der Diele und wühlte in den einzelnen Blättern des Stückes.

„Ich will keine heiligen Frauenfiguren. Der Unsinn, den wir veranstalten, ist auch nicht ohne. Und keine Klischees. Die erfinde ich selber.“ Sie warf sich meine Winterjacke über. Der Hund tanzte um sie herum. Wedelte mit dem Schwanz. Ich bekam Ohrfeigen.

Bevor sie das Haus verließ, legte sie mir eine Liste mit den Anforderungen anderer Dozenten an die Sommertheaterproduktion hin.

Tanzprüfung. Für 4 Studenten.

Fechtprüfung. Für 5.

Gesangprüfung. Alle.

Schauspielprüfung. Alle.

Ich hielt mich an dem handgeschriebenen Zettel fest und rief ihr hinterher. „Für die Fechtprüfung Degen oder Florett?“

„Wo ist da der Unterschied?“

„Also geht auch Besen, Regenschirm, Golfschläger?“

Die Haustür fiel ins Schloss.

„Okay, ich mach's.“

Sie war selbstverständlich davon ausgegangen, dass ich das Stück bearbeite. Ging es nicht die ganze Zeit darum, ob ich es überhaupt mache? Hinter mir lag eine Auktion, in der ich mich permanent selbst überboten hatte.

Ende Januar, zu kalt, um auf der Terrasse zu arbeiten, also auf den Dachboden und für jede Zigarette durch die Luke aufs Vordach klettern. Kaffee, die Lehre vom Versfuß und Versmaß, Beispiele von Reclam legte ich auf den Schreibtisch neben die Tastatur. Es war niemand da, der sich über meine Selbstgespräche hätte lustig machen können, also legte ich los.

Drei Akte, die typische Form einer Komödie, gab die klassische Struktur vor. Alles andere war frei.

Der Cursor auf dem Bildschirm pulsierte auf den Pixeln, die Vorgaben, ein weißes Blatt zu sein. Wann hatte ich das letzte Mal auf Papier geschrieben? Für Calderón war es noch ein teures Gut. Papier, aus Hanf und Leinen geschöpft. Für uns Pfennigware. Damals musste es das Papier wert sein, was man schrieb. Aus all dem, was erhalten blieb, wurde Geschichte. Unsere Geschichte, so wie wir sie kennen. Die Werte, auf denen unsere Verfassung, unsere Demokratie, unsere Religionen aufgebaut sind. Diese Schriften … diese Zeit … die Erfindung des Buchdrucks … da steckt mehr drin als nur der wissenschaftlich technische Fortschritt. Früher schrieben wenige für Millionen. Heute schreiben Millionen für wenige. Werteverfall, Fortschritt oder Teilhabe?

Don Luis. Der Täter.

Jungfrau. Männlich. Dreißig. Der Mann ist unverheiratet. Er ist rastlos auf Brautschau. Er ist erfolglos. Er hält sich an die Regeln. Keinen Sex vor der Ehe. Im Gegensatz zu seiner Schwester ist er die Jungfrau. Donna Angela ist Don Luis in Lebenserfahrung weit voraus.

Konsequenz?

Er ist der Mann. Er ist der Herr im Haus.

Sein innerer Konflikt?

Er ist weder der Mann noch der Herr im Haus.

Es dauerte einen Moment, bis mir der Filmtitel einfiel. „Jungfrau (40), männlich, sucht …“: Ein verklemmter, Actionfiguren sammelnder Tubaspieler sucht eine Freundin. In Ermangelung realer Erfahrungen sammelt er Sexspielzeug. Ein Date in seiner Wohnung endet in einer Katastrophe. Die Auserwählte hält ihn für einen triebgesteuerten

Serienkiller. Erst ein tragischer Unfall gibt ihm die Kraft, sein wahres Dilemma zu offenbaren. Sein Problem hatte ihn zum Opfer gemacht. In den Augen anderer zu einem Täter. Mein Don Luis hatte das gleiche Problem. Er ist Jungfrau. Er ist verklemmt? Was ist sein Ventil? Womit kompensiert er seine Verdrängungen? Eine Idee kam mir in den Sinn. Ich fing an zu lachen.

„Er müsste ständig Blähungen haben. Und gleichzeitig an Verstopfung leiden. Das wäre das Mittel für einen Schwank. Klamauk. Nicht für eine Komödie."

Ich zerknüllte das gelbe Post-it. Warf es in den Papierkorb.

Im Gegensatz zum Tubaspieler verfügt Don Luis über Macht. Die Kombination aus Verdrängung, Kompensation und Macht ist ein großes Gefahrenpotential. Mein Antagonist, Don Luis, ist die Charakteristik einer Gesellschaft innerhalb einer Figur. Entstanden in den Zeiten des beginnenden Barocks, der schwülstigen Optik, die sich über die sich immer weiter spreizende Schere zwischen Arm und Reich legt. Eine Epoche, die mit der französischen Guillotine endet. Gottgleiche Herrscher. Don Luis unterliegt einer gottgewollten Aufgabe. Don Luis wird mit der Realität konfrontiert und scheitert. Don Luis missbraucht seine Macht. War Calderon seiner Zeit voraus?

Donna Angela. Das Opfer.

Meine Protagonistin durchlöchert in der Maskerade eines Kobolds ihr Gefängnis. Treibt die Männer in den inneren Konflikt. Provoziert männliches Gebaren, Klischees, archaische Riten männlicher Selbstverstümmelung (Duell, Kampf auf Leben und Tod.) Selbstbewusst. Erfahren.

Don Manuel. Der Held.

Adelig, männlich, pleite. Das auslösende Moment. Ein Fremder, den archaischen, nicht gesellschaftlichen Werten verpflichtet. Eigenschaften eines Templers. Auf der Suche nach „etwas". Er ist ein Held, ein Lebensretter. Er muss niemandem mehr irgendetwas beweisen. Sein Leben hat bereits die tradierte, gesellschaftlich vorgeschriebene Vervollkommnung erreicht. Was nun?

Sechs weitere Figuren. Schmückendes Beiwerk. Drei Diener-Figuren. Drei Adlige.

Ich schrieb in großen Buchstaben auf ein weiteres Post-it: DAS DUELL?

Der Cursor blinkte ohne ein Anzeichen von Ermüdung. Ich tippte VORSPIEL in die Tastatur. Ich markierte das Wort VORSPIEL und ersetzte es durch TEASER, nur um es kurz darauf wieder rückgängig zu machen. Es sollte kein Drehbuch werden. „Rasant, launig, schnell … Anfang. Anfang …"

Nur um Eine Stunde haben
Wir verfehlt die Festlichkeiten,

Calderón begann sein Stück mit der Information über das verpasste Fest. Ein Fest?

Womit heut' die hochgesinnte
Stadt Madrid die Taufe feyert

Madrid? Stierkampf. Bolero. Fest. Festlichkeiten. Maskerade.

Des Infanten Balthasar.

Geburt. Leben. Lebenszeit. Die Zeit läuft. Die Zeit läuft ab. Die Jagd nach dem Erlebnis?

Der Anfang war das Ende eines Volksfestes. Lag also nahe. Ich notierte *Freibier* auf einem einzelnen Post-it und klebte ihn neben die anderen an den Monitor. Nur um ihn gleich wieder abzunehmen und mit einer Erklärung zu komplettieren.

Aufgeheizte Stimmung, kurz vor dem Ende einer Party.

Wie soll ich denn jetzt noch jemanden zum Ficken finden?

Ein Filmzitat. Katja Riemann servierte Kai Wiesinger im Film „Der bewegte Mann" ab. Der reagierte sauer mit dem obigen Satz. Das Klischee vom Manne, der zum Schuss kommen will, und der Frau, die nach Liebe sucht. Ein Klischee, das sich hartnäckig hält und den Reaktionen im Kino nach auf allgemeine Akzeptanz stieß. Diese Klischees, Korsett, tradiertes Verhalten, ein Unsinn, halten sich hartnäckig bis ins Heute. Warum?

Buchdruck? Aus dieser Zeit stammen die ersten und sich dann häufenden Aufzeichnungen. Ab diesem Zeitpunkt wurden die geltenden Werte fixiert und damit überliefert. Unkritische Betrachtung dieser Werte führt zur Tradierung. Führt zu Klischees …

„Das gilt es sichtbar zu machen! Die Figuren verstecken sich hinter Traditionen und Klischees. Der Zuschauer muss sich darin erkennen. Warum sollte eine Frau nicht einfach nur Sex haben wollen? Was ist das für eine Unsinn, dass Männer immer nur das EINE wollen? Warum halten wir so verbissen an Klischees fest?!!!"

Das Dachgeschoss warf mir diesen Satz erstaunlich laut zurück. „Ja, ich auch, wenn du das meinst?"

Was ist die Situation? Laue Sommernacht. Es ist spät. Die Zeit wird knapp. Hektik. Adrenalin und Hormone bestimmen das ständige Auf und Ab der Figuren. Kurz und gut. Sie tun das, was wir alle tun. Ich notierte auf einem weiteren Post-it: Die Jagd nach dem Leben. SIE JAGEN DEM LEBEN NACH.

VORSPIEL

Die Jagd nach dem Leben!

Die Figuren treten nacheinander aus verschiedenen Richtungen auf. Don Juan und Don Luis an verschiedenen Stellen im Publikum. Auftritte Abgänge im Sinne einer Screwball-Komödie. Die Texte gehen im Versmaß ineinander über.

(von rechts)

Isabel **Donna Angela, jetzt kommt doch**
Eh Euch einer noch erkennt.

(von rechts)

Angela **Isabel, nur diesen Tanz,**
Diese fünf Minuten Leben.
(Isabel zieht sie durch die Mitte von der Bühne ab.)

(von links Vorbühne)

Clara	**Juan? Freund. Wo steckst Du? Juan!**
	(rechts ab)

(im Publikum bei einer Frau)

Juan	**Das bin ich. Verzeiht, wir sehen uns.**
	Ich ruf an sobald ich kann.
	(Entdeckt dabei den verkleideten Don Luis.)
	Bruder Luis?! Suchst du ...
Luis	**Was?**
	Ich? Nein. Ich? Ich. Nein! Doch. Was?
	Ich? Ich hatte, dachte. Frag Dich
	Sahst du meinen Diener ...

(Isabel, von Donna Angela gezogen.)

Isabel	**Nicht?!**
Angela	**Nein! Nicht länger will ich schmachten,**
	Im Verließ von Bruder Luis.
Don Luis	**Das bin ich. Wer ruft?**
Clara	**Juan!**
Don Luis	**Das bist du.**
Don Juan	**Ich? Bin nicht da.**
Don Luis	**Donna Clara, hier!**
Donna Clara	**Don Luis?**
Angela	**Luis!**
Luis	**Schöne Fremde.**
Clara	**Juan!**
Isabel	**Luis? Juan? Don Juan?**
Angela	**Oh mein Gott, die Brüder.**

Clara **Juan!!**

Luis **Donna Clara!**

Clara **Der schon wieder.**

Manuel **Cosme!**

Cosme **Ja? Don Manuel**

(Alle schauen erstaunt zu den beiden Fremden, die aus dem Mittelgang des Zuschauerraums kommen.)

Alle **Fremde! Gäste? In Madrid!**

Luis **Rodrigo!!!!**

(Alle schauen zu Don Luis. Stille.)

Rodrigo **Zu den Waffen! Zu Befehl!**

(Alle erschrecken und erstarren. Szene friert ein. Rodrigo, der im Hintergrund der Bühne schlief, war brüllend aufgewacht.)

Isabel **Was?**

Angela **Nein?**

Clara **Waaas?**

Juan **Musik!**

Alle **Ach so.**

(Rodrigo, als Zeremonienmeister verkleidet, stampft einen spanischen Rhythmus. Der Bolero beginnt.)

Rodrigo **Maskenball und Damenwahl**
Letzter Tanz. Jetzt aber hurtig.
Jeder Deckel sucht 'nen Topf.
Wer noch keinen hat gefunden,
Endet als ein armer Tropf.
Tanzchoreografie.

1. AKT
(Ende Tanzchoreografie. Aus dem Hintergrund ruft es)

Freibier!

(Alle ab zum Freibier. Bis auf Don Manuel und Cosme.)

Der Cursor pulsierte, mir schien, etwas außer Atem. Die Kaffeekanne war leer. Dunkel war es immer noch, aber vier Stunden dunkler als zu Beginn. Die Satzvollendungen durch jeweils andere Figuren lässt die Beziehung zwischen den Figuren mitschwingen, ohne diese benennen zu müssen. Es ist ein Textkörper. Ich notierte unter dem Vorspiel:

Die Spieler agieren und sprechen in ihrem eigenen Gestus, aber innerhalb eines gemeinsamen Rhythmus'. Die Lautverschiebungen und rhythmisch erzwungenen Betonungen sollten die eigentliche Absicht der Figuren zur Schau stellen.

Ich las die Szene noch einmal. Diesmal laut ohne alle Regieanweisungen. Kontrollierte die Hebungen und Senkungen im Versmaß. Die Resonanz im Dachgeschoss entfaltete den gesprochenen Text. Ein probates Mittel der Selbstkontrolle.

Donna Angela, jetzt kommt doch.
Eh euch einer noch erkennt
Isabel, nur diesen Tanz.
Diese fünf Minuten Leben.
Juan, Freund, wo steckst du? Juan?
Das bin ich. Verzeiht. Wir sehn uns.
Ich ruf an, sobald ich kann.
Bruder Luis, suchst du…
Was?

Ich? Nein. Ich? Ich. Nein! Doch. Was?
Ich? Ich hatte, dachte. Frag Dich
Sahst du meinen Diener ...
Nicht?
Nein! Nicht länger will ich schmachten,
Im Verließ von Bruder Luis.
Das bin ich. Wer ruft?
Juan?
Das bist du!
Ich? Bin nicht da.
Donna Clara, hier!
Don Luis.
Luis?!
Schöne Fremde?!
Juan?!
Luis? Juan? Don Juan?
Oh mein Gott, die Brüder!
Juan!!!
Donna Clara!
Der schon wieder.
Cosme?
Ja, Don Manuel?
Fremde? Gäste? In Madrid!

„Das ist fett. Da müssen die alle hellwach sein." Sie stand in der Tür.

Ich war zufrieden. Die erste Hürde genommen. „Ich hab Clara und Donna Beatrice zu Donna Clara gemacht."

„Das war die Langweilige und die Hysterische?"

„Hysterisch wird bleiben. Kindliches Verhalten. Aber es wird klar werden, dass sie das bewusst als Mittel benutzt. Sie reagiert auf die vorhandenen gesellschaftlichen Strukturen und nutzt diese Erkenntnis …“

Ihr Blick schweifte ab. Ich unterbrach mich selbst. Zu viel Theorie. Zu viel Erklärung. In der Wirkung: Bevormundung. Ich hielt also die Klappe.

„Bisschen viele Namen oder?“

„Ja, wegen der Zuordnung zu den Spielern. Ist ein Stilmittel. Kannst du in der Inszenierung nutzen.“

„Bitte nicht reinschreiben, wie ich inszenieren soll!“

„Mache ich nicht. Ich geb ’ne Vorlage, die eine Form nutzt, wie du das dann benutzt, ist deine Sache.“

„Vielleicht ein bisschen lang? Und ein bisschen zu rund.“

„Also kürzer und eckiger?“

War das wirklich der einzige Kommentar?

„Das Korsett für die Studis ist zu eng. Da bleibt kein Raum für eigenständiges Entwickeln. Es fehlen die Lücken. Das ist zu perfekt.“

„Ich benutze ein gängiges Stilmittel. Wie beim

‚Nackten Wahnsinn‘. Michael Frayn.“ Und da war er wieder, der Trotz.

„Außerdem ist das nur das Vorspiel. Es geht dann entspannter weiter.“

„Willst du nicht langsam Schluss machen?

„Ich will noch die Richtung des ersten Aktes angehen. Strukturell.“

„Noch Kaffee?“

Eine volle Kanne, dazu Kekse, Schnitten und Käsewürfel standen kurz darauf neben der Tastatur.

„Ist eigentlich nicht schlecht, was du da hast. Das hat Tempo. Der Rhythmus geht in die Choreografie über. Bolero könnte da passen.

Die Idee mit dem Maskenball ist auch gut. Klassisches Motiv. Donna Clara. Dann musst du aber den Comedian-Harmonists-Hit schon noch einbauen."

„*Oh, Donna Clara, ich hab dich tanzen gesehen*. Meinst du? Wär ich jetzt nicht drauf gekommen." Diese Spitze musste sein. Verpuffte aber.

„Was hast du noch?"

„Nur einen Schnipsel für das Ende der dritten Szene."

„Fängst du immer mit dem Ende an?"

„Manchmal. Wenn ich weiß, wo es hingeht, dann ist der Rest nur noch Malen nach Zahlen. Also, so gut wie."

„Darf ich es lesen?"

„Das ist eine Szene mit Don Luis und seinem Diener. Ich glaube, dass Rodrigo schwul ist."

„Wieso?"

„Dienerfiguren sind meistens schlauer als die Herrschaft. Und der Gegensatz zu seinem Herrn macht das Dilemma für Don Luis größer. Homophobie war damals kein Thema. Lustknaben gehörten zum Hof wie Mätressen. Vielleicht werden die am Ende sogar ein Paar. Luis hat dann ein wirkliches Coming-out."

„Dicker großer Zaunpfahl …"

Ich merkte, dass der Gedanke aber Gefallen fand. Hatte ich also etwas Eckiges gefunden. „Nee, lies mal noch nicht."

„Wieso nicht?"

„Weil sich der Zusammenhang nicht erschließt. Ich müsste dir die Stationen davor erst noch erklären."

„Dann mach."

„Die sind noch unsauber und nur in meinem Kopf."

„Stell dir einfach vor, ich bin Produzentin und du müsstest mir deinen … wie heißt das?

„Pitch."

„Pitch vortragen." Sie lächelte. Nahm sich einen Keks und ließ sich auf den Sitzsack fallen.

„Der Anfang ist doch schon mal gut." (Da war es, das Streicheln der Mama über den Kopf des kleinen Jungen.)

Ich beschrieb das erste, zweite und das dritte Bild. Suchte dabei nach den unfertigen Textentwürfen des direkten Übergangs nach „Freibier":

„Ich lese mal, ohne Rollenangabe den Fließtext zwischen Don Manuel und Cosme. Die erste Szene wird maximal zwei Seiten. Das dürfte reichen, um den Helden zu etablieren. Ab Freibier, okay?"

Manuel	**Cosme!**
	So, Kerl, bis auf diesen Tanz
	Haben wir das Fest verpasst.
Cosme	**Aber nicht das Saufgelage,**
	Herr, das ist in vollem Gange.
Manuel	**Diesen Gang wirst du versäumen.**
	Ich erteil Dir Saufverbot!
Cosme	**Herr, der Mensch ist eine Plage,**
	Unzulänglich, unvollkommen.
	Hätt sich nur der Herr da oben
	Beim Erschaffen Zeit genommen,
	Aber nein in Sieben Tagen
	Schafft der Welt und Mensch und Vieh.
	Und, weil wir verderblich sind,
	Alles ohne Garantie.
Manuel	**Kerl, Dein Reden ist 'ne Plage.**
	Du, vom Umtausch ausgeschlossen,
	Bist im Suff nur zu ertragen.
	Andernfalls ist man erschossen.

Cosme **Meine Rede gnäd'ger Herr.**
Drum, für Euer Wohlbefinden
Lasst uns jetzt 'ne Kneipe finden

(Auftritt Donna Angela.
Auf der Flucht vor Don Luis, ihrem Bruder.)

„Im folgenden Dialog kommt dann der Magic Moment zwischen Donna Angela und Manuel. Sie, auf der Flucht vor Don Luis, läuft Manuel in die Arme und bittet um Hilfe."

„Du meinst, wie bei Pilcher?"

„Ja, nur theatralischer."

„NOCH theatralischer?"

„?"

„War ein Witz. Ich weiß, was du meinst."

Ich war etwas aus dem Konzept. Sie selbst benutzte gern solche Mittel. Sie war richtig gut darin, sie überraschend einzusetzen. Sie hatte es sogar bei „Kabale und Liebe" geschafft, in ellenlangen, sich inhaltlich wiederholenden tragischen Monologen den Humor zu finden. Sie hatte moderne Figuren erschaffen. Ihre Luise war ein toughes, junges Mädchen, cool u n d verliebt. Selbst in der modernen Filmrezeption schließen sich sehr oft weibliche Coolness und naives Verliebtsein in den Hauptrollen aus. Dafür sind dann die Sidekicks da. Absurd. Sie gibt den Hauptrollen eine moderne Komplexität. Sie vereinte immer Unterhaltung plus Inhalt in ihren Arbeiten! So, dass Intendanten die Textkorrektheit ihrer Inszenierungen überprüfen ließen …

„Ein paar Infos kommen noch rein, warum die beiden überhaupt da sind. Aber das wird eher so eine Art Verhörsituation. Ich verkaufe das an den Zuschauer."

Ein Wirkprinzip. Der Zuschauer muss bereit sein, bezahlen zu wollen, um über eine Figur etwas zu erfahren. Er bezahlt mit Zeit. Die Bereitschaft entsteht aus seiner Neugier. Neugier muss geweckt werden. Das Wirkprinzip. Wesentlicher Faktor bei Serien, Filmen, die auf privaten Sendern laufen. Werbeunterbrechungen müssen durch einen hohen Grad an Neugier kompensiert werden. Das sind die *act breaks*. Sollte ich das erklären? Das war wieder nur Theorie und sie wendete das in jeder szenischen Arbeit praktisch an. Aus dem Bauch. Warum also erklären?

Die zweite Szene sollte ein erster Showdown werden. Luis wird von Cosme zu Fall gebracht. Sein Herr Don Manuel wird daraufhin von Luis zum Duell gefordert. Den Männern geht es dabei um die Frau. Das Eigentumsdenken des Mannes. Das Schöne-Helena-Prinzip.

Ich erklärte nichts. Das Thema Duell war zu umfangreich. Ich wollte es in verschiedenen Formen immer wieder in die Männerbegegnungen einbauen. Duelle jeglicher Art. In dieser Szene war mir vor allem der Heldenreflex bei Männern wichtig. Das Duell sollte eine Art *Foreshadowing* werden. Eine witzige Ankündigung des tragischen Elementes im dritten Akt.

1. Die Begegnung. Love Interest. Magic Moment.

Angela	**Herr, Ihr scheint mir kräftig, scheint mir** **Wacker Euern Mann zu stehn.** **Stellt Euch, wie ein Wackerstein** **Mich zu retten in den Weg.**
Cosme	**Retten? Da trefft Ihr den Rechten.** **Das ist sein Spezialgebiet.**
Angela	**Gebt mir Schutz und schafft mir Vorsprung.** **Mich verfolgt ein Mann voll Rage,**

(aus dem off)

Luis	**Rodrigo!**
Angela	**Und mein Leben ist bedroht.**
	(Musik. „Magic Moment" zwischen Angela und Manuel)
	Später ... mehr.
	(Sie flattert verzaubert ab. Luis poltert heran.)
Luis	**Rodrigo, komm!**
Cosme	**Halt! Bevor Ihr blankzieht, lasst mich** **Meinen Witz an ihm probieren.**

(Auftritt Luis, Rodrigo mit Golfbuggy.)

Luis	**Hier, Rodrigo, schlaf nicht! Dort!** **Da läuft diese schöne Fremde.**
Cosme/Luis	**Guten Abend.**
	(Beim Ziehen der Mütze fällt Cosme der verloren geglaubte Brief heraus. Kniet nieder, um ihn aufzuheben.)
Luis	**Eile Dich,** **Sie entschwindet meinem Blick.**
Rodrigo	**Herr, die Eile ist mein Feind,** **Denn sie bringt uns schnell zu Fall.**

(Luis stolpert über den kriechenden Cosme.)

Cosme	**Oh, mein Herr, verzeiht ich kreuzte** **Euern Kreuzzug unabsichtlich.**
Luis	**Himmelkreuz und Donnerwetter!**
Cosme	**Da Ihr grad so lässig liegt,** **Läg mir viel an Euerm Rat.**

	Seid so frei und lest mir vor
	Einmal nur den Adressat.
Luis	**Die Leviten les ich Dir.**
Cosme	**Ja, auch das, doch erst die Zeilen,**
	Weil ich's nicht entziffern kann.
	Möglich, dass es daran liegt,
	Dass ich gar nicht lesen kann.
Luis	**Kerl, das war's, jetzt bist du fällig.**
Rodrigo	**Geh in Deckung, sonst tut's weh ...**
Manuel	**So voll Wut und Galle, Herr?**
	Lasst mich Euch zur Kühlung dienen.
Luis	**Rodrigo!**
	Die Degen!

(Rodrigo wirft ihnen die „Waffen" zu. Golfschläger. Regenschirm. Besen.)

Rodrigo	**Wenn die Wallungen im Blute,**
	Kein geeignet Schlupfloch finden,
	Sucht der Mann, so unbefriedigt,
	Anderswo ein Loch zu bohren.

„Hast du's gemerkt?"

„Was?"

„Also nicht."

„Was?" Sie wurde ungeduldig.

„Don Manuel sagt in der Begegnung mit Donna Angela kein Wort. Der ist sprachlos. Ich hab es nicht in die Regieanweisung geschrieben. Aber es ist essenziell. Thema: Männer und Umgang mit Emotionen. Der braucht die komplette Szene dafür und reagiert erst wieder auf männliche Reizworte von Don Luis." Den Heldenreflex erwähnte ich nicht.

„Schreib's rein. Wie gehts weiter?"

Mein Gefühl sagte mir, es gefällt ihr. Aber ich sagte nichts. Es war ja nur ein Gefühl. Männer und Emotionen?

„Es geht aus wie das Hornberger Schießen. Don Juan klärt die Situation. Er erkennt seinen Freund und Lebensretter Don Manuel und führt ihn ins Haus."

„Womit sollen die fechten?"

„Erst mit Degen. Klassisch. Dann Besen und Regenschirm. Die dritte Szene hab ich in der Struktur für Don Luis vorgesehen. Charakter und Problemstellung der Figur. Die klare Setzung des Antagonisten, wie Franz Moors erster Monolog in den ‚Räubern'. Das hab ich unter ‚Ideen' abgespeichert. Sekunde. Hier."

Ich öffnete das Dokument und las die wenigen Zeilen mit entsprechendem Schillerpathos vor.

„In der Szene sind nur Don Luis und Rodrigo. Ach ja, wenn Don Luis unter Druck gerät, fängt er an zu stottern. Alternativ würde ich auf Daktylus wechseln. Das hab ich kurz vor Ende der Szene angeboten. Das ist ein Walzerrhythmus. Also, die Option, dass die Figur wie ferngesteuert zu tanzen anfängt. Ich hatte die Idee, dass er Blähungen hat, du verstehst, verklemmt und so ...? Das habe ich gegen Daktylus getauscht. Also, wenn du willst, kannst du ihn mit seinem Text immer gleich Walzer tanzen lassen. Vielleicht ist das ein Zeichen für sein Coming-out. Ist ein wunderschönes Versmaß. Thema Stilmittel. Nur als Angebot."

(Don Luis betet.)

Luis **Warum trag nur ich die Bürde,**
diese Last des Tugendsamen?
Warum schuf der Herr, der Schöpfer,
Nicht nur Männer, nein, auch Damen?

Wem verdank ich diese Schande
Bruder eines Don Juan
Bruder einer flatterhaften
Engelsgleichen Sphinx zu sein?
Sag mir Herr,

Rodrigo	Ja?

Luis	Nein, nicht du.
Du bist still und hörst nur zu.
Warum willst du mich verderben?
Alles drängt sich mich zu foppen.
Erst die stolze, schöne Fremde
Flieht mich und geht lieber shoppen.
Kaum bin ich ihr auf der Spur
Bringt der Tölpel mich zu Fall
Dann kommt die Potenzmaschine
Über mich. Ein Feuerball
Seine Hiebe, seine Schläge
Auf mein ehrenwertes Haupt.
Ganz zerschunden Wams und Ehre
Seht! Ein Ritzer auf der Haut.
Donna Clara, Donnerwetter,
Stößt mich fort ein weit'res Mal.
Flieht mich, wie die stolze Fremde.
Bin ich Kain? Und trag das Mahl
Eines Brudermörders hier?
Und mein Bruder, schafft den Hengst,
Uns ins väterliche Haus
Diesen MANN! Nicht das du denkst,
Männer machten mir was aus.

Rodrigo Nein, das denkt er nicht. Er denkt nur.

Luis Pap, pap, pap, Pap-Perlapapp.
Ich bin Auserwählt zum Schutz.
Kerl, was grinst du so voll Schmutz?

Rodrigo Seid doch froh, dass ich nur grinse.
Denn ich bin den Tränen nah.
Euer jammervolles Winseln
Klingt stets nach „Donná Clará!"

Luis Unsinn und Blödsinn und dummes Geschwafel. Du siehst nicht das Große. Das Ganze. Die Pflicht.
Teilst nicht die Bürde, das Weib stets zu schützen, zu Denken, zu lenken das große Geschick.

Rodrigo Herr, ich kann Euch gut verstehen
Ich bin selber von Natur aus
Ein Othello.

Luis Lass uns gehen!
Wie im Taubenschlag wird's werden,
Das spür ich im kleinen Finger.
Darum muss die Obacht walten!
Listig sind die jungen Dinger.
(Luis ab. Rodrigo hinterher.)

Sie hatte zugehört. Hier und da sogar gelacht. „Bei dem Tempo bist du in einer Woche durch."

Es war spät. Ich noch am Anfang. Der Hund legte sich auf meine Füße. Ich schrieb und löschte und schrieb bis in die frühen Morgenstunden. Der Gedanke an das Bloßstellen von Klischees gab mir den Absprung für die Szene zwischen den Freunden. Don Juan und Don Manuel. Der Held musste die Möglichkeit bekommen, sein Gefühl zu offenbaren. Naiv, frei. Sein Empfinden musste die Seele thematisieren. Als Lebensretter muss er gegenüber seinem Freund Juan nichts mehr beweisen. Er darf sich emotionale Schwäche erlauben. Er hat seine Männlichkeit bereits bewiesen. Juan ist das bekannte Klischee des Verführers. Er kann lässig und unverständig kommentieren. Die Szene sollte eingebettet sein. Wie ein Parallelschnitt im Film. Zu diesem frühen Zeitpunkt sollte ich formal die Beziehung Donna Angela Don Manuel anlegen. Abschluss ihres Verhörs durch ihren Bruder Don Luis ist der Anfang der Szene zwischen den Männern.

Ich setzte einen ersten Entwurf auf eine neue Seite.

Angela **Isabel, mein Bruder sorgt sich,**
Sehr zu recht, denn dieser Gast,
Dieser „Troll", der „Gangsterhengst", der
Mann, der seinen „Kreuzzug kreuzte"
Isabel, der Gast, der Fremde
Ist …

5. Bild
(Juan, Manuel, Luis (lauscht) - Gästezimmer
Juan und Manuel betreten das Gästezimmer und drehen dabei die Tür auf „innen")

Juan **… Don Manuel, mein Freund**
Was, in aller Herrgotts Namen
Trieb Euch denn zum Kämpfen an?

Manuel **Freund, du glaubst es nicht, ein Wesen**
Wie aus einer andern Welt.
Was sie sprach, ich weiß nicht mehr,
Aber ihre Seele schien
Mit der meinen wie verwandt.

Juan	**Habt ihr Nummern ausgetauscht?**
Manuel	**Stumm stand ich vor der Erscheinung.** **Off'ner Mund und starrer Blick,** **Ein Kaninchen vor der Schlange,** **Wenn ich wüsste, wer sie ist!**
Juan	**Keine Frau aus dieser Gegend,** **So viel ist mal sicher, Hase.** **Denn ich kenn die meisten hier.**
Manuel	**Ja? Dann bleibt sie eine Sehnsucht.** **Doch Dein Bruder schien mir aber** **Sehr gespreizt ihr nachzustellen.**

Am späten Vormittag weckte mich das Telefon. Sechs Wochen nach Beginn meiner Arbeit an „Dame Kobold“ war meine Tagesroutine zur Nachtroutine geworden. Die Überarbeitung der dritten Fassung hatte ich am frühen Morgen ausgedruckt auf ihren Schreibtisch gelegt. Zehn Tage vor Probenbeginn. Die Studenten sollten eine Woche vorab das Material bekommen, inklusive Biografien und einer kleinen zeithistorischen Abhandlung. Blieben noch drei Tage für Diskussion und Änderungen.

Mein Sozialverhalten der vergangenen Wochen war mehr und mehr zu einem Asozialverhalten geworden. Im Schnitt vier Stunden Schlaf. Aber permanent wach, süchtig nach der Aufgabe. Ohne meinen Hund und die Notwendigkeit, dreißig Raummeter Holz für die Heizvorräte des Holzvergaserkessels zu schlagen, hätte ich das Haus wohl kaum verlassen. Der Wald wurde zu meiner Fitnessbude. Mein Hund zum Lauftrainer.

Das Handy war gnadenlos. Ich hatte den Deskphone-Klingelton für jede Nummer eingestellt, die mit meinem eigentlichen Job zu tun hatte. Schauspieler. Ein lang vermisster Ton.

Ich könne demnächst mit einem Rollenangebot rechnen. Meine Agentin war sicher genauso erleichtert wie ich. Soko Stuttgart, „Lösegeld". Diese fünf Tage versicherungspflichtige Arbeitszeit würden mir nicht helfen, in den Genuss von Arbeitslosengeld zu kommen, aber fürs Gefühl, fürs Gefühl war es gut. Zumindest besser als nichts. Meine permanenten Nachfragen bei RTL, meine kreativen Arbeitsangebote bei der Sony zur möglichen Fortsetzung der Serie „Der Lehrer" hatten nichts gebracht. Im Gegenteil. Ich hatte mich aufgebraucht in den strategischen Mühlen eines Senders. Man konnte oder wollte sich nicht entscheiden. Gleichzeitig aber führte es zu einer Art Besetzungsstopp. Ich war ein No-Go.

Ich war kurz nach Beginn meiner Arbeit an „Dame Kobold" nach München eingeladen worden. Das Casting für „IK 1 – Touristen in Gefahr" war vielversprechend. Ein Konstellations-Casting ist die letzte Stufe vor der Besetzungsentscheidung. Der Produzent, der Autor/Regisseur und die Casterin waren sich einig: „Wir machen das mit dir."

Ich war begeistert. Euphorisiert. So klare Worte gibt es nie nach einem Casting. Ein Job, der mich ans Ende der Welt bringen würde. Eine Rolle, die eine Herausforderung war. Und richtig lukrativ. Thailand. Kambodscha, Laos, Malaysia und Hongkong. Herz, was willst du mehr? Nicht nur mein Herz wollte diesen Job.

Die Absage traf umso härter.

„Bei dir ist doch noch ‚Der Lehrer' in der Pipeline", erklärte mir die Casterin am Telefon.

„Ja, aber RTL hat noch immer nichts entschieden."

„Genau das ist das Problem. Die wollen eine mögliche Doppelbesetzung in zwei Serien mit ein und demselben Hauptdarsteller vermeiden."

Ich verstand die Logik nicht. „Aber die haben doch nichts entschieden!", wiederholte ich.

„Genau, aber wenn die sich entscheiden sollten, dass ‚Der Lehrer' eventuell vielleicht doch weitergehen sollte, könnte das möglicherweise den Zuschauer etwas verwirren."

Könnte? Sollte? Eventuell? Möglicherweise? Vielleicht?

Sie beteuerte, dass sie meine Frustration verstehen würde, ihnen ginge es auch nicht anders. Sie hätten es wirklich gern mit mir gemacht, aber ...

Erst vier Jahre später war „Der Lehrer" wieder on air. Vier Jahre! „IK 1" war bereits 2013 nach fünf Folgen wieder Geschichte. Das wusste ich damals noch nicht. Das wusste keiner, dennoch kam es einer Art Besetzungsstopp für mich gleich. Ähnliche Absagen hatten ich bereits von anderen Sendern bekommen, wenn es um Serien ging. Mein letzter Job für RTL war „Westflug – Entführung aus Liebe". Ein Spielfilm. Event-Movie. Eine wahre Begebenheit. Die Entführung eines Flugzeugs mit einer Spielzeugpistole, um die Ausreise in die BRD zu erzwingen und dem Stasi-Knast zu entgehen. Das war 2009 im Zuge des Deutschen Fernsehpreises für die erste Staffel vom „Lehrer" gewesen, danach war Ruhe. Absolute Ruhe.

Dann eben „Lösegeld" in Stuttgart, besser als gar keins zu verdienen.

Am Abend gingen wir die dritte Fassung gemeinsam durch. Hier kürzen. Da mehr Lücke. Da eckiger!

Die Proben begannen. Es wurde ernst. Wenn die eigenen Texte Gestalt annehmen, Schauspieler aus den Buchstaben Figuren kreieren, Bilder entstehen, dann ist das ein aufregender Prozess. Ich war als Autor dabei und sah zu.

„Da müsst ihr den Autor fragen." Sie griff gern auf diese Floskel zurück. Nicht ohne Grund. Die Untermauerung der Figuren war für mich eine der wesentlichen Grundfesten für ein qualitativ hochwertiges Stück. Und die beginnt mit der Frage, wie das Verhältnis zur Großmutter war, Kindergarten, Schule, beste Freundin, Einzelgänger, soziales Umfeld … Sind Verhaltensweisen geprägt, Wesen, Charakter, erzogen oder spontan zufällig??? Fragen, die viele meiner Kollegen heute noch in den Wahnsinn treiben. Für mich aber essenziell sind. Zu dieser Art der Figurenentwicklung gibt es Bücher, die über das dramatische Schreiben für den Film referieren. Ich hatte aber eine frühe Erfahrung zum Entdecken des Figurenfundamentes gemacht.

Mein Dozent war Professor Fleischmann. Der Mann verkörperte das Theater wie kein zweiter an der Schauspielschule. „Extremities". Zur damaligen Zeit ein brandneues Stück. Meine Akzeptanz moderner Autoren endete bei Heiner Müller und Volker Braun. Bei der Leseprobe kritisierte ich das Eindimensionale des Stückes, keine Tiefen, keine zweite oder dritte Ebene, die profane Sprache war mir Beweis genug, wie flach dieses Stück sein muss. Fleischmann ließ das unwidersprochen stehen.

Nach knapp sechs Wochen Arbeit war meine Begeisterung für das Stück, die Figuren, die Ebenen und die Dimensionen auf einem Höhepunkt. Die Vorspiele waren Bestmarken und ich erwartete mit meiner Partnerin eine Eins-A-Bewertung. Wir schrammten an einer schulischen 3 bis 4 knapp vorbei. Fleischmann kritisierte damit unsere Arroganz dem geschriebenen Wort gegenüber. Er legte uns nahe, *„den Prozess der Arbeit am Stück zu rekapitulieren, zu analysieren, zu korrigieren und die Korrektur als Standard zukünftiger Rezeption anzunehmen, nicht nur von dramatischer Literatur, sondern bei allen Dingen*", mit denen wir uns auseinandersetzen werden. „*Urteile ohne fundamentale Auseinandersetzung sind gefühlte Wahrheiten und sollten auch nur als* *solche benannt werden. Urteil kann sich erlauben, wer bereit ist, alles verstehen zu wollen!“*

Ungefähr dieser Wortlaut stand in meiner Beurteilung. Und er konnte sich ein Urteil erlauben, da er sich Jahrzehnte mit den menschlichen Schwächen beschäftigt hatte. Er war Regisseur, Intendant, Dozent. Nicht umsonst hieß er Fleischmann. Ich verehrte ihn ab diesem Moment. Dem Moment meiner schlechtesten Schauspielnote.

Isabel	**Augenblicklich sagt mir jetzt**
	Was der Fremde Euch getan?
Angela	**Er warf sich mit seinem Leben,**
	Was ein Mannsbild, Isabel,
	Mich zu schützen in den Weg.
Isabel	**Männer werfen schützend sich**
	Nur aus Selbstsucht in den Weg.
	Denn ein dringendes Bedürfnis
	Drängt sie sich uns Aufzudrängen,
	Um, nachdem sie eingedrungen
	Andre dringende Geschäfte,
	Anderswo noch zu besorgen.

Die Schauspielerin der Isabel war nicht glücklich mit der derben Sprache ihrer Figur. Ich war gewillt, ihr meine erste, wirklich derbe Fassung zu zeigen. Da lagen noch Brechts Gedichte über die Liebe auf meinem Schreibtisch. Texte wie „Komm, Mädchen, lass dich stopfen. Das ist für dich gesund. Die Dutten werden größer, der Bauch wird kugelrund.“ Aber ich beließ es bei einem kurzen Exkurs zum Thema „Dienerfiguren in der historischen Entwicklung der Komödie von der Antike bis zur Neuzeit“. Mein Part, die Theorie eben.

Im Verlauf der Probe kam ihr eigentliches Dilemma zur Sprache. „Die ist so zickig und wirkt prüde. Wie eine Zugenähte.“

Die Figur der Angela hingegen hätte alle Möglichkeiten, die ganze Bandbreite einer Frauenfigur zu spielen, sie aber nicht, fand sie. Es ging also weniger um den Text. Es ging um die Besetzung.

Ich erzählte die Anekdote über mein erstes Erlebnis mit ihrer Regisseurin. Das Sommertheater „Lysistrata“, ein viertel Jahrhundert zuvor. Sie spielte damals eine alte Frau. Eine wirklich kleine Rolle. Was vielen Besuchern damals im Gedächtnis blieb, war neben der umwerfenden Attraktivität der Hauptdarstellerin eben diese alte Frau. Die Studentin hatte durch ihr Spiel und ihre Einfälle aus einer winzigen Rolle eine so beeindruckende Figur erschaffen, dass sie Bravo-Rufe bekam. Im Gegensatz dazu ist die Figur der Isabel quantitativ zu allen anderen Rollen sogar gleichwertig und bietet alle Möglichkeiten. Es ist die Sache des Spielers, diese Möglichkeiten auszuloten.

Nun, Jahre später, inszenierte die „Alte Frau“ von damals mit einem Blick für alle. Sie schaffte es immer wieder, jeden einzelnen Studenten da abzuholen, wo er sich selbst abgestellt hatte. Jeder bekam seine Chance, seine Zeit. Mir wurde dabei bewusst, wieso sie so viel Wert auf die Lücken gelegt hatte, das Eckige.

Das Entscheidende für einen Schauspieler ist der „Aha-Moment“. Die Entdeckung der Figur und das Gefühl, es selbst geschafft zu haben. Dieser Prozess ist ein wesentlicher Teil der aktiven Aneignung einer Rolle. Selbst ihre Forderung, alle Rollen gleichwertig zu schreiben, was rückblickend eine große Herausforderung war, machte auf einmal Sinn. Die dramaturgischen Schwierigkeiten, die ich dadurch vorab zu bewältigen hatte, bestanden darin, dass diese erweiterten Nebengeschichten in den Hauptplot der Story einzahlen mussten und dennoch eigenständig glaubwürdig sein mussten. Eine inhaltliche und textliche Verschränkung mehrerer Subplots mit der Hauptgeschichte, die das Stück komplex werden ließ.

Allabendliche Auswertungen und einige Änderungen gehörten dann zur Routine des Autors. Selber schuld, wenn man mit der Regisseurin unter einem Dach wohnt.

„Angela kommt zu kurz." Eine Art Regieanweisung an den Autoren nach drei Wochen Probenzeit. „Caro ist großartig, aber es gibt keine Szene, wo sie mal so richtig die Sau rauslassen kann. Kannst du da mal noch was schreiben?" (Nein, sie sagte sicherlich nicht „kannst du da mal …")

„Es gab schon mal eine Szene im dritten Akt."

„Ja? Zeig mal."

„Wolltest du nicht, weil … "

„Zeig's mir einfach."

„Der erste Wurf war nix. Sie wird wahnsinnig."

„Wie bitte?"

„Don Manuel erwischt sie in flagranti. Sie flüchtet in den Wahnsinn, der Kobold würde in ihr wüten. Das war dir zur ernsthaft."

Die folgenden zwei Nächte ließ ich den Cursor tanzen. Die Aufgabenstellung war klar, aber die Beschränkungen umfangreich. Das Mosaik war inzwischen ein in sich stimmiger Wandfries geworden. Ich musste einen Stein herauskratzen, ihn zerbrechen und wieder einsetzen, ohne dass man es dem Bild ansah. An der Gesamtlänge des Stückes durfte es ebenfalls nichts ändern. Im einfachen Schluss bedeutete das, an anderer Stelle zu kürzen. Dennoch durfte ich keine Figur oder Szene beschneiden. Kurzum, das hatte Auswirkungen, die mich einige Nächte wieder in den Genuss des Schreibens brachten.

Ich entschied mich, den „Franz Moor"-Monolog von Don Luis aus dem ersten Akt umzuschreiben und die Dienerszene 9.3. zwischen Cosme Rodrigo und Isabel komplett neu zu entwickeln. Rhythmischer, cool, Stilmittelbruch. Es war die einzige Szene, in der ausschließlich Dienerfiguren agierten.

Sind Figuren der gleichen sozialen Schicht allein miteinander, müssen sie sich nur noch voreinander verstellen und nicht mehr einer weiteren Konvention Genüge tun. Das ist reizvoll. Muss aber auch wieder in die Regieanweisung. Ich könnte es der Regisseurin aber auch direkt sagen. Sie war mittlerweile empfänglicher für die Theorie, da das Stück funktionierte und alle Anforderung erfüllt waren. Aus sechs Seiten mussten vier werden. Die Darstellerin der Isabel wird sich wieder benachteiligt fühlen. Dafür brauchte ich also noch ein adäquates Angebot.

Papierkorb nach ... entleeren. Ich hatte bei *nie* das Häkchen gesetzt. Und das war gut so. Die Fassung 2b (oder 2f?) musste vor drei Wochen oder vier Wochen im Trash gelandet sein.

So entstand die „Alien-Szene". Donna Angela wird von Manuel auf frischer Tat ertappt. Sie „mutiert". Entscheidend für den Gehalt der Szene wird die spielerische Reaktion der Männerfigur sein. Er wird das Spiel erkennen. Er muss ihr dabei aber die Möglichkeit offerieren, ihr Gesicht zu wahren.

14. Bild Angela – Gästezimmer

...

(Manuel und Cosme treten auf)

Manuel	**Du Traumgestalt!** **Schöner als ein frischer Morgen,** **Eine Rose ohne Dorn.**
Cosme	**Doch mit einem Teufelshorn.** *(Cosme ab, die Tür knallend.)*
Angela	**Oh mein Gott, die Reise war** **Nur ein Vorwand. All ihr Himmel!**

Manuel	**Bist du Dämon, - sprich als Dämon,**
	Bist du Weib, - so sprich als Weib.
Angela	**Weg von mir! Um Euretwillen**
	Bleibt mir fern, ich rat es Euch.
Manuel	**Gut, dann sag mir, wer du bist.**
Angela	**Flieht und fürchtet diesen Dämon.**
	In mir wächst sein böser Sinn.
	O, ich fühl's, er will hinaus.
	Seht, er kämpft. Will Euch vernichten.
	(Sie beginnt sich zu krümmen und zu verrenken, eben so, wie sie sich einen Dämon vorstellt.)
Manuel	**Nun, in diesem Zustand kann ich**
	Euch wohl kaum alleine lassen.
Angela	**So? Dann seht, wie er mich wandelt:**
	Diese Klauen, diese Zähne.
	Dieses Monstrum überkommt mich.
Manuel	**Mann, das ist ja grauenvoll.**
	Ich fühl mich schon so bedroht.
Angela	***Oh, oh, oh, ich werd' Euch töten***
	Ich, der Kobold aus der Wand.
	Flieht, mein Herr, jetzt flieht, er hat mich …
	Kerl, die letzte Stunde schlägt.
	Flieht! *Kerl, jetzt bist Du mein Opfer.*
	Flieht, *Kerl!* Flieht! Ich fleh … *das war's!*
Manuel	**Ja doch, Teufel, ja doch gleich.**
	Gleich werd' ich mich schreiend unter
	Einem Weiberrock verkriechen.
	Oder aber mit dem Degen
	(Cosme reicht seinem Herrn einen Besen durch die Tür.)

	Dir den Weg zur Hölle ebnen.
	Sag mir nur noch eins, du Dämon.
	Eh die Klinge dich durchbohrt:
	WER BIST DU?
Angela	Morgen werdet Ihr's erfahren.
Manuel	Nein. Kein Morgen. Jetzo! Gleich!
Angela	Was heißt „jetzo" „Jetzogleich!"?
Manuel	Jetzo heißt so was wie „Gleich!"
	Jetzt, in diesem Augenblick,
	Die Minute, der Moment.
	Ohne Zeitverzug nun eben,
	Jetzt!
Angela	Gut!
Manuel	Gut? Was gut?
Angela	Gut; im Sinne von einverstanden, ich bin bereit, ich tu's.
Manuel	Gut.
Angela	Unter einer Bedingung:
	Euern Diener schickt hinaus.
Manuel	Cosme, raus!
	(Der mittlerweile wieder durch die Tür schaut.)
	Glaubst du Geisterseher nun,
	dass dein Kobold eine Frau?
Angela	Gottseidank, der Weg ist frei.
	(Sie entwischt.)

Manuel	Nun, ganz offen, unter uns
	Sagt mir, wer Ihr seid! Was ist das?
Cosme	Seht, sie hat sich aufgelöst.

Am nächsten Morgen legte ich ihr die Szene vor. Die Einzige, bei der es keine Kritik gab. Ab Mittag machte ich mich ans Umschreiben der Dienerszene und unter Fluchen veränderte ich den Franz-Moor-Text von Don Luis.

„Kill your darlings". Das ist nicht zynisch. Eher antiromantisch und professionell. So hatte ich Robert McKee verstanden. Sein Buch „Story – Die Prinzipien des Drehbuchschreibens" war neben Brecht mein zweites Hilfsmittel beim Schreiben geworden. Verliebst du dich in deine Kreation, verlierst du den Blick auf das Wesentliche.

Die Frage, die ich mir immer wieder stellte, war genau diese: Was ist wesentlich? Das Wesen, das Signifikante, das Ursächliche? Und wo finde ich das? In der Kontemplation? In der Betrachtung der Natur? Die Wissenschaft sucht danach. Nach dem Ursprung. Das ist faszinierend, beruht auf Fakten und Beweisketten. Monokausale Zusammenhänge werden zu komplexen objektiven Wahrheiten. In der Kunst sucht man ebenfalls danach.

Im Zentrum der Kunst steht der Mensch. Die Wahrheit über den Menschen ist eine subjektive Annahme des Betrachters. Das führt zu einer Idealisierung des Einzelnen. Die Romantik beschreibt den Menschen, wie sie ihn erträumt. Die Aufklärung, wie er sein sollte, der Dadaismus seine Absurdität, die Pop Art feiert den Verkauf. An dieser Stelle sind wir stehengeblieben. Mit den tradierten Verhaltensmustern, seit es den Buchdruck gab. Alle verhandeln das Wesen des Menschseins. Was denn sonst? Aber wie wird aus der Annahme eine Wahrheit? Und das Einzige, was mich interessiert, ist Wahrheit. Zumindest Wahrhaftigkeit bei der Suche nach der Wahrheit. Mein Fahrtenbuch auf dieser Reise hatte folgende Einträge:

Zerlege dich selbst!
Schonungslos!
Zerstöre deine Verstecke!
Offenbare dich selbst!
Denn du bist das einzige Original, was du wirklich kennen und verstehen kannst!
Wenn du schreibst, stelle deine Widersprüche, Ängste, Zwänge, deine Erkenntnisse in den Diskurs der Figuren!
Mut zum Genuss an der eigenen Fehlerhaftigkeit.

Für jede Figur aus „Dame Kobold“ hatte ich mich selbst als Material benutzt. Schreiben, respektive Spielen, ist immer ein Prozess der Selbstentlarvung und Entwicklung. Eine essenzielle Bedingung für Wahrhaftigkeit und Authentizität, die Grundpfeiler jedweder Art von Kunst. Eine Adaption des Menschseins. Nur das Ent-wickeln des Knäuels deines ver-wickelten Seins führt zum Ursprung des Selbstwertes. Du bist die Quelle. Das Wesen deines Selbstbewusstseins und deiner Selbstbestimmung.

Sie starrte mich nach diesen Ausführungen an.

„Klingt irgendwie schlüssig, aber das Stück ist eine Komödie und kein Psychodrama.“

„Wenn ich meinen Anspruch an mich reduziere, bleibt nicht viel übrig. Die ganze Sache reduziert sich schon durch meine Unwissenheit und Fehler.“

„Mag sein, aber wo führt das hin? Ich meine, was bringt das für die Sache?“

„Am Ende schlägt sich das in vier Zeilen nieder. Auf jeden Fall in der Gesamtwirkung. Das ist etwas, was man nicht mit Händen fassen kann.“

Sie wollte es immer konkret. „Kannst du das mal an einem Beispiel festmachen?“

„Ich würde dir gern erst mal die neue Dienerszene zur Abnahme vorlesen.“

„Okay.“ Sie war tatsächlich einverstanden, dass ich vorlese. Ich versprach, mir Mühe zu geben, die Intentionen des Autors nicht in die Gestaltung einzubringen. Neutrales Lesen.

Es hatte sich bei den Proben ergeben, dass alle Szenen ineinander übergehen. Das steigerte das Tempo. Das Bühnenbild bestand im Prinzip nur aus Türen. Drehbaren, beweglichen Türen. Einfacher Technik. Es entstanden durch spielerische Imagination Räume, ohne physische Realität.

Cosme	**Ihr seht aus als …**
Rodrigo	**… psst! Luis ab.**

9.3	**Rodrigo, Cosme – Vorsaal**

(Später dazu Manuel und Isabella)

Cosme	**Hätt der Kobold ihn erwischt.**
Rodrigo	**Was? Ein was, ein Kobold, sagst Du?**
Cosme	**Ich, ich habe nichts gesagt.**
Rodrigo	**Doch, Du sprachst von einem Kobold.**
Cosme	**Nein.**
Rodrigo	**Doch.**
Cosme	**Neien! Hab ich nicht!**
Rodrigo	**Gut.**
Cosme	**Wie gut?**
Rodrigo	**Nun, „gut“ wie gut!**
	„Gut“, wie; „Gut, hat sich erledigt“.

	„Gut" wie; „Ich hab mich verhört."
	„Gut" wie …
Cosme	Gut! Ganz unter uns.
	Kannst Du ein Geheimnis wahren?
Rodrigo	Ich? Kann schweigen wie ein Grab.
Cosme	Dieses Haus, mein stiller Freund
	ist voll Spuk und Geisterkram.
Rodrigo	Machst Du Witze?!
Cosme	Keineswegs.
	Doch von mir kein weitres Wort,
	Denn ich habe ja geschworen,
	Das Geheimnis dieses Kobolds,
	Der uns wie von Geisterhand
	Briefe in das Gästezimmer
	Sendet, und zwar durch die Wand.
	Schweigend still in mir zu bergen.
Rodrigo	Nein?
Cosme	Doch!
Rodrigo	Nein!
Cosme	Doch!
Rodrigo	Doch?
Cosme	Nein!
Rodrigo	Nein?!
Cosme	Doch …
Rodrigo	Nein. Ein Kobold, sagst Du, nein?!
Cosme	Nein, ja doch, ein Kobold, sag ich!
Rodrigo	Sag ich doch, ein Kobold, sagst Du!
Cosme	„Kobold" habe ich gesagt?
Rodrigo	Ja, das hab ich doch gehört!
Cosme	Was „gehört", den Kobold, hörst Du?

Rodrigo Nee, dass Du vom Kobold sprachst.

Cosme Nee, der Kobold sprach nicht, Briefe
Schickt der durch die W a n d.

Rodrigo Das gefällt mir.

Cosme Gar nicht, sag ich.

(Manuel auf kurzer Joggingrunde.)

Rodrigo Das erheitert meinen Blick.
Lass mich später mehr erfahren.

(Manuel packt Cosme am Kragen.)

Cosme Kerl, Du brichst mir das Genick.

Manuel Cosme, pack Dich und die Sachen,
Denn die Zeit zum Abschied naht.
Geh ins Zimmer, denn wir schreiten
Heute noch zur großen Tat

(Manuel joggt ab.)

Cosme Heut zum König? Dachte Morgen.

(Isabella kommt um die Lage zu peilen mit dem Brief und versteckt ihn wieder.)

In das Zimmer geh ich nimmer!

Rodrigo Und, was hindert dich daran?

Cosme Angst?!

Rodrigo Was Angst, ein Mann, wie, du?

Cosme Nur die wahren Männer fühlen,
Angst, dies schützt sie wundersam
Vorm Verlust des eignen Lebens.

Isabella Kerl, das ist doch Kappeskram.

Rodrigo Kannst Du ein Geheimnis wahren?

Isabella Ich? Kann schweigen wie ein Grab.
Rodrigo Hier im Hause haust ein Kobold,
Der geschickt mit Geisterhand
Briefe in das Gästezimmer
Sendet, und zwar durch die Wand.

(Cosme versucht Rodrigo zum Schweigen zu bringen.)
Cosme Tja, wenn man von Geistern spricht.
Kommt auch gleich ein schönes Fräulein.
(Rhythmuswechsel; Jambus 6 Verse)

Isabella „Bin weder Fräulein, weder schön,
Kann ohn' Geleit nach Hause gehn."
Cosme Ein wohl gebildet Fräulein. Hört!
Ich meine, bildlich ausgedrückt.
Isabella Nun bilde Dir mal bloß nix ein.
Ein Mannsbild sollte mutig sein.
Cosme Das hat vielen schon geschadet,
Fräulein „Schnippisch". Männermut
Ist 'ne große lange Tugend
Mit 'ner kurzen Lebensdauer.
Ich, für meinen Teil, benutze
Lieber den Verstand.
Isabella Aha?
Cosme Was „aha"?
Isabella Verstand? Nur welchen?
Kann man sich den borgen? Denn
Wenn du deinen eignen meinst
Machte ich mir Sorgen.
Cosme Ha,

Isabella	**Ha? Was „ha"?**
Cosme	**Man sieht's dir an,**
	dass Dich Sorgen täglich quälen.
	Falten hier und Runzeln da.
	Damenbart, Orangenhaut,
	Überall wohin man schaut
	………. wird ab-ge-baut.
	Liedbezug.
Rodrigo	**Endlich fliegen hier mal Fetzen!**
	Was jetzt? Lasst Euch doch nicht stören.
	(Rhythmuswechsel!!)
Isabella	**Du bist einfach nicht mein Niveau.**
Cosme	**Und Du bist 'ne Zicke nach Maß.**
Isabella	**Lieber 'ne Zicke, als so ein Schisser.**
Cosme	**Ich mach Dir 'nen Vorschlag. Aus Spaß.**
	Ich geh jetzt da rein und bezwinge den Kobold.
	(Cosme rappt. Isabella steigt ein. Text und Rhythmus ad lib.)
	Ich bring ihn zur Strecke. Ich mach ihn zur Schnecke.
	Und Du! Wirst dann zum Lohn für mich tanzen.
Isabella	**Top!**
Cosme	**Und Top!**
Isabella	**Tscho bro'!**
Cosme	**See ya!**
	Und äh, das bleibt doch unter uns?!

(Beide gehen ab. Ein kurzer Flirt von Tür zu Tür. Isabella verschwindet. Cosme rennt zurück zu Rodrigo.)

Cosme **Kommst du mit?**
Rodrigo **Kerl, sei kein Frosch.**
…

„Wenigstens hast du ad lib. reingeschrieben. Ansonsten ist es dicht. Rund. Aber ich sag nicht, dass es schlecht ist. Kürzen und ein bisschen was weglassen. Alles gut.“

Sie konnte damit machen, was sie wollte. Was ich wollte, war, ihr meine Idee vom Klimax vollumfänglich anzutragen. Der Moment, der „Ahhhh“- oder „Aha“-Effekt, der den Grundkonflikt des Stückes aus einer völlig neuen Perspektive auf die Bühne bringt. Die Silvesterrakete, wenn man so will. Mein Text an sich, wirkte harmlos, unverfänglich. Die Intention dahinter, die Wucht der Aussage, war mein Anliegen.

„Wir müssten mal über den Klimax reden.“

„Das ist Drehbuchsprache.“

„Naja, die Erlösung der Heldenfigur, Auflösung des Grundkonflikts klingt jetzt eher unspektakulär für den Höhepunkt eines Stückes.“

„Ja?“

„Durch deine gewollte Gleichwertigkeit aller Figuren, hast du jetzt mehrere Möglichkeiten für einen Klimax. Donna Angela, Don Luis oder Don Manuel. Alle müssen, alle könnten erlöst werden. Es geht vor allem darum, welche Figur die größte dramatische Reise macht. Du kannst aber nur eine Figur als zentrale Figur nutzen.“

„Du hast doch schon eine Lösung? Sag's einfach.“

„Don Manuel.“

„Kommt jetzt ein bisschen überraschend. Was hat der denn für einen inneren Grundkonflikt?“

„Klassische Helden sind langweilige Figuren, die funktionieren wie auf Schienen gesetzt. Sie sind Klischees. Egal wie man sie aufpimpt.

Aber alle haben ein grundsätzliches Problem. Ihre Daseinsberechtigung ziehen Helden aus der Not anderer, einer Überaufgabe oder beidem. Die Templer müssen den heiligen Gral finden, Batman muss Gotham retten, Iron Man die Welt. Ihr Schicksal ist vorbestimmt. Sie sind Dienstleister. Ferngesteuert. Sie akzeptieren fraglos ihren Job. Warum machen die das?

Cervantes hat hundert Jahre vor Calderón im 16. Jahrhundert mit dem Ritter von der traurigen Gestalt das Psychogram des Heldenmannes bereits offengelegt, ad absurdum geführt. Der ehrenvolle Kampf gegen die Windmühlen zur Erlangung der Liebe einer Frau. Verstehst du, was ich meine?"

„Ehrliche Antwort?"

„Ja."

„Nicht wirklich."

„Heldentum! Klischeeverhalten! Rollenverteilung! Das impfen wir bis heute den Heranwachsenden ein! Unsere Erziehung macht aus jedem Jungen einen Don Quijote, den Ritter von der traurigen Gestalt. Don Manuel genauso wie mich. Don Manuel offenbart, dass er sein Leben nur als Dienst-Leistung an anderen versteht. Für ihn ist es unmöglich zu begreifen, dass er um seiner selbst willen gewollt, akzeptiert, geliebt wird. Wenn er seine Aufgabe erfüllt hat, ist er nutzlos. Er erkennt in sich selbst keinen weiteren Wert. Sein Wert ergibt sich nur aus der Aufgabe! Das ist ein grundsätzliches Problem. In der Literatur ein grundsätzlich m ä n n l i c h e s Problem."

Die Texte, auf die es mir ankam, hatte ich unterstrichen.

„Okay, ich lese es dir vor."

„Nee, ich will selber lesen. Du betonst mir immer noch zu viel." Sie grinste, merkte aber, dass es mir tatsächlich ziemlich ernst war.

Clara	**Fort von hier!**
Rodrigo	**Er wird Euch töten!**
Isabella	**Denn der tickt wie eine Bombe.**
Angela	**Flieht, mein Herr, das Spiel ist aus.**
Manuel	**Was als Spiel begann, Ihr Frauen,**
	Machte mich zu einem Narren.
	Was uns ein Geheimnis war,
	Machte mich zum Ehebrecher.
	Was Ihr jetzt verlangt ist Feigheit.
Rodrigo	**Nicht zur Feigheit,**
Isabella	**nur zur Flucht ...**
Angela	**Bitt ich, lasst Euch doch bewegen.**
Manuel	**Schweigt! Der kranke Rest von „Mann"**
	Den das Schicksal mir gelassen,
	Kann nur noch im Kampf genesen.
	Ihr wärt meine Wahl gewesen.

(Er reißt Angela aus der Mitte der Frauen ins Zimmer und wirft die Tür zu. Sie sind einen Moment allein.)

Angela	**Oh Don Manuel. Ich bins!**
Manuel	**Voller Unschuld als ein Opfer**
	Zart und einfühlsam, zerbrechlich
	Warbt Ihr meine Dienste an.
Angela	**Nein, nicht um die Dienste warb ich,**
	Um den Mann, bewarb ich mich.
	Ja, ich liebte Euch vom ersten
	Augenblick, als ich Euch sah.

„Das ist doch gut. Und was ist jetzt dein Problem?"

Ich hatte kein Problem, sondern den Zipfel einer Erkenntnis zwischen den Fingern. Ich schaukelte auf meinem Drehstuhl hin und her.

„Ich hatte nach einer bildlichen und inhaltlichen Übersetzung des Duells aus der Calderón-Zeit gesucht. Das ist es. Das ist das Duell. Don Manuel trägt das Duell mit sich und seinem Lebensverständnis aus. Natürlich müsste das auch Donna Angela tun. Aber sie ist bei Calderón nur das heilige Korrektiv. Es sind immer wieder männliche Autoren, die diese Situationen schreiben. Heute noch! Verstehst du?"

„Also, wofür steht das Duell?"

„Für Katharsis!"

Sie sah mich verständnislos an.

„Ein reales Duell konnte tödlich enden. Das war den Duellanten bewusst. Im religiösen Verständnis des irdischen Daseins und himmlischer Erlösung war der Tod nicht das Ende. Es war eine Reinigung im Übergang zum ewigen Leben. Man glaubte wahrhaftig an Hölle, Fegefeuer, Himmel. Dantes göttliche Komödie. Verstehst du? König Johann von Sachsen hat noch Mitte des neunzehnten Jahrhunderts eine deutsche Übersetzung angefertigt. Das war ein Bestseller unter den Adligen und im Bürgertum! Das Duell kann man als irdische männliche Katharsis ansehen. Für Calderón war das ein wesentliches dramatisches Motiv."

Ich sah ihr an, dass ich sehr weit ausgeholt und den Schlenker über König Johann hätte weglassen sollen, aber … „Ein Duell heute, das dieser Reinigung gleichkommt, ist das Duell mit sich selbst. Wahrhaftig. Ehrlich. Endgültig. Das zu erkennen und sich dem zu stellen, ist die Herausforderung. Das als Herausforderung zu akzeptieren definiere ich als männliches Problem. Mann. Stellvertretend Don Manuel erkennt, dass er keinen Wert an sich hat. Er muss eine Entscheidung treffen."

„Also dein Problem?“

„Ja. Auch. Erinnerst du dich an Ende Januar? Kalt. Nachweihnachtliche Stimmung. Diele. Deine Formulierung war sowas wie … *„und da kommst du ins Spiel‘.“*

„Äh, ja? Und? Du hast doch entschieden, die Bearbeitung zu machen.“

„Nein. Das war ein trainierter Reflex. Ich sollte ins Spiel kommen. Der unbedingte männliche Reflex in solchen Momenten ist der Pawlow'sche Reflex. Bekommt ein Hund zu fressen, läuft sein Speichel. Läute die Glocke, wenn du dem Hund Fressen gibst. Nach einer Weile läutest du nur noch die Glocke. Der Speichel fließt auch ohne Fressen.“

„Und du bist jetzt ein Hund?“

Verständnislosigkeit war das Ergebnis meiner Ausführungen. Ich holte noch weiter aus. Die Kritik an meinen Vorträgen war so alt wie unsere Beziehung. *Warum musst du immer bei den alten Römern anfangen?*

„Warum führen Männer Kriege?“

„Ehrlich jetzt? Warum musst du immer bei den alten Römern anfangen?“

Ich kürzte ab. „Was ist der einzige, wirklich essenzielle Unterschied zwischen Mann und Frau?“

Ich verbannte jedwede politische Korrektheit aus meinen Überlegungen. Die Gefahr, sie würde mir Esther Vilars „Der dressierte Mann“ an den Kopf werfen, bestand nicht. Zwischen uns gab es keine Ressentiments oder Pauschalurteile auf Gedanken und Gesprochenes.

„Männer sind von Natur aus das schwache Geschlecht. Sie können aus sich selbst heraus nichts Bleibendes gebären. Die Frau wurde zum Kelch stilisiert und der Mann zum Schwert. Die Geschichte wurde von Männern geschrieben. Aus den Amazonen wurde *Wonder Woman.*

Eine Männerfantasie. Aus den Spartanern wurde *Suicide Squad* und Harley Quinn. Männerfantasien. Ich mag *Iron Man.* Robert Downey Junior ist cool. Der ist ein großartiger Schauspieler. Aber das Weltbild ist archaisch und bekloppt. Millionen rennen da rein. Die Marvel- und DC-Geschichten sind nur adaptierte Dornröschen-Geschichten. Grimms Märchen wollen die Massen. Und rennen ins Kino. Das ist doch absurd!"

Sie hatte die Beine aufs Fensterbrett gelegt. „Okay, ab den Amazonen war ich raus."

Ich öffnete die Dachluke und zündete mir eine Zigarette an. Wenn sich meine Gedanken überschlugen, musste mein Hirn vernebelt werden.

„Warum hat Gott (angeblich) erst den Mann und dann die Frau aus dessen Rippe erschaffen? Weil Gott zu blöde war, um zu begreifen, dass er in der Biologie des Mannes etwas falsch gemacht hat? Wenn Gott allwissend ist, dann hat er die Frau erschaffen, weil nur sie seine Schöpfung vervielfältigen kann, ohne dass er permanent aus Lehm neues Leben erschaffen hätte müssen. Aber warum dann den Mann zuerst? Warum den Mann überhaupt? Warum kein Zwitterwesen? Oder hatte er eigentlich einen ganz anderen Plan? Also, warum den Mann zuerst?"

„Damit der wenigstens sagen kann, der Erste gewesen zu sein?" Sie lachte. „Ich versteh immer noch nicht, was das mit ‚Dame Kobold' zu tun hat." Sie hatte eine Flasche Weißwein geöffnet und schob mir ein Glas hin. „Willst du jetzt noch eine Szene über das Christentum reinschreiben?" Sie lachte wieder, wohl wissend, dass ich in einer Fassung tatsächlich in diese Richtung ausgeufert war.

„Nee. Kunst hat die immanente Pflicht aufzuklären. Den anderen Blick, die andere Perspektive zu offenbaren. Kunst hat die Verpflichtung Wahrhaftig zu sein! Was ich sagen will: Wer keinen Selbstwert hat, schreckt vor keiner Gemeinheit zurück, um ihn auch nur für einen Moment anzuheben."

Sie kannte das Zitat. Ein kleines Sprüchebüchlein von Thomas Meyer, das sie mir zum Geburtstag geschenkt hatte. „Das ist jetzt aber nicht von dir."

Ich nippte am Pinot Grigio, dann trank ich das Glas aus und goss nach. „Das ist Don Manuels Erkenntnis. Das Motiv für sein Heldentum basiert auf fehlendem Selbstwert. Er zieht in den Krieg, er tötet, weil er daraus seinen Wert bezieht. Er will nicht so weiter machen wie bisher. Ich würde diese Szene im Klimax gern erweitern, tu es aber nicht."

„Und das ist dann noch Komödie?" Sie atmete hörbar aus.

„Das humorvoll zu machen, das ist die Kunst! Nur kurz, ich hab's gleich. Wir belächeln oder heroisieren das Heldentum. Drachentöter, Königstochterbefreier et cetera. Wir hinterfragen es aber nicht in unserem heutigen Alltag. Wir wenden es an! Wir leben das sogar und geben das an unsere Kinder weiter. Immer noch. Wir koppeln den Wert eines Menschen an seine Leistung, seine Tat, die Erfüllung seiner festgelegten Aufgabe. Aber hat der Held keine Möglichkeit, seinen Heldenmut zu zeigen – was bleibt vom Helden? Hat der Herrscher keine Möglichkeit, seine Macht an jemandem auszuüben – was bleibt vom Herrschen? Hat die Liebende keine Möglichkeit, ihre Liebe zu schenken – was bleibt von der Liebenden? Was tun sie dann? Sie werden alles tun, um Anerkennung zu bekommen. Sie werden Heldenmut erzwingen. Sie werden den Herrschaftsanspruch erzwingen. Sie werden die Liebe erzwingen!! Wir vermitteln ständig, dass Selbstwert etwas ist, was man kaufen kann. Durch Leistung. Durch Anerkennung. *Der oder die hat es g e s c h a f f t, die sind Millionäre! Hast du was, bist du wer!* All diese dämlichen Sprüche wenden wir real an.

Und all dieses reale Anwenden untergräbt das, was den Selbstwert ausmacht. Was du real bist, ist unabhängig von deinem Besitz, deiner Leistung. Das ist die Grundlage für Selbstwert. Und Selbstwert ist die Grundlage für Akzeptanz des und der anderen.

Das Stück kann im Klimax eine überraschende Erkenntnis vermitteln. Wenn ich die Szene erweitern darf?

„Mach mal. Ich hör zu."

„Ich würde die Szene gern um das Motiv des Handelns erweitern. Warum? Tut wer? Was? Einfach gesagt, tust du es, weil du möchtest, dass Mama dir über den Kopf streichelt? Dass Papa stolz auf dich ist? Weil du ihre Erwartungen erfüllt hast? Weil du ihre Anerkennung willst? Oder weil d u es willst! Hinterfrage dein Motiv, sonst bist du nur manipulierbare Masse Fleisch. Korrumpierbar. Unbefriedigte, narzisstische Sehnsucht. Du zettelst Kriege an oder ziehst für andere in den Krieg. Kleinkriege zählen auch dazu. Wir müssen Selbstwertempfinden lehren und selber erlernen. Kunst kann und muss das unterhaltsam vermitteln."

Sie schaute mich an und lächelte. „Du glaubst also, dass du dir meine Liebe verdienen musst? Das ist bescheuert. Du bist bescheuert. Du nimmst alles auseinander. Ob das stimmt oder nicht, kann ich nicht beurteilen. Es klingt gut. Glaubst du ernsthaft, ich liebe dich nur, weil du der beste Vater meiner Tochter bist? Weil du meine Arbeit fundierst? Mir aus jeder beschissenen Situation hilfst? Weil du 'nen Sixpack hast? Vielleicht hochbegabt bist? Weil du ein Haus bauen kannst? Bäume pflanzt?"

Ich sog an meiner Zigarette, bis mir die Glut die Augenbrauen versengte.

„Ja, das glaube ich."

Die Premiere war ein Fest. Dennoch hatte ich es wieder nicht geschafft, aus der zweiten Reihe zu treten. Im Gegenteil. Als Autor stand ich nach Calderón und Gries an dritter Stelle. Das war korrekt. Autoren sind eher Dienstleister in der allgemeinen Wahrnehmung von Schauspielern und Zuschauern. Ich war der Partner der Regisseurin, die mit ihren Studenten eine „*verstaubte Geschichte ins Hier und Jetzt katapultiert*" hatte. „*Rasant, atemlos und launig.*" Stand in den Kritiken. „*Eine Herausforderung an Studenten und Publikum, mit Anspielungen und Zeitbezügen. Eine Komödie, die über Selbstwert, Selbstbewusstsein und auf subtile Art über Emanzipation fabuliert. In Teilen ein wenig derb daherkommt.*"

Alle Theorie hatte sich in Praxis verwandelt. Ich hatte ein Stück geschrieben. Alles war so aufgegangen, wie es gesät wurde. Ich hätte glücklich sein können. Ich war es nicht. Ich hatte ein Stück geschrieben, nicht, weil ich das wollte. Ich wollte die Anerkennung. Ich wollte das Streicheln über den Kopf. In mir war weniger Freude, viel mehr Traurigkeit.

Diese Traurigkeit ist ein kleiner Samen, der zu Ärger, Wut und Verbissenheit heranwächst. *Am Ende ist es egal, wo etwas herkommt.* Das redete ich mir ein. *Ich tue etwas, weil ich es kann. Nicht weil ich dafür Anerkennung bekomme. Weil ich es kann, habe ich die Pflicht, es zu tun. Habe ich auch das Recht, es zu lassen, wenn es missbraucht wird.*

Es sollte aber noch ein paar Jahre dauern, bis ich das wirklich verinnerlicht hatte. Als ich die Chance bekam, dieses Gedankenkonvolut, meine Erkenntnisse in einer Serie als Script Consultant einzubringen. Es seriell zu thematisieren. Allen zum Trotz, komplexes Denken, das kann erfolgreich sein.

MÄRTYRER VERSUS MARVEL

Interview, November 2020

Sie denken gern komplex?

Ich denke gern.

Womit setzen Sie sich derzeit auseinander?

Mit unserem Lebensverständnis, unserer Lebensführung, der daraus resultierenden Selbstverständlichkeit, mit der wir die Vernichtung unseres Lebensraumes hinnehmen. Das ist gewaltig. Das kann kein Lebewesen sonst.

Was, glauben Sie, ist die Ursache?

Keine Ahnung.

Wie funktioniert Ihr Denksystem?

Wie ein Apothekerschrank.

?

Das sind die deckenhohen Schränke mit den aberwitzig vielen kleinen Fächern. Zumindest war das in meiner Kindheit so. Heute kommen die Medikamentenpackungen aus Röhren in eine Ablage geschossen. Früher zog der Apotheker ein Fach nach dem anderen auf und holte die einzelnen Zutaten, Pulver, Blätter, Tinkturen etc. aus allen Fächern zusammen. Auf mich wirkte das wie zufällig.

Das ist die Antwort?

Ja, so funktioniert mein Denksystem.

Sie greifen in diverse Schubladen. Fügen die Zutaten zusammen, und für den Außenstehenden wirkt das wie zufällig?

Ja.

Beispiel?

Meine Fragestellung: Welche Gründe gibt es, dass wir unseren Lebensraum sehenden Auges vernichten und dennoch glauben, alles wird gut? Meine diesjährige Arbeit hat viel mit Historie zu tun. Unter anderem ging es um den heiligen Laurentius. Der römische Kaiser Valerian ließ ihn auf einem eisernen Rad rösten. Und verlangte die Herausgabe des Kirchenschatzes. Laurentius blieb standhaft. Nach langer Qual ließ Valerian ihn verbrennen. Laurentius war der „Kassierer" der Christen im 3. Jahrhundert in Rom. Er hatte wohl den gesamten Besitz an die Armen, Siechen und Kranken verteilt und diese dem Kaiser als den Reichtum der Kirche präsentiert. Laurentius wurde später heiliggesprochen. Unter anderem soll er auch der Erfinder des britischen Humors sein. Auf dem glühenden Rad liegend rief er seinem Peiniger zu: „Auf der einen Seite bin ich nun gar, Zeit, mich zu wenden."

Interessante Geschichte. Was hat das mit–

In den Schriften steht für Märtyrer, wie auch für den römischen Papst, der vier Tage vor Laurentius enthauptet wurde: *passus est* – er litt. Den Buchdruck gibt es seit 1440. Die erste Variante der 1-zu-1-Vervielfältigung. Es konnte Fehler beim Setzen der Buchstaben geben. Diese erkannte man beim Korrekturlesen schnell. Da man ja nur eine Korrektur lesen musste. Heute gibt es *copy and paste*. Den Drucker, Scanner etc. Fehlerlose 1-zu-1-Kopie inklusive Fettfleck.

Zurück zu Laurentius. Die ersten Schreiber in Rom schrieben *passus est* … der Mönch in Altzella 800 Jahre nach dem Ableben von Laurentius hatte einen harten Tag hinter sich. Er war müde. Die Kerze nur noch ein Stumpen. Mit zufallenden Augen kopierte er Wort für Wort mit seiner Gänsefeder die hundertste Seite an diesem Tag. Am nächsten Morgen ging das Papier ins Archiv. Vor der Auflösung des Klosters Altzella während der Reformation im 16. Jahrhundert gingen alle Kopien nach Rom. Dort entdeckte ein fleißiger Mitarbeiter, dass der Heilige Laurentius möglicherweise gar nicht enthauptet wurde, sondern Schlimmeres.

Beim Märtyrer Papst steht *passus est* – er litt.

Bei Laurentius steht *assus est* – er wurde geröstet.

Der Heilige war fortan ein noch größerer Märtyrer.

Vielleicht aber nur, weil der Bruder von Altzella das „p" vergessen hatte.

Okay. Nächste Schublade?

Wir erleben gerade eine Zeit, in der Fakten entwertet werden. Fake News sind durch den amerikanischen Präsidenten salonfähig gemacht worden. Social Media verbreitet Meinungen als Wahrheiten. Gefühlte Realität als Realität. Influencer ziehen nach Dubai, weil man dort noch frei seine Meinung äußern dürfe, im Gegensatz zu Hamburg/Deutschland. Immer weniger Menschen hinterfragen, was ihnen serviert wird. Dennoch halten wir uns für klüger als unsere Vorfahren. Wir erheben uns über ihren Glauben an Gott und das Jenseits. Und rennen in die Kinos, wenn ein neuer Marvel-Held zu sehen ist. Die Kirche hat über 6.000 Heilige. Das Marvel-Universum hat über 6.000 Helden. Die Heiligen der Neuzeit. Die Massenproduktion dieser Filme und Helden beruht auf dem Prinzip „Angebot und Nachfrage". Es gibt eine hohe Nachfrage nach Helden. Was tun Heilige und Helden?

Sie erlösen uns, sie retten uns, sie sterben für uns. Unsere massenhafte Lebensführung basiert immer noch auf dem Lebensverständnis der Heiligenverehrung und der Märtyrer.

Okay?

Ist eine These. Und jetzt fange ich an, darüber nachzudenken.

Neues Stichwort: hinterfragen.

Okay. Reicht soweit erst mal. Geht es auch ein bisschen einfacher?

Klar.

EPISODE 10

Am Ende der Nahrungskette oder „Runter da, die sind für die Schauspieler!"

Teil 2

2010

Tatort Leipzig. Simone Thomalla und der begnadete Martin Wuttke waren die Kommissare. Ich war als Stuntman im Team Haberland gebucht. Ein bisschen mulmig war mir dabei schon.

Das Gefühl kam aber weniger aus den Bedenken, welche Blessuren ich davontragen könnte. *Protektoren werden meinen Rücken schützen, wenn ich gegen die Ziegelmauer getreten werde, mein rechter Unterarm wird gepolstert sein, wenn Frank und Linde einen Rammbock aus mir machen werden. Die Tür wird splittern. Immo hatte sie entsprechend präpariert. Silke ist erfahren genug, dass ich das Suspensorium nicht brauchen werde. Selbst wenn, so ein Tritt ist eher zu verkraften als die Quetschungen an den Innenschenkeln, ganz zu schweigen von dem Gefummel, sollte ich zwischendurch mal pinkeln müssen.*

Das alles war nicht mein Problem. Ich war mir nicht sicher, welchen Eindruck es hinterlassen würde, wenn mich die Schauspielkollegen oder die Filmcrew erkennen würden. „Du bist doch Schauspieler?" – „Wusste gar nicht, dass du mitspielst?" – „Hey, Hendrik, freut mich!" – „Alter, lange nicht gesehen!" – „Spielst du den Mörder?"

Was würde ich dann sagen?

Sieben Uhr am Set. Kalt, feucht, ungemütlich.

„Wartet mal da drüben. Da steht ihr am wenigsten im Weg rum", war die Begrüßung des Motiv-Aufnahmeleiters.

Die Wohnwagen für die Schauspieler wurden gerade erst geliefert. Aufgebockt. Verkabelt. Wir standen im Weg. Der Caterer hatte den Drehort nicht gefunden.

„Wat is'n dat für 'ne dämliche Wegbeschreibung?"

„Mach halb", war die Antwort des Motiv-Aufnahmeleiters. „Bau dich da drüben auf."

Wir standen im Weg.

Das Warnsignal des rückwärts einparkenden Licht-LKW signalisierte uns: Auch hier standen wir im Weg.

„Die Schauspieler kommen etwas später als Dispo. Gab Missverständnisse bei der Abholung. Die sind noch im Hotel. Beim Frühstück."

Wir standen dumm rum.

Meine Stuntkollegen kannten das. Sie waren präpariert. Lange Unterhosen, gefütterte Schuhe, Thermokanne Kaffee, Brote und alte Geschichten aufwärmen. Wir waren für 8:00 Uhr Maske und Kostüm disponiert. Ich dachte, wir sind vor dem Mittag wieder zu Hause. Als ich mich gegen 13:00 Uhr auf einen der nie genutzten Setstühle setzen wollte, herrschte mich der Aufnahmeleiter-Praktikant an: „Runter da. Die sind nur für Schauspieler."

Erkannt hatte er mich schon mal nicht, so viel war sicher und wenigstens etwas Positives.

17:00 Uhr. Kurz vor Drehschluss musste alles schnell gehen.

„Wir müssen das alles anders machen und vor allem gleich. Wir haben noch eine halbe Stunde." Das war der Regisseur. Es sollte alles wilder sein, aber nicht zu aufregend, irgendwie brutal, aber seniorentauglich.

Mit blauen Flecken, ein paar Schürfwunden und total kaputt saß ich in Franks Pickup-Truck. Ich war froh, nicht um die Innenreinigung seines Autos gewettet zu haben. Meine Überzeugung, dass bei einer Tatort-Produktion alles nach Plan läuft, und seine Prognose, dass wir erst gegen 19:00 Uhr als Letzte vom Hof reiten würden, war der Anlass für die Wette gewesen. Jetzt noch seine Rumpelkiste reinigen? Danke. Ich war bedient.

„Willkommen am Ende der Nahrungskette des deutschen Fernsehens." Damit schlug er die Tür zu seinem Truck zu und wir setzten uns in Bewegung. „Ich glaube, ich weiß, was dein Problem ist."

Ich brauchte eine Weile, um zu begreifen, worauf er hinauswollte.

„Du willst optimieren. Du willst verbessern. Du erträgst es nicht, wenn gute Ideen, Chancen einfach ungenutzt bleiben, wenn nicht das Beste rausgeholt wird, was man rausholen könnte. Geht mir genauso, aber ich denke, dann haben die einfach Pech gehabt. Selber schuld."

„Du kannst mir nicht erzählen, dass dir das egal ist."

„Du denkst aber immer gleich den ganzen Film mit und was das hätte werden können."

„Aber nur so funktioniert es."

„Wenn alle das wollen, ja. Aber hier will jeder was anderes. Und du bleibst auf der Strecke. Du musst lernen, an dich zu denken. Bei dir selber kannst du die Dinge in einen Kreislauf bringen."

Lernen, an mich zu denken?

Lernen, an mich zu denken.

Das klang nach purem Egoismus. Nach moderner Therapie.

Man könne erst für andere sorgen, ihnen helfen, wenn man mit sich selbst im Reinen wäre, heißt es ja. Denkt man das zu Ende, kann man sein Leben lang für niemand anderen sorgen, ihm helfen. Ein Leben ist zu kurz, um mit sich selbst ins Reine zu kommen.

Lernen, an mich zu denken. Ich war und blieb zunächst überzeugt davon: *Man kann anderen helfen, weil man es k a n n.* Dafür muss man nicht im Reinen mit sich sein. Was ich lernen musste, war etwas anderes: Ich musste lernen, mir selbst zu helfen. Das konnte ich nicht. Die nächste Herausforderung nach der Schule *Lachen über mich selbst.* Aber immerhin, ich hatte sie erkannt. Mit der Hilfe eines Freundes. Ja, er hatte mir geholfen, obwohl er selber mit sich so ganz und gar nicht im Reinen war …

DER SCHMERZ IM HINTERN DER AUTOREN

Interview, November 2020

Sie waren über Jahre maßgeblich an der Bucharbeit für die erfolgreichste Serie „Der Lehrer" im deutschen Fernsehen beteiligt. Als Script Consultant. Was war Ihre Aufgabe?

Ich war der Schmerz im Hintern der Autoren.

Stand das in der Stellenbeschreibung? Das ist in der deutschen Filmindustrie eher ungewöhnlich, dass ein Hauptdarsteller fester Bestandteil des kreativen Teams ist. Haben Sie sich da reingewanzt?

Irgendwie schon, oder? Das muss auch der Eindruck bei allen anderen Beteiligten gewesen sein.

Wie sind Sie Script Consultant geworden?

Der Executive Producer der Firma hatte mich 2011 in Vorbereitung der neuen (zweiten) Staffel ins Boot geholt. Er wollte meine „Expertise", wie er sagte. Im ersten Jahr forderte er meine Meinung und Ideen in „konspirativen" Treffen ein. Dann bekam ich offiziell den „Duldungsstatus". Irgendwann die klangvolle Jobbezeichnung „Script Consultant".

Was bedeutet „Schmerz im Hintern der Autoren"?

Der kreative Prozess ist für mich frei von Diplomatie.

?

Ein Diskurs ohne Ansehen oder Stellung der Person. Das amerikanische Prinzip des Writer‘s Room. Es geht ausschließlich um die beste Idee.

Und worum ging es bei Ihnen?

Auch darum.

Warum dann Schmerz im Hintern?

Wir waren nicht in Amerika.

Sie wollen nicht mit der Sprache rausrücken?

Vielleicht so viel: Ich hatte die erste Zeit, als Hendrik Duryn, die total vernichtende Kritik am Lehrer direkt abbekommen. Die Presse stürzte sich auf: „2½ Jahre wurde der Lehrer alias Hendrik Duryn nicht ausgestrahlt – muss ja richtig schlecht sein, wenn selbst RTL sowas nicht sendet.“ Mein Name und mein Gesicht standen allen als Zielscheibe zur Verfügung. Ich habe jahrzehntelang gelernt, mit allen Spielarten von Kritik umzugehen. Auch meine Eltern haben mich mehr mit konstruktiver Kritik gebildet als mit Streicheln übern Kopf. Die Serie selber war bereits voll unter die Räder gekommen, noch bevor sie überhaupt on air war. Der erste Start des Lehrers war eine mittlere Katastrophe. Der zweite Start war noch schlimmer. Wieder knapp zwei Jahre bis zur Ausstrahlung. Die Presse hat sich weder für die Hintergründe noch die Umstände interessiert. Ich als Schauspieler und Hauptdarsteller war bereits vor dem zweiten Start „verbrannt“. Ich hatte mich bloßgestellt. Mails an alle verschiedenen Verantwortlichen geschickt.

Kann man sich heute nicht mehr wirklich vorstellen.

Ja, verrückt. War so. Ich war seit sechs Jahren überzeugt von der Notwendigkeit dieser Serie. 2012 noch viel mehr von der Notwendigkeit der Qualität dieser Serie! Von unserer Verantwortung gegenüber den Zuschauern. Wie der Sender zu Beginn das Produkt und damit mich „behandelte", war schmerzlich. Die Kritik war schmerzhaft. Ein Beweismechanismus setzte ein. Daraus resultierte eine Art manischen Arbeitens. Für das Produkt. Alles für den „Lehrer".

Mir waren meine Lebensumstände egal. Gesundheit. Schlaf. Sozialkontakte … Ich ordnete alles unter. Ich glaube, für einige war es schwer, das auszuhalten. Ich war nicht allein. Wir waren vier, die in dieser Art, mehr oder weniger, das Projekt „Lehrer" vorantrieben und die Kollegen um uns herum in den Wahnsinn.

Der Erfolg bestätigt dennoch diese Art der Zusammenarbeit. Oder fühlen Sie sich gekränkt?

Tief drinnen, ja. Viele verpasste Chancen. Die Branche nimmt dann jemanden wie mich als „kompliziert" oder „anstrengend" wahr. Manche finden das gut. Ich hatte im Nachhinein mit verschiedenen Produzenten zu tun, die diese Art der Arbeitsauffassung, der Verpflichtung einer Sache gegenüber respektierten, akzeptierten und gern nutzten. Das ist aber eher die Ausnahme als Normalität. Ich hatte mir schon vorgestellt und gewünscht, grundsätzlich durch meine dramaturgische und kreative Arbeit bei der Entwicklung und Ausarbeitung der Serie akzeptiert zu werden. Die Credits durch meine Partner waren aber mehr stiller und internen Art … Kunst trifft auf die Welt! Drahtseilakt. Das ist normal.

Ich bin ein Teamplayer. Ich brauche keine Bestätigung oder Danksagungen innerhalb des Teams. Die Würdigung besteht für mich darin, dass man weiterhin mit mir zusammenarbeitet. Das bestätigt, dass das Ergebnis gut ist. Also mein Input, egal ob der aktiv oder passiv ist. In einer Gruppe muss man seine Funktion erkennen. Die ist nicht unbedingt mit der Berufsbezeichnung gleichzusetzen. Aber das Thema führt zu weit. Ich habe wirklich intensiv versucht, über diese Zeit zu schreiben. Das ist mir herzlich misslungen.

Was genau ist Ihnen daran misslungen?

Es fehlt die Distanz. Eine kritische Distanz zu mir selbst und zum Projekt. Ich bin, Jahre danach, immer noch zu nah dran. Man spürt die Frustration, die Wut über ….

Worüber?

Ja, worüber? Die Episoden, die ich über diese Zeit geschrieben habe, haben alle einen bitteren Beigeschmack. Ist mir beim Korrekturlesen bewusst geworden. Ich glaube, „Der Lehrer“ ist die dritte große Liebe in meinem Leben. Jede Liebe hat sich auf eine Art eingeprägt. Diese hat Brandzeichen hinterlassen. Dieses Projekt war voll und ganz ich. Das Ende war … es fühlt sich an wie Verlust. Immer noch. Als hätte ich jemanden verraten. Oder er mich. Oder nichts von beidem. Das weiß ich eben noch nicht. Ein Teil von mir war einfach weg.

Offiziell heißt es, Sie sind ausgestiegen.

Ja.

Was stimmte nicht mehr, dass sie der dritten Liebe ihres Lebens den Laufpass gegeben haben?

Es stimmt nicht, dass ich der „Liebe“ den Laufpass gegeben habe. An der Liebe stimmt alles. Ich habe nach einer Formulierung gesucht, die der Wahrheit am nächsten kommt.

Ja?

„Wir sind zusammen erwachsen geworden. Und da kommt irgendwann die Zeit, wo man sich emanzipiert und das Elternhaus verlässt. Im Ernst, mein beruflicher Anspruch an mich selbst beinhaltet auch, den Weg für Neues und den Platz für andere frei zu machen."

Was war das Neue, dem Sie den Weg freigemacht haben? Die Hälfte der Zuschauer hat die Serie nach Ihrem Ausstieg abgewählt.

Neues kann etwas sein, was man selber nicht versteht, von dem andere aber absolut überzeugt sind. Und da meine beiden entscheidenden Partner in der Entwicklungsarbeit an den Drehbüchern bereits geraume Zeit zuvor das Kreativteam verlassen hatten oder mussten, hatte ich eben auch keine Partner mehr, die mich verstanden. Also ist es wichtig, den Weg an dieser Stelle für Neues, anderes frei zu machen, wenn man mit den eigenen Vorstellungen relativ allein unterwegs ist und das Neue nicht wirklich begreift.

Gar nichts Positives mehr?

Wie kommen Sie darauf? Allein die Erkenntnisse aus der Zeit sind umfassend. Ich hatte einen Lehrmeister in der Zeit der gemeinsamen Bucharbeit. Einfach grandios. Die Arbeit an den Geschichten, an den Figuren, der Dramaturgie war wie ein Parallelstudium vor und während der Dreharbeiten. Es war herausfordernd, erfüllend. Dieses gemeinsame Ringen, Kämpfen, Streiten war bisher meine glücklichste Arbeitszeit. *Das Beste für die Show*. Wir wurden nie müde, die Geschichten noch und immer wieder neu zu betrachten und zu verfeinern. Die Energie, die wir in diese Arbeit investierten kam uns aus der Arbeit selbst und den Ergebnissen wieder entgegen. Das Verhältnis, das wir zueinander hatten, war für mich einzigartig.

EPISODE 11

Schöner schwerer Scheiß oder „Geht das nicht einfacher?"

2016

Wir sind den Zuschauern verpflichtet!"

Der inhalierte Rauch seiner Zigarette weigerte sich, den Weg durch das gekippte Fenster in die Abenddämmerung anzutreten.

„Den Werbeeinnahmen des Senders."

„Ja, das auch."

„U n s sind wir verpflichtet! Unserer Überzeugung, das Beste gefunden zu haben. Nichts und Niemandem sonst."

„Ja, das auch." Dann fügte er hinzu: „In einer idealen Welt."

Mit Blick auf den Feuermelder zerstörte er die aufsteigende Wolke aus graublauem Dunst. Wedelte lustlos mit den Händen durch die weißlichen Schwaden.

Ich zündete mir eine Zigarette an. Blies den Rauch direkt auf das runde Ding an der Decke. Der kleine rote Punkt zuckte.

„Ich bin geschieden."

Der Alarm blieb aus. „Du warst verheiratet?"

„Muss man wohl, wenn man geschieden ist“, antwortete ich und ließ es wirken.

Wir steckten fest. Das war nicht neu. Wir steckten immer wieder fest, wie Avatare in einem PC-Spiel. Figuren, die mit schlenkernden Armen auf der Stelle laufen. Wir waren unentschlossen. An so einer Stelle braucht es Mut. Also warf ich meinen Hut in den Ring.

Ob eine Episode wahrhaftig und ihre Figuren glaubwürdig wurden, lag an unserer Ehrlichkeit. Hier in diesem Raum. Hier wurden die Figuren von Klischees befreit. Hier wurden die Sehgewohnheiten und Fernsehrealitäten ausgemerzt. Hier wurden die überraschenden Perspektiven gefunden, erfunden oder entdeckt. Hier also hieß es immer wieder: *Hose runter! Farbe bekennen!* Wir hatten uns miteinander auf dieses dünne Eis begeben und es in jeder großen Runde auch allen anderen angeboten und vorgelebt. Kaum ein schmutziges Detail von mir, das die Autoren nicht kannten. Kaum eine Leiche im Keller, die ich nicht offenbart hätte. Am Ende blieben wir zwei übrig. Vielleicht waren wir Masochisten? Vielleicht wollten wir aber tatsächlich einfach nur das Beste für die Show?

„Genau darum geht es. Ohne komplexe Biografien sind die Figuren Plot-Maschinen. Warum diskutieren wir das eigentlich bei jedem neuen Buch immer wieder? Die Figur bestimmt das *Wie* der Handlung! Wir müssen die Geschichte von dem Jungen aus denken. Sein Konflikt ist doch nicht die Scheidung der Eltern. Das ist der Auslöser.“

Es war bereits dunkel. Aus den Panoramafenstern der dritten Etage hatte man einen guten Blick auf die Lichter der Schäl Sick, die rechte Rheinseite. Idyllisch. Unsere Arbeitsvoraussetzungen waren alles andere als idyllisch.

2014 fehlten uns bereits drei Monate Vorbereitungszeit. Den Auftrag für Staffel 3 bekamen wir Ende März. Alle waren glücklich. Yesss, wir hatten es geschafft! Die Ausstrahlung war auf Januar 2015 festgelegt.

Der Sender wollte zehn, also zwei Folgen mehr als zuvor. Yesss!! Drehbeginn Juli 2014. Wir hatten April, Mai, Juni für die Vorbereitung. Die Entwicklungszeit für ein Buch liegt (unter guten Bedingungen) bei um die sechs Wochen. Drei beziehungsweise vier Bücher mussten parallel erarbeitet werden. Externe Autoren. Die hatten alle bereits Aufträge. Dazu die Entwicklung einer Geschichte, die den Zuschauer über alle zehn Folgen dieser Staffel fesseln musste. Die Horizontale!

Bereits die Mathematik scheitert an dieser Aufgabe.

Die Abfolge einer Buchentwicklung:
Pitch – Worum soll es gehen?/Thema, Story
Exposé – Welche Figuren verhandeln auf welche Art
das Thema?
Treatment – Szenische Abfolge der Episode ohne Dialoge,
4 Akte. 3 Act breaks. 1 Midpoint, Klimax
(Höhepunkt) Solution/Lösung oder Erlösung,
Speech (der nicht moralisierende Monolog der
Hauptfigur)
Drehbuch – Fassung 1, Fassung 2, (3)
… – Headwriting oder Rewrite

Jahre zuvor hatte er mich mit dieser Technik, der Dramaturgie, der Struktur amerikanischer Serien vertraut gemacht. Ein faszinierendes Räderwerk im scheinbar freien Raum der kreativen Entwicklung. Alle Beteiligten waren einer einzigen Doktrin untergeordnet. Die beste Idee zählt. Mittelmaß ist keine Option! Alles, alle, jeder und jede ordneten sich diesem Prinzip unter.

Das wollten wir auch. Wir hatten weder die Mittel noch die Struktur. Aber unsere Tage hatten 24 Stunden. Wir hatten uns. Einen grandiosen Headwriter und ein, nein, *das* Unicorn unter den Redakteuren.

Eine Redakteurin, die das Prinzip *Farbe bekennen* mit uns praktizierte. Das sollte reichen.

„Du bist also geschieden?"

„Ja, ich war verheiratet"

Er riss die Tür zum Flur auf. Der wabernde Qualm war unentschieden. Flur? Fenster? Decke? Die äußeren Einflüsse zerrten an ihm. Leichter als Luft. Seine natürliche Bestimmung, aufsteigen. Sein Fluch, von jedem Luftzug zerrissen zu werden. So sind Gedanken. Flüchtig. Nur für kurze Zeit zusammenhängend. Du kannst sie nicht packen, wenn du sie von außen betrachtest. Du musst dich mitten in den Nebel stellen. Dich mit ihnen bewegen.

„Das wusste ich nicht." Er schaute mich an.

Ich lachte. „Genau das! Das ist es. Wir kommen nicht weiter, weil wir keine Ahnung haben, ob diese Figur …"

Er unterbrach mich. „Verheiratet war? Der Junge ist fünfzehn!"

„ … 'ne Blinddarm-OP hatte, Bettnässer war oder vielleicht drei Jahre zu Hause, weil Mama oder Papa Elternzeit genommen hatten."

Ich starrte auf die Wand. Zehn senkrechte Striche. Die Zahlen in den Spalten markierten die einzelnen Episoden. Ein Substantiv das jeweilige Thema: *Bodyshaming. Trauma. Ausgestoßen. Scheidungskinder.* In der letzten Spalte stand *Karins Tod. Unumstößlichkeit.* Karin sollte sterben. (Meine Kollegin wollte aussteigen.) Allein das war eine Herausforderung, die uns mehr als einen Monat beschäftigte, bis wir den Verlauf dieser Entwicklung über zehn Folgen erarbeitet hatten …

Prints von Keira Knightley aus „Tatsächlich Liebe", Leonardo di Caprio aus „Gilbert Grape – Irgendwo in Iowa" visualisierten die Idee des Charakters, den Gestus der Figuren. In der nächsten Zeile standen die Namen. Namen. Die waren ungeheuer wichtig. Antonia oder Spice? Max oder Moritz? Was assoziiert man mit diesem oder jenem Namen? Die Figuren waren unsere gemeinsamen Kinder. Die Namensfindung für das eigene Kind? Das spaltet ganze Familien. Ein ultimativer Prozess ... Wir waren Eltern. Ständig „adoptierten" wir namenlose Kinder und Jugendliche. Wir begleiteten sie beim Aufwachsen, bis sie ihr „Spielalter" erreicht hatten. Dann ließen wir sie laufen und übergaben sie dem Vollmer.

Unter *Scheidungskinder* stand der Name Max (Max war für mich definitiv der falsche Name. Eine Silbe? Für ein so vielschichtiges Thema bot eine Silbe zu wenig Assoziationsfläche).

Die Wolke hatte jedes Recht auf die Bezeichnung „Wolke" abgegeben. Sie war ein Spielball der Umgebung. Ohne Charakter. Bedeutungslos. Keine Kraft mehr, einen Alarm auszulösen. Aber Figuren müssen Alarm auslösen, sonst haben sie keine Berechtigung in einer Geschichte. Das kann genauso stiller Alarm sein. Nicht schrill. Darum geht es nicht.

„Krimi ist so einfach. Da treibt 'ne Leiche am Ufer. Kommissare suchen den Mörder. Sammeln Informationen. Finden ihn. Fertig. Dramedy. Drama und Comedy ist schöner, schwerer Scheiß."

Einer seiner Standardsätze. Er nahm erneut das Treatment in die Hände. Blätterte durch die Seiten. „Was hier im dritten und vierten Akt verhandelt wird gehört eigentlich in die ersten beiden Akte. Der Klimax ist ... keiner. Die Vollmer-Speech hat keinen Biss"

„Die Solution ist aus der Rubrik ‚Schöner Leben'."

„Wenn wir ehrlich sind, fehlen zwei ganze Akte. Damit kommen wir nicht durch die Tür.

„Was ist unser Thema?"

„Scheidungskinder."

Eine Diskussion, die wir immer führten.

„Das ist kein Thema, das ist 'ne Rubrik, 'ne Überschrift."

Ich brauchte die Unterscheidung. Er nicht. Für ihn eröffnete sich bereits die Dimension des Themas. Er hatte eine unfassbare technische Menschenkenntnis.

„Fünfzig Prozent aller Kinder sind Scheidungskinder!"

Wir hatten es bei der Hälfte der Kids mit Profis zu diesem Thema zu tun. Unsere Zuschauer waren erfahrener, waren klüger als wir.

„Die lassen uns den Unsinn nicht durchgehen. Keine halben Sachen."

Im Gegenteil. Seit mehr als fünfzig Episoden erwarten unsere Zuschauer von uns Verstehen, Verständnis und Lösungsansätze. Wir sind dem Zuschauer verpflichtet? Nein, sind wir nicht. Glaubst du das, dann fängst du an, dich anzubiedern. Sehgewohnheiten zu bedienen. Wir sind der Wahrhaftigkeit verpflichtet. Das tut weh. Aber wir servieren humorvoll.

„Wir müssen tiefer graben und jeden Stein dreimal umdrehen. Aber die Produktion macht Druck. Die brauchen das Buch. Die müssen planen können. Drehplan. Motive, Besetzung …" Sein Mantra, aber dennoch die Wahrheit.

Ich wechselte zum Fenster. Dachte nach. *Es ist unsere verdammte Aufgabe, den Zuschauer vor unserer Beliebigkeit zu schützen. Wertschöpfung zu betreiben. Fernsehen ist eine gesellschaftliche Teilhabe. Der Zuschauer ist nicht dumm. Er ist wählerisch. Gleichwohl aber manipulierbar.* Das sahen wir jeden Donnerstag, wenn GNTM zur gleichen Sendezeit ausgestrahlt wurde wie wir. Verantwortungsvoll mit diesem Wissen und unserem Einfluss umzugehen, dafür muss man jeden Stein eben dreimal umdrehen. Erklär das mal einem Buchhalter.

In der kommerziellen Kunst prallen zwei Welten aufeinander. Die künstlerische Erweckung und das Geld. Am Finanztropf der Konzerne frei kreativ zu arbeiten, das ist ein Oxymoron. Die Serie war inzwischen eine Cashcow. Ein Vorbild. Die Benchmark für weitere Serien des Senders. Alle dachten, wir wüssten doch nun wie es geht. *Wir müssen doch einfach nur die Geschichten hinschreiben. Wir haben doch schon mit knapp fünfzig Folgen bewiesen, dass wir es können.* So etwas funktioniert mit Brötchen, aber nicht für Geschichten. Jede einzelne ist ein Unikat.

„Das Verhalten von Max oder wie der am Ende auch heißen wird, ist fest an das seines Vaters gebunden!"

„Der Junge ist doch eine eigenständige Persönlichkeit. Der muss doch selbstbestimmt sein. Kein weinerliches Opfer. Die erste Wirkung muss Kraft ausstrahlen."

„Aber es geht um seine Schwäche! Dann besetz doch jemanden mit Charisma. Dann hast du beides in einem."

„Kann man dich klonen?"

Es war ein halbes Kompliment und ein halber Vorwurf. Zu viel Energie. Zu viel Luftverdrängung. Zu viel Präsenz. Auf der Leinwand gut. Im sensiblen Umfeld von Autoren schlecht. Immer wieder warf er mir vor, dass ich in gemeinsamen Besprechungen mit allen zu viel Dampf im Kessel hätte. Selbst wenn ich meine Schwächen offen preisgab, meine schlimmsten Albträume, meine Seele offenbarte, fühlten sich andere bedrängt. An die Wand gedrückt. Was konnte ich für zu kleine Räume?

„Der Junge ist fünfzehn, nicht fünf!"

Er blätterte erneut.

„Fünfzehn! Ob du es willst oder nicht, die Eltern sind in diesem Alter die zentralen Figuren in deinem Leben. Alles richtet

sich an ihnen aus. Die Zeit der Emanzipation in der Adoleszenz. Bindung und Abstoßung zur gleichen Zeit. Vertrauen und Sichern. Eine Monsteraufgabe für Eltern."

Das Treatment flog auf den Tisch. Wir hatten es beide im Kopf. Ein-, zwei-, drei-, fünfmal gelesen.

„Mit fünfzehn hast du doch keine Ahnung, wer du bist oder was du wirklich willst."

„Das wusste ich noch nicht mal mit neunzehn."

Fragender Blick. Nein, für die Scheidungsnummer war es noch zu früh. Ich stand immer noch im Nebel. Hatte nur eine Ahnung, was mir die Erinnerung an meine erste Ehe und Scheidung sagen wollte. Ich muss das erst komplett sichtbar machen können, bevor ich es ausspreche. Gesprochenes ist oftmals viel profaner als Gedachtes.

„Ich mein, in dem Alter musst du deine Eltern irgendwie scheiße finden, weil das die allgemeine Haltung aller, zumindest die der Coolen ist. Aber so richtig kannst du es nicht. Weil da etwas ist, was dich untrennbar mit ihnen verbindet. Vor allem eine Vater-Sohn-Beziehung."

„Ernsthaft? Nabelschnurtheorie?"

Er hatte mich. „Ich habe geheiratet, weil ich fünf Tage Sonderurlaub von der schlimmsten Erfahrung meines Lebens dafür bekam. Aller Romantik zum Trotz ging es mir um Freiheit. Ein Anachronismus. Heiraten, um frei zu sein."

„Du warst beim Bund?"

„Nee, bei der WirbereiteneuchaufdenscheißKriegvor-Armee." Die sozialistische Armee des Volkes hieß nicht umsonst Nationale Volksarmee. *Setz das zusammen und du hast die Lösung.*

Der Geruch dieser Zeit. Ich bin ein Geruchserinnerer. Schmieröl und kalter Rauch. Die Fahrradkette hatte ihre Spuren an meiner Jogginghose hinterlassen. Jetzt drückte der Ölgeruch aus den Fasern in meine Nase. Eine frische Zigarette. Das sediert die Geschmacksrezeptoren.

„National-sozialistische Volksarmee." Er zerkaute den Begriff.

„Dieser Verein war eine Mixtur aus preußischer Tugend und russischer Menschenverachtung. Als wollten die mit uns nachträglich den Zweiten Weltkrieg gewinnen. Sozialismus? Am Arsch."

„Kann ich mir gar nicht vorstellen ...“

„Musst du auch nicht. Ist ein bisschen überspitzt.“

„ ... dass du nur deswegen geheiratet hast.“

Da war sie wieder, die Empathie. Diesmal nahm ich sie an. „Meine Freundin fand ihre Idee toll. Und es war meiner Mutter sehnlichster Wunsch. Ich glaube ja, die eine wollte raus aus ihrem Elternhaus, die andere wollte mich raushaben aus der Kaserne. Meine Mutter war Pazifistin. Kein Wunder, wenn du mit bloßen Händen deine beste Freundin aus den Bombentrümmern des Nachbarhauses ausgraben musstest. Prägende Momente, die auf deinen Charakter treffen. Meine Mutter hat das auf der einen Seite stark gemacht. Auf der anderen Seite war für sie das Militär eine riesige persönliche Bedrohung. Das Militär, das den Auftrag hatte, sie und ihre Lieben vor dem Klassenfeind und dem Krieg zu schützen. Ein irrer Widerspruch. Lass eine Filmfigur diesen Widerspruch leben und sie ist sofort spannend. Das brauchen wir für Max oder wie dieser Typ am Ende heißen wird ... Eben eine Art Blinddarm-OP.“

Die Hochzeit war schön. Keine Frage. Honeymoon-Suite im Hotel Astoria mit Spiegel über dem Bett. Kutsche am Morgen. Fahrradkorso mit allen Freunden. Braut und Bräutigam auf einem Tandem. Die Alten im Kremser. Picknick im Park mit Band. Alles Show. Show, um den kleinen weinerlichen Jungen zu verbergen.

Ich schob mir die Zigarette zwischen die trockenen Lippen. „Meine Eltern spielten in dem ganzen Plot keine große Rolle. Aber in meiner Biografie und ihrer eigenen, die sie mir übergeholfen hatten, waren sie die Hauptakteure. Der da geheiratet, provoziert, den Showman gemacht hat, war ein zerrissener, kleiner, innerlich heulender Junge.“

Der Rauch biss mir in die Augen. Ein Stückchen Haut klebte am Filter. „Was wollte ich? Für meine Mutter und meine Freundin das

Beste. Aber was wollte ICH? Emanzipation. Was habe ich gemacht? Das Gegenteil."

Er nickte. *Nur dass unser Max ... weder beim Bund noch bei der NVA und schon gar nicht dabei war, zu heiraten.* Ich konnte seine Gedanken ahnen, war aber noch nicht fertig. „Meine Freundin hingegen war gerade dabei, genau das zu tun."

Ich sog erneut an der Zigarette. Meine Hosen hatte ich runter-, die Boxershorts aber angelassen. Sinnbildlich. Für die ganze Wahrheit hatte ich noch keine Lust. Deshalb bog ich ab. Zurück zum Plot. „Wir waren zwei Menschen, durch Zufall verbunden, konfrontiert mit ein und demselben äußeren Einfluss. Verschiedene Biografien. Verschiedene Problemstellungen. Gemeinsame Lösung."

Es arbeitete in ihm. Normalerweise hätte er jetzt gefragt, wo ich damit hinwolle. Da es meine eigene Story war, hielt er sich zurück.

Ich erlöste ihn. „Max braucht eine Schwester. Eine jüngere. Er überträgt seinen Konflikt. Positiv. Er will sie beschützen. Vollmer kann über diese gutgemeinte, aber falschverstandene Verantwortung an den Jungen – ich glaube, der muss Philipp heißen – herankommen. Er kann ihm helfen, die Zwiebel zu häuten. Philipp wirkt nach außen hin stark, kräftig. Er kümmert sich um seine jüngere Schwester. Da hast du den starken Charakter. Darunter ist der weinende Junge, darunter ist seine Angst vor Verlust. Haut Nummer sieben sind seine ureigenen Bedürfnisse. Midpoint ist dann seine Totalverweigerung der Aufgabe der Fürsorge zu entsagen. Er verschwindet (entführt) seine Schwester. Mehr wollte ich eigentlich nicht sagen."

„Das macht seinen Konflikt drastisch sichtbar. Wird emotional und wir haben einen ganzen Akt mehr. Das ist gut. Aber eine neue Figur. Ein Kind. Die Produktion reißt mir den Arsch auf."

„Kaffee?", fragte ich.

„Um die Uhrzeit? Ich hol mir ein Bier."

Er stand auf. Ich sah ihn fragend an. „Bist du mit dem Auto da?"

„EIN Bier." Er verschwand in den Flur.

„Trotzdem Scheiße." Ich nahm meinen Laptop und ging ihm nach.

Der Automat war seit Stunden aus. Gegen sechs waren die Büros leer. Der letzte macht das Licht aus. Und den Kaffeeautomaten. Ich fluchte. Er suchte einen Flaschenöffner. Fand keinen. Er fluchte.

Sie war im Wortsinn, meine erste, meine große Liebe. Die Haare, Löwenmähne. Die Figur, Frau, Mädchen. Antike Skulptur. Braune, große Augen. Ihr Lachen, Glockenspiel. Ihre Bewegungen, Raubtier. Großkatze. Ein Jahrgang unter mir. Sie war die Erste, die meinen wirren, irrenden, pubertierenden, jungenhaften, hormongesteuerten Fokus auf alles, was Brüste hatte, auf sie und nur auf sie allein zu lenken in der Lage war. Ihre Brüste waren dabei noch nicht einmal das Argument. Sie. Sie war es.

Mein erstes Geschenk an sie war ein selbstgebautes, dunkelrot lackiertes Rennrad. Wochen hatte ich damit zugebracht, alle Einzelteile zu beschaffen. Der Begriff Mangelwirtschaft hatte für mich bis zu diesem Zeitpunkt keinerlei Bedeutung gehabt. Er wurde zu einer Herausforderung. Geschwungene Bremsgriffe. Hundertzwanziger Vorbau. Gedrillter Stahl 0,8 Millimeter. Kettenblatt vorn, drei Kränze. Hinten, sieben. Rostfreie Kugellager. Das Zentrieren des Vorder- und Hinterrades brachte mir meine erste 4 im Französischtest ein. Keine Zeit. Es gab Wichtigeres als: „Faites le portrait de Gilbert. Parlez de ses conditions de travail, de son comportement et de ses projets d'avenir." Was interessierten mich die Zukunftspläne von Gilbert? Meine Zukunft war sie. Und sie sprach deutsch, wenngleich ihre ganze Erscheinung nicht von dieser Welt war.

Ich öffnete sein Bier am Metallgeländer der Dachterrasse. Vielleicht sollten wir die Besprechungen mit allen hier abhalten. Der Raum dürfte wohl groß genug sein. Oder liefe man Gefahr, dass jemand den freien Fall über die Brüstung einer lustvollen Auseinandersetzung vorzog? Die Luft auf der Terrasse kühlte den Kopf. Nicht die innere Hitze.

„Du musst das verstehen. *Ich* kann dich aushalten. Ich bin genauso bekloppt wie du. Ich schätze deinen Input. Ich brauche den. Die Serie braucht den. Aber mein Job ist auch Diplomatie."

„Meiner nicht. Ich kriege seit Jahren in die Fresse. Öffentlich. Presse, Branche ... Kritik unter der Gürtellinie. Das ist nun mal unser Job. Ich greife doch niemanden an. Mir geht es um die Sache."

„Das weiß ich doch. Ist ja auch kein Vorwurf."

„Doch, ist es!"

„Ja, aber nicht wie du denkst."

„Verständnis ist doch keine Einbahnstraße."

„Sicher nicht."

„Aber?"

„Du kannst das ab, andere aber nicht. Da muss man Rücksicht nehmen."

Fehlte nur noch, dass er *Die Kraniche fliegen im Keil* zitierte. An dem verdammten Lied war ja was dran, aber ...

„Ich kann das ab? Egal. Fakt ist, ich muss das am Set vertreten und erklären können. Du bist doch der Erste, der mich ankackt, wenn die Szenen beim Dreh nicht richtig umgesetzt werden."

„Ich kann nun mal nicht immer am Set sein. Und du stehst vollständig im Stoff."

„Mag sein, dafür muss ich das aber vertreten können, was wir hier produzieren. Zumindest verstehen."

„Hast ja recht. Aber das musst du dann eben aushalten. Es geht um die Sache."

Da war er wieder, DER Satz. Mich kriegst du immer noch mit dem alten Slogan aus DDR-Zeiten: *Es geht ums große Ganze. Nicht um den Einzelnen. Die Sache zählt, Genosse!*

Ich flüchtete zehn Jahre zurück. Ihr Gesicht vor mir. Die Wiederbegegnung Jahre später. Initiiert durch ihre Tochter aus zweiter Ehe. Immer noch die gleiche Schönheit an Seele und Körper. Zum zweiten Mal geschieden. Kurz vor der dritten Hochzeit? Wir sprachen direkt. Was, war irrelevant. Das Gefühl der ersten großen Liebe jagte durch unsere Körper. Platonischer Sex. Verbales Heavy Petting. Emotionaler Orgasmus.

Ich fischte eine Zigarette aus der Packung. Ein Versuch die Erinnerungen zu vernebeln. Alles kann man sich ins Haus liefern lassen. Pizza? Sushi? Pasta? Bier? Cola? *Ja. Sie bestellen bequem online. Wir liefern frei Haus. Keine zusätzlichen Kosten.* Zigaretten? Fehlanzeige. Dabei ist Übergewichtigkeit genauso lebensgefährlich wie Rauchen. Ich packte diesen Gedanken auf meine To-Do-Liste.

Ich könnte auch mit dem Rauchen aufhören. Eine verlockende Idee. Aber warum? Für wen sollte ich möglichst lange leben? Dieses Projekt war mein Leben. Das vierte aufeinanderfolgende Jahr. Dass sich in diesem Jahr alles ändern würde, ahnte ich unterm Sternenhimmel auf der Terrasse des Bürogebäudes noch nicht.

„Der Vater hat drei Auftritte, maximal vier. Mehr geht gar nicht. Mehr Screentime kann der nicht bekommen. Ist gar keine Zeit dafür bei dreiundvierzig Minuten."

„Und fünfundzwanzig Sekunden", warf ich ein.

„Mit dem Budget für die Rolle wird es schwer, einen ausgebildeten Schauspieler zu kriegen. Die Idee mit der Schwester ist gut. Bei einem

Kind explodieren uns aber die Drehtage. Damit die Kosten. Wir müssen bei Max bleiben. Bei seinem Konflikt!"

„Philipp", warf ich trotzig ein.

Er drehte die Flasche in der Hand. Ja, selbst wenn wir alles weggeworfene Leergut nach Karneval einsammelten, es würde nie reichen. Es geht immer ums Geld. Vor allem dort, wo welches da ist. Geld ist nicht das Problem der Kunst. Unser Konflikt ist es, die Schere aus dem Kopf zu kriegen. Die Perspektive zu wechseln. Den Mut, die eigene Seele dem Material zur Verfügung zu stellen. „Angst essen Seele auf." Die Angst vor dem Outing bremst den kreativen Prozess. Die Angst in uns ist es, die uns sozial verkrüppelt. Nicht nur den Künstler.

„Was ist der Konflikt?" Ich nahm wieder Fahrt auf.

„Dass sich seine Eltern scheiden lassen wollen."

„Nein."

„Ja, dass sich sein Vater scheiden lassen will."

„Nein."

„Dass er 'ne andere hat?"

„Nein."

„Philipp hat Angst. Schuldgefühle. Normal bei Scheidungskindern. Das ist ja unser Thema."

„Ja, ja und nein."

„Okay, worauf willst du hinaus?" Die Flasche war leer. Seine Geduld am Ende.

„Er war einfach noch nicht fertig mit seiner Emanzipation. Und seine Eltern nehmen ihm die Chance, genau das zu vollenden. Es geht darum, ernst genommen zu werden. Auch als Teenager, von den Eltern, von den Lehrern, von den Erwachsenen als vollständiger Mensch wahrgenommen zu werden."

„Jetzt sind die Erwachsenen wieder das böse Krokodil?" Seine Streitlust erwachte.

„Erwachsene verhalten sich wie Vollidioten. Erwachsene sind ignorant. Kinder spiegeln. Passen sich an. Erwachsene sind emotional dumm! Sieh uns doch mal an. Mein emotionaler Rucksack ist voll mit Verletzungen anderer und mit Selbstverstümmelung. Und was mache ich? Immer so weiter. Und du bist keinen Cent anders."

„Woher soll der das denn mit fünfzehn wissen?"

„Er weiß das nicht. *Wir* wissen das. Weil wir uns kennen. Der soll ab dem zweiten Akt ein untypisches Verhalten für einen Teenager an den Tag legen. Eben keine Revolte, sondern Fürsorge. Er erfüllt die Aufgabe der Eltern in Bezug auf seine Schwester. Er wird zum Vater."

Es ploppte. Ich stellte ihm eine neue Flasche auf den Tisch. Ohne Abrede waren wir wieder im Konferenzraum gelandet.

„Was soll rauskommen? Was ist die Solution?", nahm er den Faden wieder auf.

„Emanzipation. Vollmer muss die neue Perspektive auf Philipps Konflikt in einer typischen Vollmer-Aktion deutlich machen. Das Thema ist nicht Scheidung. Das Thema ist Zeit für Emanzipation! Das trifft die Eltern genauso wie Philipp."

„Wir wollten nur sehen, ob hier alles in Ordnung ist."

Karsten Schleicher, der Mann von der Gebäude-Security, stand in der offenen Tür des kleinen Konferenzraumes. Er machte seinem Namen alle Ehre. Wie lange stand er schon da? Man sah ihn immer erst, wenn er sprach, selbst wenn er bereits mitten im Raum war.

„Wie lange macht ihr denn noch?" Er ignorierte den Tabakgeruch.

„Wird noch ein bisschen dauern."

„Bisschen? Wie *immer* bisschen?"

Wir bestätigten mit Kopfnicken.

„Ah, gut, dann sag ich den Kollegen von der Frühschicht Bescheid. Und ihr seid euch sicher, dass alles in Ordnung ist."

Wir schauten ihn fragend an.

„Weil man euch bis unten hört. Der Neue dachte, ihr haut euch gleich die Köppe ein."

Er verschwand, wie er kam.

Ich wusste, ich würde ihm von einer Scheidung erzählen, die weitaus schmerzlicher war als die Trennung von meiner Jugendliebe. Eine Scheidung, die so unnötig wie notwendig war. Das würde uns einem Klimax näherbringen. Mich würde es aufwühlen, würde höllisch weh tun. Das eigene Leben zu sezieren.

Immer öfter verstand ich, warum nur wenige Autoren diesen Prozess mitgehen wollten. Ich verstand langsam, warum ich vielleicht der Schmerz im Hintern war. Es musste für sie die ganze Zeit so ausgesehen haben, als würde es mir leichtfallen.

SCHNELLFRAGERUNDE

Interview, November 2020

Schnellfragerunde. 25 Fragen. 25 kurze Antworten.

Eine Art Twitter-Interview?

Sind Sie bei Twitter? Das wusste ich gar nicht.

Nein. Ich habe nur einen Haufen nicht getwitterter Tweets.

Gut, da kommen wir auch noch drauf zurück.
1. Welches Buch würden Sie auf eine einsame Insel mitnehmen?

Ein unbeschriebenes.

2. Wer wären Sie gern für einen Tag?

Sherlock Holmes.

3. Haben Sie ein Vorbild?

Nein.

4. Was macht Sie wütend?

Verpasste Chancen.

5. Was macht Sie traurig?

Verpasste Chancen.

6. Wie entspannen Sie sich?

Schlaf.

7. Ihre größte Angst?

(Denkt nach.) Keine Frage für eine Schnellfragerunde.

8. In welcher Show würden Sie gern mal auftreten?

Dschungelcamp.

9. (lacht) Im Dschungelcamp?

War das jetzt eine Frage?

10. Nein, aber können wir darauf noch mal zurückkommen?

Ja.

11. Ihr größter Wunsch?

Hat sich bereits erfüllt.

12. Gut, anders gefragt. Was ist, war Ihr größter Wunsch?

Kein Kommentar.

13. Ehrlich jetzt?

Für „ehrlich jetzt" kennen wir uns zu wenig.

14. Was muss man tun oder wer muss man sein, um Sie ganz ehrlich zu kriegen?

Clever.

15. Man muss clever sein?

Nein, Ihre Frage. Fangfrage.

16. Was wollen Sie noch erreichen?

Weltfrieden.

(Lacht)

(Lacht nicht.)

17. Haben Sie Freunde?

Ja.

18. Viele?

Nein.

19. Wofür geben Sie das meiste Geld aus?

Lebensmittel.

20. Besitzen Sie Eigentum?

Ja.

21. Lügen Sie manchmal?

Nicht mehr.

22. Haben Sie mal gelogen?

Ja.

23. Was wollen Sie unbedingt haben?

Gute, streitlustige, besessene, unerbittliche Arbeitspartner mit konstruktiver Eitelkeit.

24. Glauben Sie an Gott?

Nein.

25. Woran glauben Sie?

Chancen.

EPISODE 12

Ich war Quereinsteiger

Mutter, Vater, Schwester, Tante, alles Lehrer. Ich wurde 48 Stunden am Tag pädagogisch betreut. An jedem vierten Sonntag im Monat lief ich mit der Lehrer-Wander-Gruppe meiner Eltern stundenlang durch die Natur. Kyffhäuser, Roßtrappe, Hammermühle, Spreewald, Rennsteig, Oybin, Bad Klosterlausnitz, Mühltal, die Drei Gleichen, Museumsbesuche, Stadtführungen, Geschichtsvorträge inbegriffen. Mit 12 war ich in der Lage, jeden Erwachsenen zu kategorisieren, in Lehrer und Nicht-Lehrer.

Während einer Wanderung von Elend nach Sorge im Harz stand mein Entschluss fest: Ich werde kein Lehrer. Ich hatte den zweifelhaften Vorzug gehabt, diese Spezies in allen Lebenslagen kennenlernen zu dürfen. Mit Autorität bewaffnet hinter ihrem Pult, den Pythagoras erklärend. Hinter einem Baum, die Hosen in den Kniekehlen, Wasser lassend. Lehrer waren tatsächlich Menschen. Sie lachten und litten wie wir, erzählten Witze, meistens schlecht, hatten Probleme mit ihren Kindern, bekamen ein miserables Gehalt, war der Dichtgummi am Wasserhahn porös, fluchten sie über die Mangelwirtschaft, aber vor allem über ihre fehlenden Beziehungen zu Handwerkern. Sie waren nur untereinander vernetzt. Die Außenwelt behandelte sie wie

Gebrauchsgegenstände. Sie mussten funktionieren. Taten sie das nicht den Wünschen der Eltern ihrer Schüler entsprechend, hagelte es Beschwerden.

Jens Hoffmann war mehrere Wochen ein Teil unserer Familie. Er war drei Jahre älter als ich und nicht die hellste Kerze auf der Torte. Dafür hatte er eine wirklich freche Schnauze und seine Fäuste suchten immer wieder das Gesicht seiner Mitschüler. Meine Mutter sah irgendein Potenzial in diesem Jens. Ich war in der sechsten Klasse und musste meine Mathe-, Deutsch- und Russischbücher zur Verfügung stellen. Er war fünfzehn und drehte seine zweite Runde in der Achten. Kein Wunder. Er war der Rabauke der Rabauken, der Badass der schwarzen Schafe. Ich kannte ihn nicht, denn meine Eltern unterrichteten nie in der Schule ihrer eigenen Kinder.

Nach vier Wochen kannte ich ihn zwar immer noch nicht, aber als ich vom Klavierunterricht nach Hause kam, standen seine Schuhe inzwischen ordentlich nebeneinander vor unserer Tür und er begrüßte mich mit einem freundlichen „Hallo, Hendrik!“ Kurz darauf verschwand ich wieder zum Training und er überraschte mich mit „Auf Wiedersehen!“. Als ich zurückkam, gab er gerade meiner Mutter die Hand, bedankte sich und verabschiedete mich erneut: „Bis morgen, Frau Duryn, und noch mal danke. Auf Wiedersehen, Hendrik.“

Der Junge vor Jens hieß Holger, der davor Uwe, nach ihm kamen noch Ina, Carmen, Sven und ein Frank. Das ging immer so weiter, bis ich mein Abitur machte, dessen „Sehr gut“ in der Bewertung meine Eltern als selbstverständlich hinnahmen. Meine eigenen Versuche, als Rabauke die Welt auf mich aufmerksam zu machen, hatten meine Eltern vor keine großen Probleme gestellt. Sie müssen wohl auch in mir irgendein Potenzial erkannt haben. Das Einzige, was mich von den anderen unterschied, war die bedingungslose Liebe, in der ich eingebettet war. Ich konnte noch so großen Mist bauen, der sich in meiner

„Betragen"-Note in einer knallharten 4 manifestierte. Die einzige Reaktion: „Hast ja noch ein Halbjahr, um auf 'ne Drei zu kommen."

Was für eine Reaktion ich erwartet hatte, weiß ich nicht mehr. Ich weiß nur, dass ich meine Klassenleiterin vor der Ausgabe der Zeugnisse anflehte, mir eine Chance zu geben. Was sie aber harsch ablehnte. Meine Mutter gab den größten Hornochsen immer wieder eine, aber scheinbar war das nicht Konsens unter der Lehrerschaft.

In den Jahren hatte ich ausreichend Zeit, Mama und Papa zu studieren. Ihr pädagogisches Prinzip war simpel, aber genial: Die größten Unruhestifter und Rädelsführer waren immer die Ersten, die meine Mutter persönlich betreute. Sie bot Alternativen und Perspektivwechsel im Umgang mit Lernen, Schule, Leben. Sie war konsequent, streng und gerecht. Das schloss Wiedergutmachung ein. Die Badass-Opfer wurden geschützt durch die Rehabilitation der Täter. Keine Wandlung vom Saulus zum Paulus, sie leitete einfach nur die Schläge der Kids in eine andere Richtung. Aus Kiefern und Jochbeinen wurden Sandsäcke oder Judomatten. Aus blöden Sprüchen Antworten im Unterricht nach vorherigem Fingerheben. Selbstwert und Selbstbewusstsein mit dem Recht auf eigene Fehler waren ihr Credo. Zum Teil begriffen das auch die Eltern der Kinder, die neben der Adoleszenz meistens die Ursache für die schmerzhafte Revolte der Kids waren. Manchmal gab es eine Tüte „Mokkafix Silber" als Dankeschön an die Lehrerin, die gern Kaffee trank. Was es aber immer gab, war ihre Migräne. Die überschüssige Energie, der Krampf der Kids musste ja irgendwohin.

Das Wort „Strafe" habe ich wohl nicht einmal in meinen jungen Jahren gehört und auch nie eine Art Bestrafung für jungenhaften Übermut erfahren. Es waren immer Herausforderungen, vor die mich meine Eltern stellten. Die einzige wirkliche Enttäuschung erlebte ich, als es um meinen Wunsch nach einem Haustier, nach einem Hund ging.

Campingfreunde hatten einen, sie lebten auf einem großen Waldgrundstück in Friedersdorf bei Berlin. Die Nachbarn hatten auch einen. Einen Cockerspaniel. Ich war neun und wollte definitiv auch so etwas haben.

„Meinst du, du wirst dreimal am Tag mit dem Hund Gassi gehen? Am Morgen vor dem Frühstück, wenn du aus der Schule kommst und am Abend nach den Hausaufgaben, dem Klavier üben und dem Training?"

„Ja, meine ich."

„Auch, wenn die anderen Jungs unten Fußball spielen und auf den Garagendächern herumklettern?"

„Ja, ich glaube schon."

„Auch, wenn es regnet?"

„Ich hab ja Gummistiefel."

„Und im Winter, wenn es kalt und dunkel ist?"

„Das ist ja noch lange hin."

„Du bist dir sicher?"

„Na ja, ich denke, na, ja?"

Zu meinem Geburtstag war es dann soweit. Mitten im Wohnzimmer, abgedeckt mit einem großen Tuch, stand ein eckiges Ding. Es musste eine Hundehütte sein. Ich hörte bereits das leise, quietschige Knurren eines Welpen.

Feierlich enthüllte mein Vater das Geschenk.

Es war ein Aquarium mit Fischen.

Fische!

„Wenn du es schaffst, jeden Tag die Tiere zu füttern, die Pumpe zu reinigen und am Abend das Licht auszumachen, einen Monat lang, dann wissen wir, ob du auch für einen Hund sorgen kannst. Die Scheiben musst du nicht putzen. Einer der Fische ist ein Scheibenwels, der macht das für dich."

Ich nahm die Herausforderung an. Meine Eltern und die blöden Fische sollten ihr blaues Wunder erleben.

Nach einer Woche wurden die Rufe meiner Spielkameraden immer lauter. Die Neonsalmler und Guppys, selbst der Scheibenwels, blieben stumm. Sie konnten zwar mit dem Schwanz wedeln, aber aus den sich ständig öffnenden und schließenden Mäulern kam nichts außer Blasen. Sie würden mich nicht verraten.

Nach zwei Wochen hatte ich vergessen, dass da ein Aquarium stand und mein Vater übernahm die Pflege. Auch den Hund hatte ich vergessen, denn jetzt wollte ich zur DHFK und ein richtiger Geräteturner werden, wie mein Bruder, und ich wollte die Hauptrolle im Kindertheater spielen, im „Kunterbunten Knatterauto", und ich wollte mir ein neues eigenes Fahrrad zusammenbauen und ich wollte ...

Dass mein Vater insgeheim darauf spekuliert hatte, die Herrschaft über das Aquarium übernehmen zu können, kam mir nicht in den Sinn. Was ihn an diesen wechselwarmen, immer aus dem Bassin springenden glitschigen Dingern so faszinierte, erschloss sich mir erst nach geraumer Zeit.

Er war, seit ich denken konnte, Direktor an einer Schule. Während meiner gesamten Schulzeit wurden ihm vier verschiedene Schulen übergeben. Seine fünfte war die Einzige, die er selber von Grund auf entwickeln konnte, alle anderen waren sogenannte Problemschulen, obwohl es das im Osten eigentlich nicht gab. Seine Routine: abends nach Hause, Fische füttern, Scheiben reinigen, Pumpe ausblasen, Guppy eins und zwei nach ihren Kamikazesprüngen auf den Fußboden wieder einsammeln, dann Blumen gießen. Unkraut aus den Töpfen zupfen.

Um seine Höhenangst zu überlisten, hatte er Clematis und Passionsblumen in einen länglichen Kasten gepflanzt, die den Blick aus dem achten Stock des Neubaus versperrten. Passionsblumen eben.

Sein ganzes Tun konnte man nur unter dem Begriff Passion, Leidenschaft einordnen. Wer tut sich das an? Immer wieder ins Chaos eines zerrütteten Kollegiums zu marschieren, immer wieder neu zusammengewürfelten Klassen Kontinuität geben, immer wieder Probleme lösen, die es offiziell nicht gab? Er war das Enfant Terrible der Parteigenossen, weil er sich weigerte, Jungs für eine militärische Laufbahn bei der NVA zu werben. Die Pflicht eines jeden Direktors der DDR. Mindestens fünf Offiziere in jedem neuen Jahrgang.

„In dem Alter weiß kein Mensch, was fünfundzwanzig Jahre Verpflichtung bedeutet."

„Und du weißt, dass deine Karriere damit beendet ist."

Meine Mutter war froh, dass er keine Offiziere warb. Sie war überzeugte Pazifistin. Kriegskind eben. Aber sein Kollege redete während einer Wanderung hartnäckig auf ihn ein.

„Das eine hat nichts mit dem anderen zu tun."

„Siegfried! Mach dir nichts vor. Du könntest bereits seit Jahren Schulrat sein."

„Wenn der Posten davon abhängt, Jugendliche zwangsrekrutieren zu müssen, dann kann diese Position nichts wert sein."

„Mit mir kannst du gerne so reden, aber nicht in der Direktorenkonferenz. Die schmeißen dich aus der Partei und du kannst froh sein, wenn du noch als Lehrer arbeiten darfst."

Das Gespräch ging noch eine Weile. Von Elend im Tal über einen kleinen Hügel bis Sorge im Nachbartal des Harzer Vorlandes.

Mein Vater blieb bei seiner Haltung und die Abmahnung kam jährlich. Einen Rausschmiss konnten sie sich nicht leisten, wer sollte sonst die Drecksarbeit machen? Ob der Kollege IM war und am Ende sogar für seinen Verbleib gesorgt hatte, wollte mein Vater auch lange nach der Wende nicht wissen. Seine Akte schmort bis heute in der Gauck-Behörde. Dafür wurde er aber von der Kultusministerin aufgrund seiner Parteizugehörigkeit fristlos entlassen. Zwei Jahre nach der Wende.

Während man ihm auf dem Arbeitsamt den Job eines Werbeflyerverteilers offerierte, trat die Ministerin zurück. Die Staatsregierung in Sachsen hatte erkannt, dass eine Pauschalverurteilung von Lehrern weder moralisch-ethisch noch rechtens vertretbar sei. Das war das offizielle Statement, das den privaten Rachefeldzug der Dame beendete. Man wollte vor allem Klagen vermeiden und hatte sehr schnell entdeckt, dass Pädagogen nicht auf Bäumen wuchsen. Aber er war raus!

Im konservativen Bayern bot man ihm eine Stelle an. In Bayern! Obwohl er nicht als Lehrer eingestellt wurde und meine Mutter bereits das Rentenalter erreicht hatte, arbeiteten beide als konfessionslose Pädagogen in einem christlichen Internat. Verrückte Welt.

Seine Passionsblumen wuchsen nun in der Oberpfalz und vor der Tür ihrer Wohnung standen erneut Schuhe von Schülern. Obwohl er einen Job als Lehrer in Sachsen hätte wiedererstreiten können, entschied er sich für den Sprung ins kalte Wasser. Mit fünfzig. In einem für ihn völlig fremden System. Es ging ihm nicht ums System. Es waren die Schüler.

Als ihre aktive Lehrerzeit zu Ende war, begann meine. „Der Lehrer". Knapp vier Jahrzehnte nach meinem Entschluss, niemals Lehrer werden zu wollen, musste ich akzeptieren, dass ich doch einer geworden bin. Quereinsteiger zumindest.

Dass es keine *Work-Life-Balance,* sondern nur eine *Life-Balance* gibt, dass man nicht *Wasser predigt, aber Wein säuft*, wenn man authentisch bleiben will, dass die *Medaille immer zwei Seiten hat*, dass man nicht *Pelle allein auf der Welt* ist und die Adaption des Ausspruchs „Frage nicht, was dein Land für dich tun kann, sondern was du für dein Land tun kannst", mit dem Zusatz, „Dein Land ist nicht die Regierung, dein Land sind die Menschen darin“, das sind Sätze aus dem Repertoire meiner Eltern, die mir in Fleisch und Blut übergegangen sind. Sie waren Teil meines grundsätzlichen Handwerkszeugs im Umgang mit der Verantwortung, die mit einer Serie einhergeht.

Das Medium Fernsehen hat einen Bildungsauftrag. Das wird belächelt und immer nur dann rausgeholt, wenn es in die PR passt. Aber ich denke, wenn man jeden Donnerstag zur heißesten Fernsehzeit als Gast der Familie förmlich mit auf dem Sofa sitzt, wenn sich Freunde treffen, um deine Geschichten zu sehen, wenn Kinder ihre Eltern auffordern mitzuschauen, wenn Teenager beim Zappen an einer deutschen Serie hängenbleiben und Lehrer mit ihnen am nächsten Tag über die Episode diskutieren, wenn richtige Pädagogen sich Ideen deiner Filmfigur zu eigen machen, wenn Mobber sich outen und Opfer ihr Selbstbewusstsein und ihre Selbstachtung wiederfinden, dann ist das genau das, was Fernsehen kann, wozu Fernsehen da sein sollte.

„Der Lehrer“: 2006–2020. 9 Staffeln. 88 Folgen. 693 Tage. 3.780 Sendeminuten. Mehr als 12.000 mit Wiederholungen. Ungefähr 480 Unterrichtsstunden. Bei 24 Wochenstunden habe ich ihn also ein halbes Schuljahr durchgezogen, den Job des „Lehrers“. Die Unterrichtsvorbereitung, die jeder gute Lehrer macht, verdoppelt das Ganze. Nichts im Vergleich zu einem Lehrerleben. Ich verbeuge mich tief, vor denen, die diesen Beruf ausüben, ihn trotz allem gern ausüben und für ihre Schüler da sind.

Bei mir standen keine realen Schüler auf der Matte, sondern Jungschauspieler und solche, die es werden wollten. Für mein „Coaching“ gab es kein „Mokkafix Silber“, sondern hier und da eine Erwähnung auf Instagram oder Facebook. Die Briefe, die meine Mutter von ihren ehemaligen Schülern bekam, waren bei mir Kommentare und Autogrammwünsche, einige Lebensläufe und auch Danksagungen für die Lebens-Motivationen. Den Karrierestopp meines Vaters habe ich mir genau wie er durch Konsequenz und Hartnäckigkeit selber eingebrockt und bin genauso entspannt wie er.

Man muss begreifen, wann es an der Zeit ist, erneut ins kalte Wasser zu springen. Ich war um die fünfzig, als mir das bewusst wurde.

SCHLUSS

Interview, November 2020

Danke fürs Gespräch.

Danke fürs Zuhören.

Gerne wieder.

Gerne wieder.

Epilog

Du kannst nicht jeden retten und nicht alle heiraten!"

Ein Regisseur gab mir diesen Satz mit. In frühen Jahren. „Alles gut und schön, aber wir machen hier nur Theater." In abgewandelter Form hörte ich diesen Satz auch noch zwanzig Jahre später. „You have to pick your battles!" Die poetischen unter meinen Bekannten zitierten gern Reinhold Niebuhr:

„Gott gebe mir die Gelassenheit, Dinge hinzunehmen, die ich nicht ändern kann, den Mut, Dinge zu ändern, die ich ändern kann, und die Weisheit, das eine vom anderen zu unterscheiden."

Wofür soll man sich denn aufsparen? Für den thesaurierenden Zinseszinseffekt? Warum sollte man mit seinen Kräften haushalten, wenn der Haushalt brennt?

In meinem Leben steht immer etwas auf dem Spiel, für das es sich mit ganzer Kraft zu kämpfen lohnt. Ich hatte lange keine Gelassenheit. Ich hatte nur Wut.

Wut? Ist keine gute Idee. Wut frisst Seele auf. (Angst auch.) Wut ist ein Geschwür. Wut macht Kommunikation zur Anklage in „Maschinengewehrsprech". Wut dezimiert deine Partner wie die Pest eine Stadt im Mittelalter. Wut ist ein Parasit und richtet sich im Grundsatz gegen den Wirt.

Ich bin wütend. Ich habe Freunde verloren, Familie, Partner, weil ich wütend bin, wütend (gegen mich selbst) in jede Arbeit hineingehe. Und doch will ich die Wut nicht loswerden. Ich will sie verstehen, ich will sie nutzen, ich will sie zähmen. Denn Wut ist der Funke, der Dinge entzündet. Ohne den Funken kein Feuer, kein Leben. Aber wie kann sie Teil des Prozesses, nicht des Ausdrucks sein, hinter der Idee, dem Thema, der Form zurücktreten? Und dennoch weiter der Antrieb sein, bis zum äußersten Rand zu marschieren, meine eigene Unzulänglichkeit erforschend? Meine Suche nach Wahrhaftigkeit, Authentizität, Wahrheit weitertreiben, die meine Sehnsucht ist. Wenn sie sich mit ihren schöneren und beliebteren Schwestern zusammentut, der Leidenschaft und der Empathie, dann kann Gutes aus ihr entstehen.

Wie das geht?

Ich übe.

Das Schreiben ist mein Spielfeld.

Schreiben ist autark. Und ich bin als Teamplayer geboren. Ich brauche den Streit, ich brauche die bessere Idee, ich brauche die Kritik an meiner Überlegung und den gellenden Schrei an der Grenze meiner Komfortzone. Ich brauche einen Partner. Ich verbrauche meine Partner.

Jetzt bin ich mein Partner. Mal sehen, ob der durchhält. Ich beginne ganz einfach: Mit mir selbst. Mit dem Flammenschwert ziehe ich durch die dunklen Räume der eigenen Seele. Episodisch, mich einzig entlanghangelnd am dünnen Faden des fortschreitenden Alters, beginnend am ersten großen Wendepunkt. Ich schreibe einfache Dinge über einen einfachen Typen, der zufälligerweise ich bin. Fetzen der stärksten Erinnerungen werden zu Eisschollen, kiellos getrieben von Wind und Strömung. Ich nehme mich öffentlich ins Visier und mehr noch auf die Schippe der kopfschüttelnden Betrachtung. Denn das ist schon mal ein Zwischenfazit: Wenn der Funke der Wut durch

Humor eingefriedet wird, öffnet sich das Herz und die Idee erhält eine Audienz in der Denkzentrale.

Ich schreibe gegen die Verführung an, Influencer zu sein. Manipulator, Selbstdarsteller mit Gewinnerzielungsabsicht. (Dieses Wort wollte ich schon immer mal schreiben.)

Ich schreibe gegen meine Wut darüber, dass Kunst missbraucht, ins Gegenteil verkehrt wird. Kunst sollte Aufklärung und Erleuchtung, Diskurs und Perspektive, Anklage und Provokation sein. Kunst sollte ein Gewinn an sich sein ... Sie braucht keine Gewinne, nur Gewinner!

Eine Übung, ein Versuch. Ich will schreiben unter der Haut, unter den Sehnen, dem Fleisch. Ich will schreiben auf meinen Knochen. Archaisch, unterhaltsam, ohne politische Korrektur.

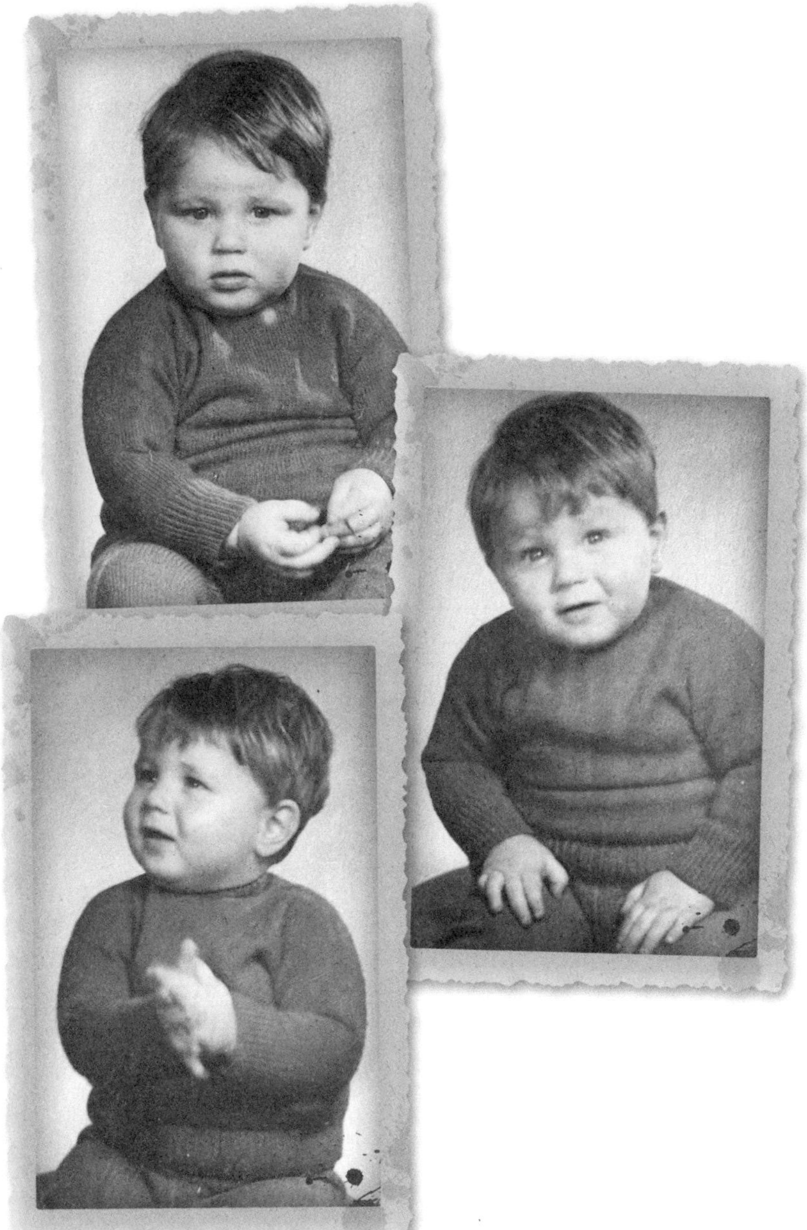

Der Autor

Hendrik Duryn (* 8.10.1967 in Leipzig) ist ein deutscher Schauspieler, Synchronsprecher, Autor und Stuntman. Duryn ist der Sohn eines Lehrerehepaars. Mit 15 Jahren erste Hauptrolle im Jugenddrama "Frühlingserwachen". Mit 18 Jahren erste Hauptrolle im Defa-Film "Vorspiel". Nach seinem Wehrdienst bei der NVA Studium an der Theaterhochschule "Hans Otto" in Leipzig, anschließend 1991-93 ein Musical-Aufbaustudium. Es folgten Theater-Engagements, u.a. vier Jahre am "neuen theater Halle". Mehr als 200 TV- und Kinoauftritte, dazu gehören Tatorte, Fantasy-Filme, Kinoprojekte wie "Wir waren Könige" und "Für Elise". Ab 2009 war er "Der Lehrer" in der gleichnamigen RTL-Serie und Teil des Autorenteams. 2009 mit dem Deutschen Fernsehpreis und 2015 mit dem Comedypreis ausgezeichnet. 2022/23 übernahm er die Hauptrolle in der Literaturverfilmung "Der Dünenthriller" von Sven Koch.

Duryn ist Botschafter für das Kinderhospiz Bärenherz in Markkleeberg und engagiert sich für die Welthungerhilfe. 2019 kreierte er eine Kampagne für das Sächsische Kultusministerium zur Lehrergewinnung. 2022/23 folgte das Schlösserlandprojekt, ebenfalls ein leidenschaftliches Engagement für unterhaltsame Bildung.

Dir hat das Buch gefallen?

Wir, als Verlag, freuen uns sehr, dass du unser Buch bis zu dieser Stelle gelesen hast. Wenn es dir gefallen hat, wäre es toll, wenn du ihm bei dem Online-Shop eine Bewertung gibst, bei dem du bestellt hast. Oder du schreibst bei einem deiner Lieblings-Buchportale eine Rezension.

Es ist nicht nur sehr schön, Meinungen zu unseren Büchern zu lesen. Außerdem hilft es uns auch dabei, neue Leser zu finden.